LONDRES INSOLITE ET SECRÈTE

Rachel Howard - Bill Nash
Photos Stéphanie Rivoal et Jorge Monedero

LES GUIDES ÉCRITS PAR LES HABITANTS

Nous avons pris un immense plaisir à la conception du guide *Londres insolite et secrète* et espérons que, comme nous, vous continuerez grâce à lui à découvrir des aspects insolites, secrets ou encore méconnus de la capitale.

Accompagnant certains lieux, des encadrés thématiques mettent en lumière des points d'histoire ou relatent des anecdotes qui permettront de comprendre la ville dans toute sa complexité.

Londres insolite et secrète met également en valeur de nombreux détails visibles dans des lieux que nous fréquentons parfois tous les jours sans les remarquer. Ils sont une invitation à une observation plus attentive du paysage urbain et, de façon plus générale, un moyen pour regarder notre ville avec la curiosité et l'attention dont nous faisons souvent preuve en voyage…

Les commentaires sur ce guide et son contenu ainsi que les informations sur des lieux que nous n'évoquons pas ici sont les bienvenus. Ils nous permettront d'enrichir les futures éditions de ce guide.

N'hésitez pas à nous écrire :

- Éditions Jonglez, 17, boulevard du Roi
  78000 Versailles, France
- Par e-mail : infos@editionsjonglez.com

p. 270
London Luton Airport
Hendon
Kenton
Road
Archway
Road
Finchley
Circular
North
Hendon
Brent
Reservoir
Parliament
Hill
Way
Wembley
Stadium
Road
Gladstone
Park
Hampstead
Haverstock Hill
Wembley
Willesden
Road
Circular
Primrose
Hill
p. 14
King's Cro
St Pancras
North
p. 170
Park
Rd
Regent's
Park
Euston
Marylebone
Marylebone
Rd
Bloomsbu
Wormwood
Scrubs Park
Westway
Paddington
London Heathrow Airport
Westway
Notting
Hill
Bayswater
Mayfair
Soho
Acton
Park
Ln
Charing Cros
Hyde Park
St James
Park
Buckingham Palace
Warwick
Westminst
Gunnersbury
Park
Kensington
Belgravia
Victoria Station
Vauxhall
Bridge Rd
Chiswick
High
Rd
Great
West Rd
Rd
Finborough
Rd
Chelsea
Rd
Pimlico
KEW
BRIDGE
Cedars
Rd
Ellesmere
Rd
HAMMERSMITH
BRIDGE
Fulham
Palace
King's
Thames
BATTERSEA
BRIDGE
Battersea
Park
Rd
Castelnau
Rd
Fulham
Rd
New Coven
Garden Marke
Kew
CHISWICK
BRIDGE
Church
Rd
Ln
King's
Lower
Mortlake
Rd
Lower
Richmond
Rd
Rocks
PUTNEY
BRIDGE
WANDSWORTH
BRIDGE
Clapham
Upper
Richmond
p. 196
Clapham
Junction
Clapham
Common
Putney
Rd
Hill
Trinity
Balham
Hill
Merton
Poynders
Rd
West
Richmond
Park
Rd
Kingston
Wimbledon
Park Side
Garratt
Balham High
Rd
Rd
Roehampton
Vale
Wimbledon
Park
Rd
Vale
Kingston
Robin
Hood
Wimbledon
Common
Parkside
High St.
Durnsford
Rd
Lane
Tooting High St.
Mitcham
Rd
Tooting
Bec
Rd
Ln
Streatham
High Rd
Hill
Wimbledon
Haydons Rd
Mitcham
Rd
Kingston
Way
Coombe
Ln
Worple
Rd
Rd
Merantun W.
Streatham
Rd
Western
Rd
London
Rd
Merton
Kingston
Rd
Bushey
Mitcham
p. 300
London Gatwick Airport

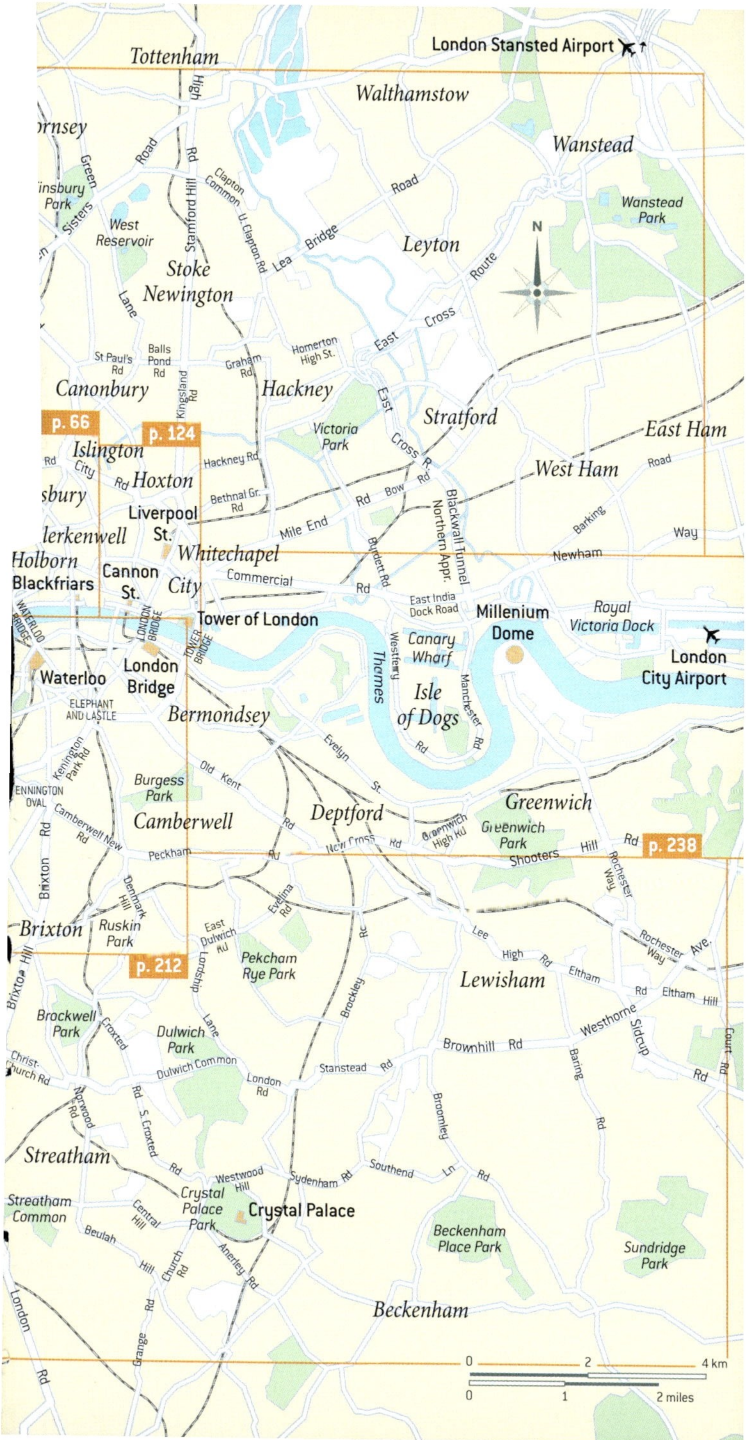
London Stansted Airport
Tottenham
Walthamstow
Wanstead
Wanstead Park
Hornsey
Finsbury Park
Green Lanes
Sisters
West Reservoir
Stamford Hill
High Rd
Clapton Common
U. Clapton Rd
Lea Bridge Road
Leyton
Stoke Newington
Lane
East Cross Route
N
St Paul's Rd
Balls Pond Rd
Graham Rd
Homerton High St.
Kingsland Rd
Canonbury
Hackney
Stratford
p. 66
p. 124
Islington
Victoria Park
East Ham
City Rd
Hoxton
Hackney Rd
East Cross R.
West Ham
Road
Bethnal Gr. Rd
Bow Rd
Blackwall Tunnel Northern Appr.
Finsbury
Liverpool St.
Mile End Rd
Barking
Way
Clerkenwell
Whitechapel
Newham
Holborn
Blackfriars
Cannon St.
City
Commercial Rd
Burdett Rd
East India Dock Road
Millenium Dome
Royal Victoria Dock
Waterloo Bridge
London Bridge
Tower Bridge
Tower of London
Canary Wharf
Westferry
Thames
London City Airport
Waterloo
London Bridge
Isle of Dogs
Manchester Rd
Elephant and Castle
Bermondsey
Evelyn St.
Kennington Park Rd
Old Kent Rd
Burgess Park
Kennington Oval
Camberwell New Rd
Camberwell
Deptford
Greenwich
Greenwich High Rd
Greenwich Park
Brixton Rd
Peckham Rd
New Cross Rd
Shooters Hill Rd
p. 238
Rochester Way
Denmark Hill
Evelina Rd
Brixton
Ruskin Park
East Dulwich Rd
Lee High Rd
Rochester Way
Ave.
p. 212
Lordship Lane
Pekcham Rye Park
Eltham Rd
Lewisham
Eltham Hill
Brixton Hill
Brockwell Park
Brockley Rd
Westhorne
Sidcup Rd
Croxted Rd
Dulwich Park
Brownhill Rd
Court Rd
Christ-church Rd
Dulwich Common
London Rd
Stanstead Rd
Baring Rd
Norwood Rd
S. Croxted Rd
Bromley Rd
Streatham
Southend Ln
Westwood Hill
Sydenham Rd
Crystal Palace Park
Crystal Palace
Streatham Common
Central Hill
Beulah Hill
Church Rd
Anerley Rd
Beckenham Place Park
Sundridge Park
Beckenham
London Rd
Grange Rd
0
2
4 km
0
1
2 miles

SOMMAIRE

DE WESTMINSTER À CAMDEN

DE TEMPLE À ANGEL

DE TOWER BRIDGE À SHOREDITCH

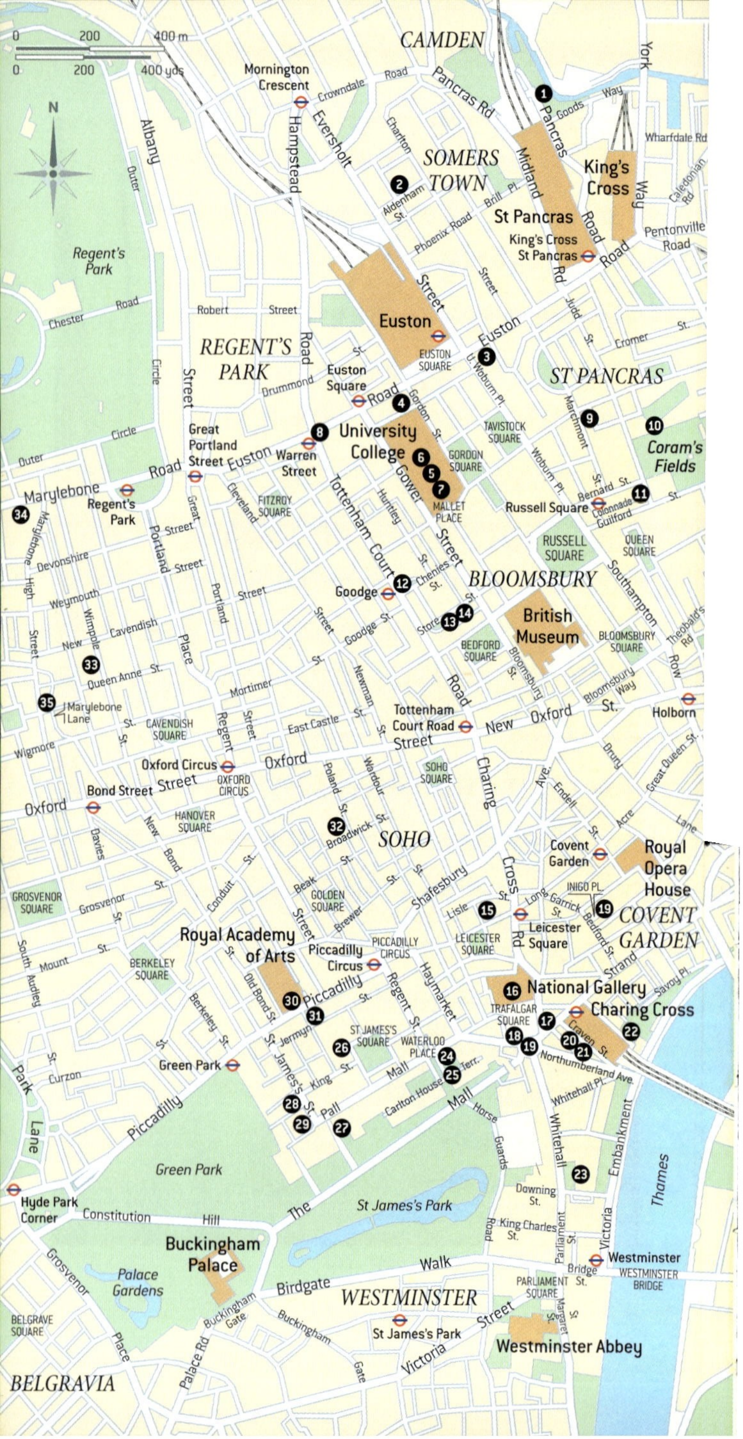

0
200
400 m
0
200
400 yds
N
CAMDEN
Mornington Crescent
Crowndale
Road
Pancras Rd
Goods
Way
York
Wharfdale Rd
Caledonian Rd
Pentonville Road
Hampstead
Eversholt
Charlton
SOMERS TOWN
Aldenham St.
Brill Pl.
Midland Road
Pancras
King's Cross
Way
St Pancras
King's Cross St Pancras
Road
Rd
Phoenix Road
Street
Albany
Outer
Regent's Park
Chester
Road
Robert
Street
Euston
EUSTON SQUARE
Euston
Judd
St.
Cromer
St.
REGENT'S PARK
Road
St.
Euston Square
Drummond
Road
Gordon
U. Woburn Pl.
ST PANCRAS
Circle
Street
Circle
Great Portland Street
Euston
Road
Warren Street
University College
TAVISTOCK SQUARE
GORDON SQUARE
Marchmont
Coram's Fields
Outer
Marylebone
Regent's Park
Cleveland
FITZROY SQUARE
Tottenham
Huntley
Gower
MALLET PLACE
Woburn Pl.
Bernard St.
Russell Square
Colonnade
Guilford
St.
Great
Street
Portland
Street
Court
Street
RUSSELL SQUARE
QUEEN SQUARE
Marylebone
High
Devonshire
Street
Goodge
Chenies St.
BLOOMSBURY
Southampton
Weymouth
Wimpole
Portland
Street
Street
Goodge St.
Store St.
British Museum
BEDFORD SQUARE
BLOOMSBURY SQUARE
Theobald's Rd
New
Cavendish
Place
St.
Road
Bloomsbury
Row
Queen Anne St.
Mortimer
Newman
Bloomsbury Way
Marylebone Lane
St.
CAVENDISH SQUARE
Regent
Street
East Castle
St.
Tottenham Court Road
New
Oxford
St.
Holborn
Wigmore
Street
Oxford Circus
OXFORD CIRCUS
Oxford
Street
St.
SOHO SQUARE
Charing
Drury
Great Queen St.
Bond Street
Street
Poland
Wardour
Ave.
Endell
Oxford
HANOVER SQUARE
St.
Davies
New
Bond
Broadwick St.
SOHO
Acre
Lane
Covent Garden
Royal Opera House
St.
Beak
GOLDEN SQUARE
Shaftesbury
GROSVENOR SQUARE
Grosvenor
St.
Conduit
Street
Brewer
Lisle
Cross
St.
INIGO PL.
Long
Garrick St.
Bedford St.
COVENT GARDEN
Royal Academy of Arts
Piccadilly Circus
PICCADILLY CIRCUS
LEICESTER SQUARE
Leicester Square
Rd
Strand
South Audley
Mount
St.
BERKELEY SQUARE
Old Bond St.
Piccadilly
Regent St.
Haymarket
National Gallery
Savoy Pl.
Berkeley
St.
TRAFALGAR SQUARE
Charing Cross
Craven St.
Jermyn
ST JAMES'S SQUARE
WATERLOO PLACE
Northumberland Ave.
St.
Curzon
Green Park
St. James's
King
St.
Mall
Terr.
Park
Lane
Piccadilly
St.
Pall
Carlton House
Mall
Horse
Whitehall Pl.
Whitehall
Embankment
Guards
Green Park
Thames
Hyde Park Corner
The
St James's Park
Downing St.
Constitution
Hill
Road
King Charles St.
Victoria
Parliament St.
Buckingham Palace
Westminster
Bridge St.
WESTMINSTER BRIDGE
Palace Gardens
Walk
Grosvenor
Birdgate
PARLIAMENT SQUARE
WESTMINSTER
Margaret St.
BELGRAVE SQUARE
Buckingham Gate
Buckingham
Street
St James's Park
Place
Westminster Abbey
Palace Rd
Victoria
Gate
BELGRAVIA

DE WESTMINSTER À CAMDEN

PARC NATUREL DE CAMLEY STREET

1

12 Camley Street, NW1
Tél. : 0207 833 2311
Ouvert du jeudi au samedi de 10h à 17h
Entrée gratuite
Accès : métro ou train à King's Cross

> ***Un havre de paix dans la jungle urbaine***

Le réaménagement de la gare de King's Cross, où arrive la nouvelle ligne ferroviaire du tunnel sous la Manche, est à l'origine des mesures frénétiques d'assainissement qui ont frappé un des coins naguère les plus sordides du centre de Londres. Aujourd'hui, parmi les grues, les chantiers et les ouvriers du bâtiment, on est soudain surpris d'entendre le gazouillis des oiseaux et de voir voltiger des papillons dans le parc naturel de Camley Street. Enfoui derrière un carrefour toujours embouteillé, ce havre sauvage d'un hectare environ, aménagé sur un terrain vague en 1983, est coincé entre les voies de chemin de fer et Regent's Canal. L'endroit servait autrefois d'entrepôt pour le charbon que l'on transportait le long du canal, jusqu'à ce que les services municipaux envisagent d'en faire un parking à autobus, mais les militants écologistes eurent le dessus et l'on créa une réserve naturelle.

Dès que vous franchissez l'entrée, une quiétude s'empare de vous. On entend l'eau s'écouler de l'écluse voisine et on distingue bientôt de pittoresques péniches résidentielles amarrées le long de la rive. Tout ce que vous voyez a été fabriqué avec des matériaux naturels ou recyclés : palissades et cages à oiseaux, bancs taillés à la hache, un tas de bûches pour les petites bêtes et même un « hôtel à bestioles ».

Un petit bureau d'information dirigé par des bénévoles du London Wildlife Trust dispose même d'un tableau sur lequel vous pourrez noter les oiseaux que vous aurez aperçus. On peut soutenir la cause de l'association en achetant une plante en pot pour £1 seulement.

Des joncs de taille humaine entourent l'étang : on y encourage les enfants à faire trempette pour découvrir les créatures résidant dans les profondeurs vaseuses.

AUX ALENTOURS :

LES RÉVERBÈRES DE ST NICHOLAS FLATS

2

NW1. • Accès : métro Euston.

Érigés dans les années 1930, les St Nicholas Flats (appartements de saint Nicolas) font partie du Sidney Estate, l'un des coins les moins déplaisants de Somers Town, une sinistre étendue de logements sociaux derrière la gare de Euston. Saint Nicolas est le patron des marins, ce qui explique pourquoi tous les réverbères de la cour de cette résidence sont surmontés de bateaux.

LES CARIATIDES EN PIERRE DE COADE

3

Église St Pancras, Euston Road, NW1
www.stpancraschurch.org

Jeunes femmes sans ventre

Modelée sur l'Érechthéion de l'Acropole, l'église St Pancras a perdu beaucoup de son éclat, depuis sa construction en 1819, en raison de l'intense circulation dans Euston Road. La façade est pourtant toujours ornée de remarquables cariatides qui soutiennent le porche.
Si l'on y regarde de plus près, ces jeunes femmes sont plus trapues que leurs homologues grecques (dont un exemplaire est exposé au British Museum, grâce à Lord Elgin).
Il fallut près de trois ans au sculpteur Charles Rossi (1762-1839) pour façonner ces statues en pierre de Coade, un matériau artificiel très prisé pour les monuments néo-classiques en vogue au XVIIIe siècle et au début du XIXe. Constituées de plusieurs sections, les cariatides furent ensuite assemblées autour de colonnes de fonte. Quand le sculpteur les transporta de son atelier à l'église, il découvrit avec horreur qu'elles étaient trop grandes. Sous les regards d'une foule de badauds perplexes, Rossi prit une mesure draconienne : il leur coupa le ventre. Le drapé de leurs tuniques grecques dissimule en partie leurs abdomens raccourcis.

QU'EST CE QUE LA PIERRE DE COADE ?

Fondée par Mrs. Eleanor Coade en 1769, la manufacture de pierre artificielle de Coade régna sur le commerce des statues, des bustes, des pierres tombales et des ornements de jardin ou d'architecture pendant près de 65 ans. Bon marché, facile à modeler et résistante aux intempéries, cette pierre était fabriquée d'après une formule secrète restée mystérieuse.
Selon un compte-rendu anonyme de 1806, « cette préparation, coulée dans des moules puis brûlée, est censée convenir à toutes les exigences de la pierre sculptée. Elle a la particularité de résister au gel, et conserve un tranchant qui surpasse toute espèce de pierres, au point d'égaler celle du marbre ».
Les nombreux monuments de Londres en pierre de Coade ne sont manifestement pas dépourvus de cette qualité, à commencer par la tombe du capitaine Bligh, à St Mary's Lambeth (voir p. 215), le fronton dédié à Nelson de la chapelle du Royal Naval College, à Greenwich, et le lion de 13 tonnes du Westminster Bridge, l'un des deux lions qui couronnaient jadis la brasserie *Red Lion* sur la rive sud de la Tamise. L'autre est désormais en faction devant le All-England Rugby Club, à Twickenham, près de l'entrée commémorative de Rowland Hill.

BLEIGIESSEN

4

Gibbs Building, Wellcome Trust, 215 Euston Street, NW1
Tél. : 0207 611 8888
www.wellcome.ac.uk
Visites guidées le dernier vendredi de chaque mois à 14h
Envoyez un e-mail à Elayne Hodgson (e.hodgson@wellcome.ac.uk) pour réserver votre place
Entrée gratuite
Accès : métro Euston Square

« Un jet de plomb dans de l'eau froide pour interpréter les formes en guise de vœux »

Lorsque le Wellcome Trust, la plus grande société de recherche biomédicale de Grande-Bretagne, rénova ses locaux dans Euston Road, plusieurs œuvres d'art furent commandées afin d'embellir ce nouveau siège somptueux. C'est à Thomas Heatherwick que l'on demanda de réaliser l'œuvre principale : une installation destinée à figurer dans le hall de neuf étages du Gibbs Building. Un véritable défi pour l'artiste : sa sculpture devait remplir un espace de 30 mètres de haut, mais il lui fallait faire passer chacun des éléments par une porte aux dimensions ordinaires.

Heatherwick résolut ce problème en imaginant une œuvre qu'« on pourrait glisser dans une boîte aux lettres ». Inspiré par le bassin au fond du hall, il eut l'idée de recourir à un matériau liquide : en versant du métal en fusion dans de l'eau froide, il réalisa plus de 400 prototypes avant de choisir une forme de cinq centimètres de diamètre qui tint lieu de modèle à sa sculpture. De toute évidence, Heatherwick s'est également inspiré de sa mère, fondatrice de la Bead Society of Great Britain (Société des perles de Grande-Bretagne). Le motif a été scanné et reproduit à l'échelle de l'édifice au moyen de 142 000 sphères de verre fabriquées dans une usine polonaise de lentilles optiques. On inséra enfin une pellicule réfléchissante à l'intérieur des perles afin d'obtenir des reflets irisés.

Toutes les sphères ont été numérotées et assemblées sur place : une opération minutieuse qui, pendant cinq mois, jour et nuit, occupa une équipe de 18 personnes. Le résultat évoque une espèce de nuage incandescent de particules en suspens. Les formes s'estompent et deviennent plus ou moins floues selon la réfraction de la lumière.

La grand-mère allemande de Heatherwick baptisa cette œuvre Bleigiessen (jet de plomb) en raison d'une tradition du Jour de l'an, toujours en vogue en Europe de l'Est, qui consiste à verser du plomb dans de l'eau froide et à en interpréter ensuite les formes en guise de vœux pour l'année à venir.

Le meilleur moyen de voir cette œuvre monumentale est de s'inscrire à la visite guidée qui vous fera monter dans un ascenseur en verre au sommet de l'immeuble. Sinon, placez-vous à la sortie de l'hôpital d'University College, dans Gower Street, d'où l'on a une assez bonne vue sur la sculpture. Elle mérite surtout d'être contemplée la nuit lorsque l'immeuble est vide et illuminé, les sphères miroitant et scintillant derrière les parois de verre.

LE PÉNIS DE MIN DU PETRIE MUSEUM 5

The Petrie Museum, University College London, Malet Place, WC1
Tél. : 0207 679 2884
www.petrie.ucl.ac.uk
Ouvert du mardi au vendredi de 13h à 17h et le samedi de 10h à 13h
Entrée gratuite
Accès : métro Euston Square

« Antiquités enfouies dans le campus d'une université »

Sous ses dehors d'érudition, cette collection d'objets d'art égyptien recèle quelques œuvres passablement grivoises. Créé en 1892 pour étayer l'enseignement de la faculté d'archéologie et de philologie du collège universitaire de Londres, le Petrie Museum porte le nom du premier professeur de la faculté, William Flanders Petrie. Ce fervent archéologue exhuma d'ailleurs nombre des 80 000 objets du musée, qui datent de la préhistoire aux premiers temps de l'islam, en passant par l'Égypte pharaonique, romaine et copte.

L'œuvre la plus étonnante est sans doute le bas-relief en marbre du dieu égyptien Min. Toujours représenté, à l'instar du Priape gréco-romain, avec un énorme pénis en érection, Min était le dieu de la Fertilité et de la Sexualité. Au début des vendanges, on plantait son effigie dans les champs, où des hommes nus grimpaient à un grand mât en son honneur. Il semblerait que Min eût recours à de longues feuilles de laitue pour stimuler son membre viril. Le résultat n'était peut-être pas si stupéfiant, l'ancienne Égypte attribuant des vertus aphrodisiaques à la laitue à cause de sa pousse rapide et verticale, et parce qu'elle secrète un suc lactescent (d'où son nom) quand on la presse.

Les costumes jouent un rôle fondamental dans la collection : on y découvre notamment la robe la plus vieille du monde, portée par une danseuse vers 2500 av. J.-C. Outre de remarquables papyrus et hiéroglyphes, le musée est riche en objets de la vie quotidienne, dont un piège à rat de plus de 3000 ans. Dans ce contexte, les masques funéraires romains sont d'autant plus saisissants que l'art égyptien est presque toujours abstrait, au point d'insuffler un peu de vie à cette culture bien souvent impassible ou monumentale.

L'AUTO-ICÔNE DE JEREMY BENTHAM

6

South Cloisters, University College London, Gower Street, WC1
Tél. : 0207 679 2825
www.ucl.ac.uk/Bentham-Project/info/auto-iconhtm.htm
Ouvert de 7h30 à 18h du lundi au vendredi
Entrée gratuite
Accès : métro Euston Square ou Goodge Street

La momie surréaliste d'un philosophe déjanté

Le squelette embaumé de Jeremy Bentham (1748-1832), un philosophe radical et réformateur, est tranquillement assis dans un placard sur le palier d'un étage du collège universitaire de Londres (UCL). Comme il l'avait demandé dans son testament, il demeure ainsi figé depuis 1850 dans la même pose pensive, « vêtu de ses habits ordinaires et assis sur sa chaise préférée ».

Bentham donna à ce singulier monument dédié à lui-même le nom d'« auto-icône » (homme à son image) qui a ceci de particulier que le véritable cadavre d'un personnage s'est substitué au mémorial traditionnel. En réalité, sous ses beaux vêtements, le corps de Bentham n'est constitué que de paille. À une époque où la recherche médicale ne pouvait compter que sur les macchabées des criminels, il fit don de ses organes « afin d'illustrer une série de cours magistraux auxquels des scientifiques et des littérateurs seraient conviés », avant que son corps ne soit disséqué par des étudiants en anatomie.

Seule la tête de Bentham ne fut pas léguée à la science : elle devait être conservée au moyen d'une technique maori de dessiccation et greffée sur son auto-icône. Pendant les dix dernières années de sa vie, Bentham porta sur lui, selon la légende, les yeux de verre qui étaient censés y figurer. Malheureusement, la tête momifiée se détériora rapidement et on la remplaça par une tête en cire dont la ressemblance était moins grotesque.

La véritable tête de Bentham demeura en fait entre ses jambes pendant plusieurs années. Mais en 1975, un groupe d'étudiants de King's College la prit en otage et demanda que l'on verse une rançon de £100 à l'association des sans-abri. L'UCL parvint à faire descendre la rançon à £10 et la tête fut restituée à son propriétaire légitime. Elle est depuis lors à l'abri sous les voûtes de la faculté, mais l'on n'est autorisé à la voir que « dans des cas exceptionnels ».

Bentham était un visionnaire qui croyait au suffrage universel, à la légalisation de l'homosexualité, ainsi qu'à l'utilitarisme (doctrine qui prône le bonheur du plus grand nombre). A sa fondation en 1826, l'UCL adhéra aux vues du philosophe et fut la première université à accueillir tous les étudiants indépendamment de leur race et de leurs convictions religieuses ou politiques.

Selon la légende, l'auto-icône assisterait aux réunions du conseil de l'université, sa présence étant inscrite au procès-verbal en ces termes : « Jeremy Bentham, présent, mais sans prendre part au vote ». En réalité, il n'en est rien.

GRANT MUSEUM OF ZOOLOGIE

7

Rockefeller Building, University College London, 21 University Street, London WC1E 6DE
Tél. : 020 3108 2052 - www.grantmuseum.ucl.ac.uk
Ouvert du lundi au vendredi de 13h à 17h
Entrée gratuite
Accès : métros Goodge Street, Warren Street ou Euston Square

“ Vieux ossements et anguilles en gelée

Caché au cœur du campus labyrinthique du Collège universitaire de Londres (University College London), ce musée d'histoire naturelle est l'un des plus vieux et des plus singuliers de Grande-Bretagne.

Cette collection hétéroclite évoque à la fois le grenier d'un collectionneur victorien endurci et l'atelier de Damien Hirst. Les vitrines à l'odeur de renfermé sont remplies de squelettes de singes, de crapauds en conserve, de bocaux de lombrics et de crânes d'éléphants.

Le musée dispose d'environ 62 000 spécimens, soit l'ensemble du règne animal. Le squelette en spirale d'un anaconda de 250 kilos, la tête coupée en deux d'un wallaby flottant dans du formol et le cœur d'un éléphant sont particulièrement impressionnants. Il y a aussi des espèces méconnues, comme le poisson-globe à trois dents, et des espèces disparues, comme le couagga, un genre de zèbre. Et même une boîte contenant des ossements de dodo. Et si vous n'êtes pas convaincu que les oiseaux descendent des dinosaures, l'empreinte du premier oiseau connu, l'archéoptéryx, vous en fournira la preuve.

C'est en 1827 que ce musée fut fondé par Robert Grant, un pionnier de la théorie de l'évolution et le premier professeur de zoologie et d'anatomie comparée d'Angleterre. Quand il inaugura son département à la jeune université de Londres (rebaptisée plus tard University College London), il se rendit compte qu'il n'avait aucun matériel pédagogique à sa disposition. Il commença dès lors à rassembler des spécimens que les étudiants en biologie, les écoles et les artistes utilisent encore aujourd'hui.

Bien que très mal payé, Grant enseigna à l'UCL de 1828 jusqu'à sa mort, en 1874. Il repose à présent au cimetière de Highgate.

Robert Edmond Grant rencontra le jeune Charles Darwin en 1826, avec lequel il se lia d'amitié et dont il devint le mentor, jusqu'à leur brouille, quelques années plus tard. Curieusement, Darwin vécut dans une maison du quartier, au 12 Upper Gower Street, de 1839 à 1842.

AUX ALENTOURS :

LE DÉDALE DE WARREN STREET

8

Si vous attendez le métro à la station Warren Street, vous remarquerez un labyrinthe rouge et noir sur le quai. Calembour visuel du nom de la station (*warren* signifie labyrinthe), ce dessin a été réalisé par un graphiste génial, Alan Fletcher. Comme il y a environ trois minutes d'attente entre chaque rame, Fletcher a créé un casse-tête qui ne peut être résolu en si peu de temps.

THE SCHOOL OF LIFE

9

70 Marchmont Street, WC1
Tél. : 0207 833 1010
www.theschooloflife.com
Boutique ouverte du lundi au vendredi de midi à 19h et le samedi de 10h à 18h
Entrée gratuite, mais tarifs variables pour les cours et les consultations
Accès : métro Russell Square ou Euston

Nourriture spirituelle

The School of Life (l'école de la vie) a beau prétendre être « une toute petite boutique avec de grandes ambitions », il s'agit en fait d'un endroit hybride qui tient à la fois du salon littéraire, de l'école de philosophie et du guide d'entraide interactive.

À l'intérieur, des corbeaux perchés sur des troncs de bouleau et des boîtes de scrabble comestibles sont nichés dans des rayons de livres astucieusement classés par états d'esprit : il existe des volumes pour « ceux qui ont la fibre mystique » ou « ceux dont le métier n'est pas à la hauteur de leur intellect ».

Cette manière fantasque et spirituelle de s'attaquer aux grandes questions de la vie se retrouve dans les cours et les consultations proposées : des séances de bibliothérapie et de psychothérapie aux sermons sur la séduction, en passant par des dîners destinés à faire revivre l'art de la conversation au moyen de jeux intellectuels et d'exercices de méditation.

Sophie Howarth, la fondatrice, autrefois à la tête des programmes publics de la Tate Gallery, est parvenue à constituer une impressionnante équipe d'universitaires, d'artistes, de comédiens et d'auteurs. Outre les grands thèmes classiques (travail, loisirs, famille, amour et politique), les cours abordent les frustrations et les défis de la vie de tous les jours.

La salle de classe, décorée d'amusantes fresques murales, se trouve au sous-sol, mais les cours ont souvent lieu dans des endroits improbables de Londres : vous pourrez parler d'amour dans une agence de voyage ou apprendre les lois de l'attraction dans un laboratoire de chimie. The School of Life organise également de courts séjours défiant toutes les formules de vacances stéréotypées : un week-end à l'aéroport de Heathrow ou une excursion sur l'autoroute M1.

Si la perspective de devoir communiquer avec des étrangers vous effraie, vous pourrez réserver une séance en tête-à-tête avec un spécialiste, dont les thèmes vont de l'étiquette à l'empathie, de la neuroscience à la guérilla urbaine. Pour une cotisation de £50, Damian Barr vous lira une histoire sur l'oreiller, Bompas et Parr vous apprendront à faire des sculptures en gelée, Luke Dixon vous confiera les secrets de l'apiculture et James Geary vous inventera des aphorismes.

THE FOUNDLING MUSEUM

10

40 Brunswick Square, WC1
Tél. : 0207 841 3600
www.foundlingmuseum.org.uk
Ouvert du mardi au samedi de 10h à 18h, et le dimanche de midi à 18h
Entrée : £5, tarif réduit £4, gratuit pour les moins de 16 ans
Accès : métro Russell Square

Enfants perdus et retrouvés

L'environnement social difficile du XVIIIe siècle provoquait de nombreux abandons de nouveau-nés : on en trouvait jusqu'à mille par an dans les rues de Londres au début de ce siècle.

Fort heureusement, en 1739, après avoir passé dix-sept ans à récolter des fonds, le philanthrope Thomas Coram fonda un « hospice pour le soutien et l'éducation des enfants battus et abandonnés », lequel prit plus de 27 000 enfants en charge dans un établissement situé à Lamb's Conduit Fields, avant d'être transféré à la campagne en 1953. Le formidable Foundling Museum (musée des enfants trouvés) raconte l'histoire de ces enfants.

Grâce au peintre William Hogarth, un des premiers membres du conseil d'établissement de cet hospice, le musée dispose en outre d'une étonnante collection d'œuvres d'art exposées dans des pièces dont l'atmosphère d'origine a été spécialement reconstituée. La peinture caricaturale de Hogarth est souvent impitoyable et cynique : sa célèbre eau-forte de Gin Lane est toute empreinte de son mépris envers la vie que menaient les gens qui abandonnaient leurs enfants. Mais il devait être capable d'une immense compassion : il persuada des artistes aussi importants que Gainsborough et Reynolds de donner des tableaux à l'hospice, et c'est ainsi qu'il créa le premier espace d'exposition publique d'Angleterre. Cette initiative est à l'origine de la formation de l'Académie royale des beaux-arts en 1768. Conformément à ses principes fondateurs, la plupart des événements organisés par le musée, à commencer par les ateliers et les concerts, sont destinés aux enfants.

Le compositeur allemand George Friedrich Haendel fut également l'un des membres du conseil d'établissement de l'hospice, ce qui explique pourquoi le musée possède une collection de documents sur son œuvre. Chaque année, des interprétations du *Messie* assurent une source de revenu à l'hospice. D'autres œuvres de Haendel sont aujourd'hui interprétées au Haendel House Museum, l'ancienne résidence du compositeur, au n° 25 de Brook Street, dans le quartier de Mayfair.

ENTRÉE INTERDITE AUX ADULTES

Non loin de là, à Coram's Fields, on songe encore, et à juste titre, à l'hospice des enfants trouvés : ce parc de plus de trois hectares au cœur du quartier de Bloomsbury est interdit aux adultes, à moins qu'ils ne soient accompagnés d'un enfant de moins de 16 ans.

THE HORSE HOSPITAL

11

Herbrand Street and Colonnade, Bloomsbury WC1
Tél. : 0207 833 3644
www.thehorsehospital.com
Ouvert, selon les expositions, du lundi au samedi de 12h à 18h (consulter le site web pour les événements exceptionnels)
Entrée : tarifs variables
Accès : métro Russell Square

> ***Salon de l'avant-garde***

Enfoui au fond d'une ruelle pavée, le Horse Hospital (l'hôpital pour chevaux) était bel et bien, à son heure de gloire pendant l'époque victorienne, un sanctuaire pour les chevaux mal en point.
C'est aujourd'hui un havre pour les artistes d'avant-garde et les disciples de toutes sortes de mouvements clandestins. Du hall rose fuchsia, une rampe abrupte, garnie de lattes qui empêchaient à l'origine les chevaux de glisser (attention, elles sont redoutables quand on porte des talons), conduit à un salon assez sinistre, à l'odeur de renfermé et de tabac froid, où l'on a installé quelques sièges défoncés. Vous êtes en réalité dans la soi-disant « Chambre de la culture pop », où un public d'originaux en tout genre assiste aux événements artistiques les plus éclectiques de Londres. Au fond de la salle se trouve un petit bar où la clientèle descend volontiers des verres d'absinthe. C'est l'un des rares endroits de Londres où l'on peut aisément engager une conversation avec des inconnus.
Souvent qualifié de « réplique » de l'Institut d'art contemporain, le Horse Hospital a été fondé en 1993 par le couturier Richard Burton, un des pionniers de la mode punk, en même temps que Vivienne Westwood et Malcolm McLaren, dont la boutique de mode, World's End, a d'ailleurs été conçue par Burton. Treize ans plus tard, le Horse Hospital fit sensation en inaugurant la première rétrospective des créations punk de Vivienne Westwood. Avec un effectif de trois personnes seulement (Burton, James Hollands, le conservateur, et leur associé « fringué » comme au bon vieux temps, Tai Shani), le Horse Hospital continue de fonctionner avec peu de moyens, grâce notamment à un précieux, bien que modeste, financement public.

Les fanatiques peuvent participer au financement du lieu en sponsorisant l'un de ses 1384 pavés. Les sponsors sont alors ordonnés membres du Grand ordre « exclusif » des pavés.

LA COLLECTION DES COSTUMES CONTEMPORAINS

Le sous-sol de l'immeuble abrite la Contemporary Wardrobe Collection (collection des costumes contemporains), créée en 1978 par Richard Burton pour fournir des costumes et des accessoires d'époque à l'industrie cinématographique, à la télévision et au monde de la mode. Cette collection comporte à présent plus de 15 000 vêtements (les plus anciens remontant à 1945), dont un choix exceptionnel de créations de stylistes britanniques des années 1960. On ne peut visiter le sous-sol que sur rendez-vous, mais une vente de vêtements est organisée deux fois par an pour renflouer les caisses du Horse Hospital. Consultez le site www.contemporarywardrobe.com pour les détails.

BT
THE EISENHOWER CENT
recall
One way

THE EISENHOWER CENTRE

12

Chenies Street, à l'angle de North Crescent, WC1
Accès : métro Goodge Street

Le bunker souterrain d'Eisenhower

Dans les années 1930, les encombrements du métro londonien étaient déjà si fréquents qu'on dut concevoir une ligne rapide au centre de la ville, sous la Northern Line. Lors des bombardements de la Seconde guerre mondiale, ces huit tunnels souterrains auxiliaires furent transformés en abris antiaériens. À la surface, les bouches de métro étaient protégées par des constructions en forme de boîte à pilules qui abritaient les ascenseurs et les cages d'escalier, mais aussi une garde solidement armée prête à tirer sur l'ennemi par des meurtrières. Certaines étaient même pourvues de batteries de défense antiaérienne.

L'un des vestiges les plus remarquables de ce réseau se trouve à l'angle de Chenies Street et North Crescent, près de la station de métro de Goodge Street. Orné de rayures rouges et blanches comme un bâton de sucre d'orge, il fut baptisé « The Eisenhower Centre », le président des États-Unis – et commandant en chef des forces alliées en Europe – en ayant fait son QG pendant la guerre. La plupart des opérations du débarquement en Normandie y furent élaborées, juste au-dessous de l'artère animée de Tottenham Court Road.

Construit entre 1941 et 1942, cet abri antiaérien était équipé de 8000 lits superposés et d'un système sophistiqué de ventilation et de filtrage des gaz : on aperçoit encore les bouches d'aération sur le toit. Il était même muni d'un dispositif d'évacuation des eaux usées en cas de réclusion prolongée.

Le gouvernement britannique renonça rapidement à utiliser ces abris, leur entretien étant beaucoup trop coûteux. Pour les mêmes raisons, la ligne rapide fut également abandonnée. La plupart des abris (y compris le Centre Eisenhower) devinrent alors des casernes pour loger les troupes en transit.

À la suite d'un incendie en mai 1956, le Centre Eisenhower resta longtemps fermé. Il appartient aujourd'hui au métro de Londres qui le loue à la chaîne télévisée Channel 4 pour ranger ses archives. Il paraîtrait que Sir Paul McCartney cache ses disques d'or et de platine quelque part sous la voûte.

AUTRES SECRETS DU MÉTRO LONDONIEN

Les stations de Belsize Park, Camden Town, Stockwell, Clapham North, Clapham Common et Clapham South sont elles aussi pourvues de tunnels supplémentaires, malheureusement interdits au public. La construction d'un abri souterrain à la station de St Paul fut interrompue en 1941, par crainte d'ébranler les fondations de la cathédrale.

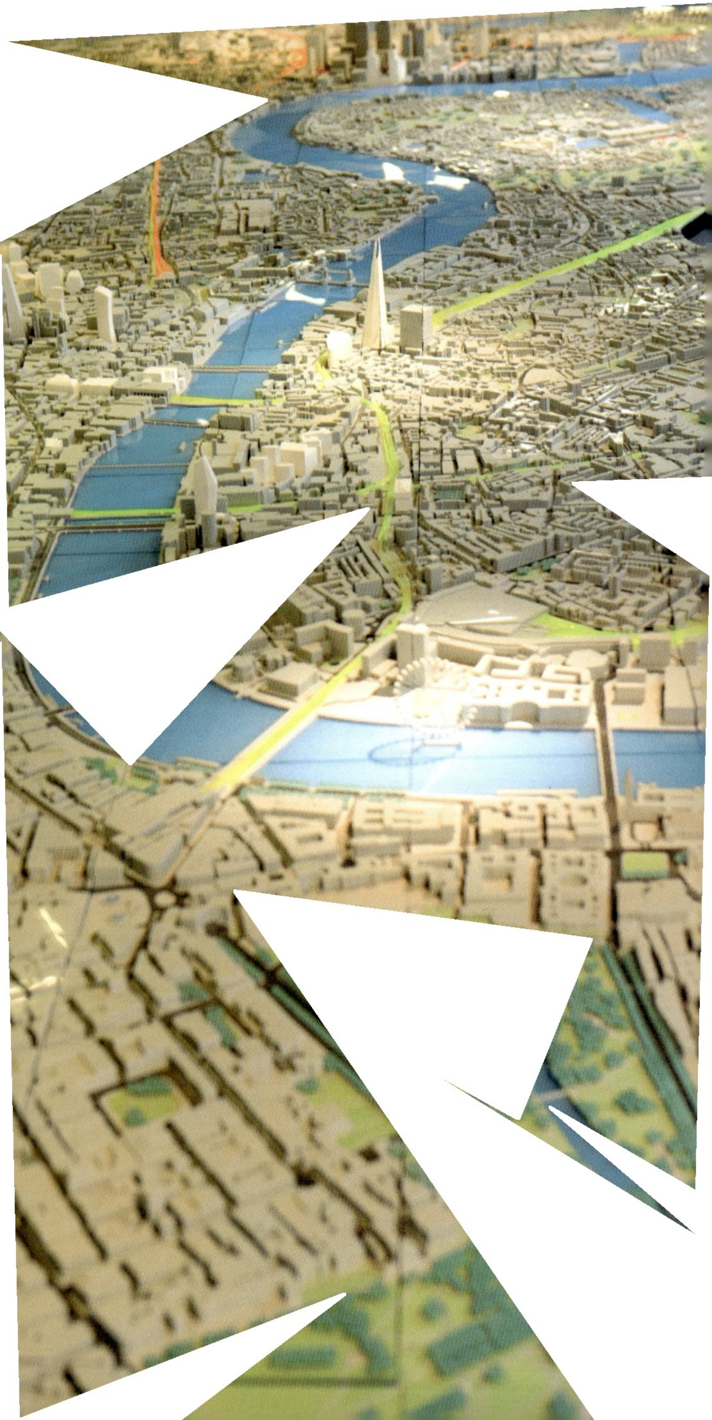

NEW LONDON ARCHITECTURE

13

The Building Centre, 26 Store Street, WC1
Tél. : 0207 6364044
www.newlondonarchitecture.org
Ouvert de 9h à 18h du lundi au vendredi, et de 9h à 17h le samedi
Entrée gratuite
Accès : métro Goodge Street ou Russell Square

> ***Terrain de construction du XXIe siècle***

New London Architecture *(Architecture du nouveau Londres ou NLA)* a pour objectif de promouvoir les progrès de l'aménagement urbain tout en exposant les dernières innovations architecturales. Spacieuses et ingénieuses, ces salles d'exposition sont rarement bondées, bien qu'elles soient à deux pas de Tottenham Court Road. Leur point fort est une maquette monumentale du centre de Londres au 1/1500e, qui permet de bien mesurer l'espace et les distances entre les principaux monuments tout en mettant les derniers aménagements en valeur. Des projets d'immeubles d'avant-garde, bon nombre dans la grande banlieue – crèche entourée de plantes en expansion ou immeubles de bureaux dont le toit dissimule des turbines éoliennes destinées à économiser de l'énergie – sont exposés temporairement autour de la maquette.
Se vantant d'être « un complément fondamental au débat public sur le futur de Londres », le NLA organise chaque mardi des rencontres sur les chances et les défis de la restauration urbaine, qu'il s'agisse de gratte-ciel ou de voies cyclables, de la gestion des déchets ou de logements à loyer modéré. Une excellente librairie spécialisée dans l'architecture et une bibliothèque d'ouvrages de référence sont à votre disposition, ainsi qu'un agréable café avec des fenêtres panoramiques d'où l'on peut voir les étudiants et les employés de bureau se hâter le long de Store Street.

AUX ALENTOURS :

STATION-SERVICE DE BLOOMSBURY : LA PLUS VIEILLE STATION-SERVICE EN ACTIVITÉ À LONDRES

14

6 Store Street, WC1. Tél. : 0207 3234925

Avec son enseigne crème et bleu pastel au coin de Ridgmount Street et de Store Street, cette petite station d'essence est une belle surprise anachronique en plein centre-ville. Le «garage communal», comme on l'appelle encore, existe depuis 1926, et c'est aujourd'hui la plus vieille station-service en activité à Londres. Ses cogérants depuis 1974, Mark Barnes et Tim Casey, se sentent néanmoins menacés : de nombreux petits commerces du centre de Londres ont en effet été victimes des péages urbains, à plus forte raison les stations d'essence. Dans une ville où le service est de plus en plus automatisé et impersonnel, cela fait du bien de lire qu'il n'y a pas ici de « self-service ». En attendant, vous pouvez en profiter pour admirer une peinture murale représentant des voitures d'époque dans un environnement bucolique.

LES PEINTURES MURALES DE COCTEAU A NOTRE-DAME DE FRANCE

15

5 Leicester Place, WC2 H7BX • Tél. : 0207 437 9363
Ouvert d'octobre à mars de 7h30 à 16h du lundi au vendredi et de 9h30 à 16h le samedi et le dimanche, et d'avril à septembre de 7h30 à 19h du lundi au vendredi et de 9h30 à 16h le samedi et le dimanche
Entrée gratuite
Accès : métro Leicester Square

« L'ésotérisme de Cocteau ?

Jusqu'à une période assez récente, Soho était une enclave française (voir encadré ci-dessous) : Notre-Dame de France est l'un des fantômes de cette époque.
L'édifice d'origine, conçu par Louis Auguste Boileau en 1865, était constitué d'une rotonde entièrement en fer, qui donna évidemment matière à de nombreuses polémiques. Cette église fut détruite par une bombe en 1940. Après deux ans de travaux, on inaugura la nouvelle en 1955. Le bâtiment en tant que tel est assez quelconque, bien qu'il y ait peu d'églises circulaires en Grande-Bretagne. Toute sa gloire tient en réalité à sa décoration intérieure, et en particulier aux peintures murales, réalisées par Jean Cocteau, dont est ornée une chapelle. Des thèmes allant de la crucifixion à l'assomption de Marie y sont représentés dans une facture vigoureuse, sensuelle, très vivante et fort différente de l'art religieux britannique. On remarquera, entre autres excentricités, un étrange soleil noir, et le fait que le spectateur ne peut voir que les pieds du Christ, alors que des soldats musclés, vêtus de jupes courtes, sont en train de jouer sa tunique aux dés au pied de la Croix. Cocteau fit son autoportrait sur l'un des murs. Il paraît que ce dessin l'exaltait tellement qu'il parlait aux personnages pendant qu'il peignait.
À remarquer également, au-dessus de l'autel, la belle tapisserie de Robert de Caunac représentant Marie sous les dehors d'une nouvelle Ève, ainsi qu'une grande statue de la Vierge, au-dessus de l'entrée, œuvre de Georges Saupique, qui réalisa les sculptures du palais du Trocadéro.

LES HUGUENOTS FRANÇAIS À LONDRES

La première vague d'immigration française fut celle des Huguenots suite à la révocation de l'édit de Nantes en 1685, suivie de ceux qui fuirent les excès de la Révolution française un siècle plus tard. Les Huguenots s'assimilèrent rapidement et firent fortune dans l'industrie textile à l'est de Londres

STATIONS DE MÉTRO FANTÔMES

267 stations de métro sont actuellement en service, mais 21 autres, désaffectées depuis la création du métro en 1900, ne figurent pas sur les plans. La plupart furent fermées lorsqu'on créa la Société des transports de Londres en 1933 pour fusionner plusieurs entreprises concurrentes qui avaient construit des stations trop proches les unes des autres. On estima que British Museum, Aldwych (voir p. 115) et Lord's n'étaient pas viables économiquement, mais d'autres étaient simplement mal conçues, comme King William Street. La station fut inaugurée par le prince de Galles (futur Édouard VII), mais le train inaugural tomba en panne pendant le voyage du retour. Une plaque commémorative marque l'emplacement de l'ancienne station, près du Monument (voir p. 151). La station Brompton Road était si peu fréquentée que les chauffeurs de métro ne s'arrêtaient même plus aux heures de pointe. «Passing Brompton Road» devint même une expression et le titre d'une pièce de théâtre en 1928.

La plupart de ces stations fantômes ont été abandonnées ou murées. Certaines furent utilisées comme abris antiaériens pendant la Seconde guerre mondiale. Dominant Hyde Park, Down Street (où se trouve aujourd'hui le club de jazz - restaurant Pizza on the Park) était le poste de contrôle souterrain de Churchill, avant qu'il ne déménage dans les bunkers du gouvernement à Whitehall. La salle de bains qu'il utilisait s'y trouve encore. Le tambour en briques et en béton qui surmonte l'ancienne entrée de la Northern Line à la station de Stockwell était autrefois l'entrée d'un abri antiaérien où sont aujourd'hui stockés des documents et des pellicules cinématographiques. Ce tambour est recouvert par une fresque murale représentant une héroïne française de la résistance, Violette Szabo, qui vécut non loin de là.Il est généralement impossible de visiter ces stations désertes. Un œil avisé remarquera néanmoins au passage des vestiges de quais. Sur la Northern Line notamment, entre Hampstead et Golders Green, on aperçoit Bull and Bush – une station qui ne fut en réalité jamais ouverte. Wood Lane est également visible quand on voyage en direction de l'est, entre White City et Shepherd's Bush. Dans la Central Line, du côté droit, on distingue les murs blancs de la station du British Museum, entre Holborn et Tottenham Court Road. C'est dans cette station qu'est située l'action de Death Line (Métro de la mort), un film d'horreur des années 1970 où des ouvriers coincés dans les tunnels du métro se transforment en zombis mangeurs de banlieusards.

En surface, cherchez les carreaux rouges qui délimitent les anciennes entrées de la station Down Street et South Kentish Town, dans Kentish Town Road, réaménagée depuis en une boutique. Cette station fut fermée à la suite d'une coupure de courant et jamais rouverte. Un passager descendit néanmoins par mégarde dans la station fermée, mésaventure qui inspira une nouvelle à John Betjeman, South Kentish Town.Pour plus d'informations, consulter http://underground-history.co.uk/ et www.abandonedstations.org.uk.

LES MOSAÏQUES DE BORIS ANREP

16

National Gallery, Trafalgar Square, WC2
Ouvert tous les jours de 10h à 18h et le mercredi de 10h à 21h
Entrée gratuite
Accès : métro Charing Cross

Piétinez des œuvres d'art en toute impunité

Ignorées par la plupart des visiteurs, les singulières mosaïques qui décorent les trois vestibules et le hall d'accueil de la National Gallery ont été financées par Samuel Courtauld et d'autres mécènes privés et réalisées par l'artiste russe Boris Anrep (1885-1969) entre 1928 et 1952. Bien que celui-ci recourût à la technique et aux couleurs byzantines, ces quatre mosaïques agrémentées de personnages illustres et de clins d'œil ironiques célèbrent la vie quotidienne.

Anrep aimait l'idée que les visiteurs puissent marcher sur ses œuvres, les considérer ainsi sous des angles différents et ne pas les aborder aussi respectueusement que des tableaux encadrés et suspendus à un mur. Cette attitude irrévérencieuse est d'ailleurs confirmée par le choix du sujet. Dans *The Awakening of the Muses* (L'éveil des muses), les écrivains du Bloomsbury Group sont représentés comme des héros modernes : Virginia Woolf incarne Clio, la muse de l'Histoire, et Clive Bell, le critique d'art, Bacchus. On aperçoit même Greta Garbo déguisée en Melpomène, la muse de la Tragédie. Seule Calliope, la muse de la Poésie épique et de l'Éloquence, n'a pas été identifiée : peut-être l'inspiratrice secrète d'Anrep ?

The Modern Virtues (Les vertus modernes) reprennent le thème des « personnalités éminentes en situation fabuleuse ». Winston Churchill représente le Défi au sommet des falaises blanches de Douvres, d'où il repousse une effroyable bête en forme de croix gammée. Pour le Loisir, on voit T.S. Eliot en train de réfléchir à la formule d'Einstein tandis qu'une jeune fille nue s'ébat dans le Loch Ness avec le monstre légendaire. Un des principaux mécènes d'Anrep, Maud Russell, incarne la Folie – drôle de manière de témoigner sa gratitude. Mais Anrep fait également preuve d'une saine autodérision : « *Here I Lie* » (c'est ici que je repose) représente sa tombe ornée d'un autoportrait.

Les mosaïques ne furent pas réalisées sur place. Anrep fit ses dessins sur des supports en papier, qu'il appliqua ensuite à l'envers avec de la colle avant de vernir l'ensemble. Cette œuvre magique et malicieuse a été inspirée par les artistes qui dessinaient sur les trottoirs à la craie, dont on voit toujours opérer les successeurs à Trafalgar Square.

Anrep est également l'auteur des sols en mosaïque de la Blake Room à la Tate Britain, et de plusieurs mosaïques religieuses dans la cathédrale de Westminster (voir p. 203).

LA GUÉRITE DE POLICE DE TRAFALGAR SQUARE

17

Trafalgar Square, WC2
Accès : métro Charing Cross

> **Le plus petit commissariat de police de Grande-Bretagne**

Les hordes de touristes de Trafalgar Square ne remarquent sûrement pas la guérite enchâssée dans un réverbère en granite. Celle-ci est en effet le plus petit commissariat de police de Grande-Bretagne.
On prétend que cet abri secret de la police fut installé par Scotland Yard en 1926 afin de pouvoir surveiller les agitateurs et les manifestants qui se rassemblaient régulièrement à Trafalgar Square, la place demeurant aujourd'hui le lieu de protestation le plus prisé de Londres. Avec ses dimensions de cabine d'essayage et ses meurtrières en guise de fenêtres, ce minuscule poste d'observation devait paraître encore plus exigu pendant une émeute. Au cas où les événements auraient dégénéré, il était équipé d'un téléphone directement relié à Scotland Yard.
Cette guérite sert aujourd'hui à ranger du matériel de nettoyage urbain. À l'extérieur, seule une liste décolorée d'arrêtés municipaux rappelle encore son lien avec la police. On y signale notamment qu'il est interdit, à Trafalgar Square, de nourrir les oiseaux, de faire du camping, de se garer avec une caravane, de parler en public, de jouer de la musique, de laver ou de faire sécher des vêtements, d'utiliser n'importe quel type d'appareil « donnant une impulsion à la marche » – sauf si l'on possède une autorisation écrite du maire.

AUX ALENTOURS :

NORMES IMPÉRIALES

18

Au pied du grand escalier menant à la National Gallery, une série de petites plaques de cuivre indique l'étalon impérial du pouce (*inch* : 2,54 centimètres), du pied (*foot* : 30,48 centimètres) et du *yard* (0,914 mètres). Ces copies des mesures étalons de l'Observatoire royal de Greenwich ont été posées en 1876.

LE CENTRE DE LONDRES

19

Le centre de Londres est situé dans une zone piétonne, à l'angle du Strand et de Charing Cross Road. Une plaque, sur le trottoir, indique le point à partir duquel toutes les distances en miles sont mesurées en Grande-Bretagne. Quand la reine Éléonore de Castille mourut en 1290, Édouard Ier fit ériger une croix à chacune des douze stations du cortège funèbre de Lincoln à Westminster. Aujourd'hui encore, toutes les distances par rapport à la capitale sont mesurées à partir de la dernière demeure de la reine, emplacement de la première des douze croix.

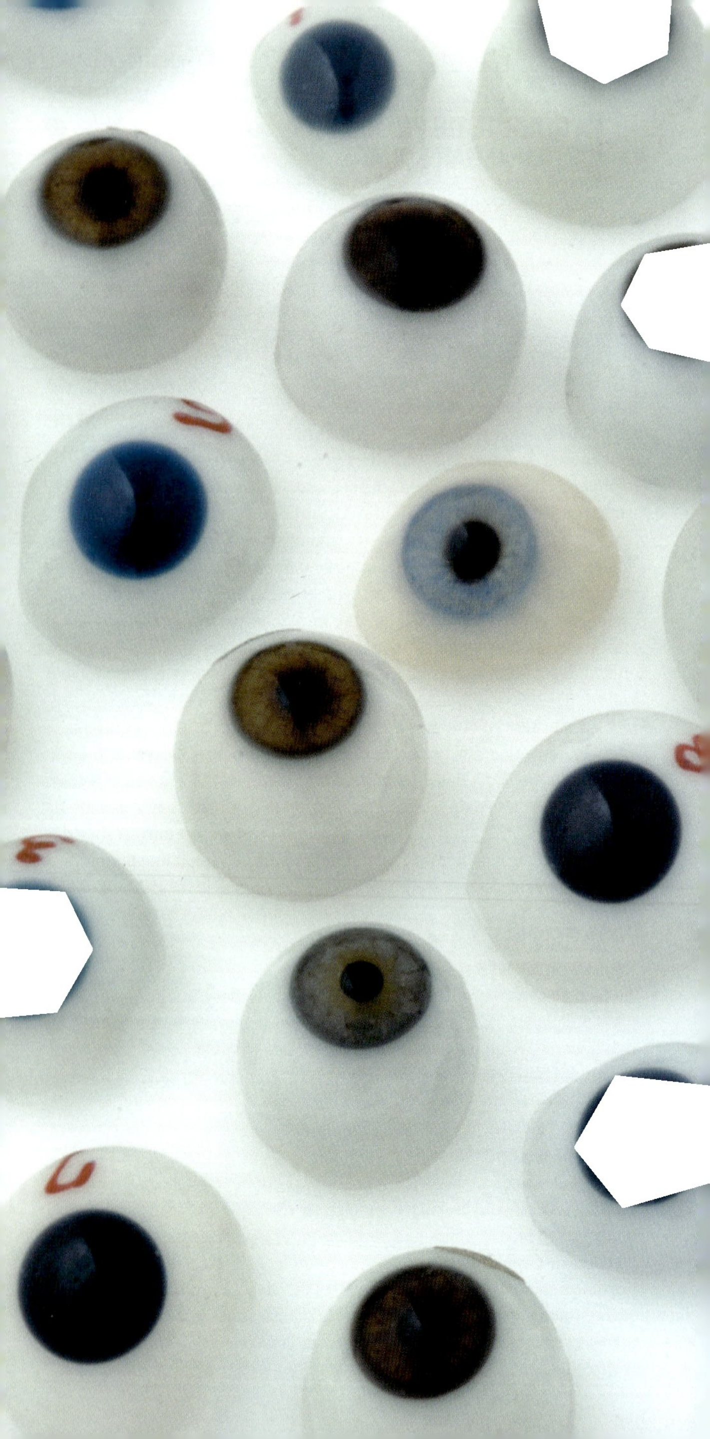

THE BRITISH OPTICAL ASSOCIATION MUSEUM ⓴

42 Craven Street, WC2
Tél. : 0207766 4353
www.college-optometrists.org/museum
Ouvert sur rendez-vous du lundi au vendredi de 9h30 à 17h
Entrée gratuite, £5 pour une visite guidée des salles de réunion
Accès : métro Charing Cross

> ***Globes oculaires à profusion***

Au sous-sol d'un bel hôtel particulier du XVIIIe siècle, demeure le sombre mais merveilleux musée de l'association britannique d'optique créé en 1901. Il comporte plus de 11 000 objets relatifs à l'histoire de l'optométrie, dont environ 2000 paires de lunettes : pince-nez, lorgnettes, monocles, bésicles, longues-vues, lentilles d'agrandissement, lunettes de plongée, jumelles de théâtre munies d'un compartiment secret pour le tabac à priser, lunettes de soleil aux verres fumés roses, *jealousy glasses* aux lentilles dissimulées sur les côtés, lunettes de perruque coulissant dans les cheveux postiches, et toutes sortes d'étuis sophistiqués.
D'autres modèles – lunettes à essuie-glace avec pile incorporée dans la monture, ou tel engin à ressorts destiné à catapulter des verres de contact dans l'œil – n'ont jamais eu de succès.
Neil Handley, le conservateur, accompagne en personne les visiteurs afin de leur montrer les pièces les plus rares, comme une amulette de l'ancienne Égypte représentant l'œil d'Horus, qui permettait aux morts de voir dans l'autre monde.
Les instruments d'optométrie sont de véritables révélateurs historiques : ainsi cette machine à usage individuel, datant de l'époque victorienne, constituée d'un texte religieux censé améliorer la moralité des usagers aussi bien que leur vision.
Assis dans une chaise d'opticien de 1930 pourvue d'un système de réfraction intégré, les visiteurs peuvent aussi tester leur vue, essayer plusieurs montures ou explorer des villes étrangères à l'aide de l'un des tout premiers kaléidoscopes.
Nous déconseillons vivement aux âmes sensibles un tiroir de 1880 rempli de globes oculaires artificiels illustrant des maladies, des blessures ou des malformations.

AUX ALENTOURS :

LA MAISON DE BENJAMIN FRANKLIN, L'INVENTEUR DES VERRES À DOUBLE FOYER ㉑

36 Craven Street. Tél. : 0207 839 2006 www.benjaminfranklinhouse.org
À quelques pas de l'Optical Museum, la seule résidence de Franklin (qui fut notamment l'inventeur des verres à double foyer) qui ait survécu a été transformée en un musée où des acteurs en costume d'époque sont en quête de visiteurs. Lors des travaux de restauration, on exhuma, au sous-sol, tout un stock d'ossements sectionnés et trépanés : les restes d'une école d'anatomie que dirigeait un des amis de Franklin, William Hewson. L'inventeur du paratonnerre dut assister aux dissections d'êtres humains que Hewson effectuait en public.

YORK HOUSE WATERGATE

22

Embankment Gardens, WC2
Accès : métro Embankment ou Charing Cross

Dernier vestige d'un hôtel particulier au bord du fleuve

La construction de l'Embankment, dans la seconde moitié du XIXe siècle, est généralement considérée comme l'un des prodiges du génie civil victorien : tout en renforçant les rives de la Tamise, cette digue a pourvu Londres d'un système hydraulique moderne et permis de développer l'immobilier. Elle a aussi radicalement bouleversé le rapport de la ville avec son fleuve, comme on peut notamment le remarquer dans les Embankment Gardens, devant la York House Watergate (porte d'eau de York house), qui se niche derrière la gare de Charing Cross.
Ce passage voûté de style baroque qui semble égaré dans un petit parc était en réalité l'accès fluvial de York House, l'un des hôtels particuliers qui s'alignaient autrefois le long d'un itinéraire allant de la City à la cour royale de Westminster. Le fleuve coule à présent à 150 mètres de la première marche de la porte d'eau, ce qui montre jusqu'où les marées de la Tamise pouvaient arriver. Si vous vous trouvez sur l'Embankment à marée haute, en particulier sur la rive sud, près de Blackfriars Bridge, le niveau de l'eau qui lèche presque le quai témoigne de la puissance du fleuve. La porte en tant que telle a été réalisée par Inigo Jones en 1626, comme une extension du palais que fit construire le premier duc de Buckingham en 1620. Elle porte d'ailleurs toujours les armoiries des Buckingham. Outre Banqueting House et l'arc de Temple Bar, à côté de la cathédrale St Paul, c'est l'une des dernières traces, à Londres du moins, des goûts italianisants du roi Charles Ier. Le second duc de Buckingham était le favori du roi et l'un des plus riches propriétaires fonciers. Comme le roi, le duc était un grand amateur d'art et il hébergea notamment Gentileschi et Rubens. Un inventaire de sa collection de 1635 recense 32 tableaux et 59 sculptures romaines dans la grande salle.

LE CODE SECRET DE GEORGE VILLIERS, DUKE OF BUCKINGHAM...

Sur le mur de York Place, à côté du McDonald's, dans le Strand, une petite plaque crasseuse rappelle le curieux nom originel de la rue : « Of Alley ». En 1672, le second duc de Buckingham vendit York House à des promoteurs à condition que son nom et son titre fussent commémorés par George Street, Villiers Street, Duke Street, Of Alley et Buckingham Street (on pouvait ainsi y lire : George Villiers, Duke of Buckingham). Les rues existent toujours, même si Of Alley a été rebaptisée « York Place » et si George Street s'appelle désormais « York Buildings ».

LA CAVE SECRÈTE D'HENRY VIII

23

Ministère de la Défense, Whitehall, SW1
Tél. : 020 7218 9000
Ouvert sur rendez-vous. Visites guidées uniquement pour des groupes (de 10 à 20 personnes, les enfants de moins de 12 ans ne sont pas admis)
Entrée gratuite
Accès : métro Embankment ou Charing Cross

Un secret d'État souterrain

Whitehall Palace, principale résidence des monarques anglais de 1530 à 1698, était jadis le plus grand palais d'Europe. Avec plus de deux mille pièces et une douzaine d'hectares de terrain, ce labyrinthe tentaculaire de bâtiments avait la taille d'un village où les courtisans vivaient aux dépens de la famille royale. Tout cela disparut sous les flammes, un incendie ayant ravagé le palais en 1698 : la plupart des édifices étaient en bois, à l'exception d'une cave en brique qui a survécu jusqu'à nos jours, enfouie dans les souterrains du ministère de la Défense. Bien qu'on l'appelle la cave d'Henry VIII, elle a en réalité été construite entre 1514 et 1529 par le cardinal Wolsey, grand chancelier d'Angleterre et archevêque d'York. Quand Wolsey tomba en disgrâce, Henry VIII s'empara de son domaine et rattacha la cave bien approvisionnée du cardinal à Whitehall Palace.

La visite est étonnante. Au centre se trouve la cave souterraine, avec ses voûtes de la période Tudor, ses briques et ses piliers tels qu'ils étaient il y a 400 ans (on y a seulement ajouté quelques tréteaux, des lampes d'époque, une couche de crépi à chaux et des barriques, hélas vides, comme nous l'a assuré un guide très érudit). À l'origine, cette cave était au niveau de la rue et la porte donnait sur une rampe au bord du fleuve pour faciliter la livraison des barriques de vin.

Peu après la Seconde guerre mondiale, on envisagea de détruire la cave pour permettre la construction du nouvel immeuble du ministère de la Défense, mais cette initiative causa aussitôt un esclandre. Les ingénieurs eurent donc la bonne idée de la déplacer d'environ trois mètres vers le nord-ouest et de six mètres sous terre. Emboîté dans une structure en acier, ce cellier de 21 x 9 mètres repose sur des cylindres en métal qui ont permis de le descendre avec précaution, centimètre par centimètre, jusqu'à son nouvel emplacement.

Le décor gothique sert aujourd'hui de toile de fond aux fêtes des fonctionnaires du ministère.

D'autres éléments de Whitehall Palace ont été sauvegardés : la Banqueting House d'Inigo Jones, avec son magnifique plafond peint par Rubens (Whitehall & Horseguards Avenue. Tél. : 0844 482 7777. Ouvert du lundi au samedi de 10h à 17h. Entrée : £4,50 – 6,40 €), ainsi que Cockpit Passage et le mur à pignons du court de tennis d'Henry VIII au n° 70 de Whitehall (occupé aujourd'hui par le bureau du Conseil des ministres, fermé au public).

Whitehall est la rue la plus large de Londres.

"GIRO"
EIN TREUER BEGLEITER
LONDON IM FEBRUAR 1934

LA TOMBE GIRO ㉔

À côté du n°9, Carlton House Terrace, SW1

L'épitaphe du chien d'un ambassadeur du IIIe Reich

Enfouie parmi les imposants mémoriaux de la majestueuse Waterloo Place, une toute petite pierre tombale se dresse au pied d'un grand arbre, entre les escaliers du duc de York et un garage souterrain.

On peut y lire une épitaphe en allemand, protégée par une espèce de niche miniature : « Giro, ein treuer Begleiter ! London, im Februar 1934, Hoesch. » Giro, ce fidèle compagnon, était le berger allemand bien-aimé de l'ambassadeur du IIIe Reich, Leopold von Hoesch, en poste à Londres de 1932 à 1936. Clôturé aujourd'hui par des grilles, ce bout de terrain était jadis le jardin de la résidence de l'ambassadeur, au n°9 de Carlton House Terrace.

Le malheureux Giro rendit l'âme en heurtant un câble électrique, alors qu'il gambadait dans le parc où se trouve aujourd'hui l'Institut des arts contemporains. Des témoignages apocryphes prétendent que Giro eut droit à des obsèques nazies à part entière, ce qui paraît d'autant plus improbable que Hoesch était ouvertement contre la montée du IIIe Reich. Ses nerfs en furent d'ailleurs mis à si rude épreuve qu'il mourut d'une congestion cérébrale en 1936.

L'ESCALIER EN MARBRE DE MUSSOLINI

Après la mort de Hoesch, Joachim von Ribbentrop, un des bras droits d'Hitler, s'installa à Carlton House Terrace. Albert Speer, l'architecte préféré du Führer, fut aussitôt envoyé à Londres pour redonner un peu de clinquant à l'ambassade avant que le gouvernement britannique n'expulse les diplomates du Reich en 1939. Le Foreign Office prit alors le contrôle de l'immeuble en le dépouillant de tous ses oripeaux nazis, même si un escalier en marbre de Carrare, offert par Mussolini, est, semble-t-il, demeuré en l'état.

AUX ALENTOURS :

LE MARCHEPIED DU DUC DE WELLINGTON ㉕

L'Athenaeum Club et l'Institute of Directors sont deux des *Gentlemen's clubs* qui commémorent la mémoire de l'Empire britannique. À l'extérieur de chacun de ces établissements, deux marches portent une plaque rouillée où est écrit : « *This horseblock was erected by desire of the Duke of Wellington 1830* » (ce marchepied fut érigé à la demande du duc de Wellington en 1830). Extraites sans doute de Carlton House, ou des escaliers du duc de York, ces marches permettaient au vainqueur de Waterloo de monter et de descendre de cheval sans difficulté quand il venait à l'Athenaeum. On ignore si les autres membres du club pouvaient également profiter de cet avantage…

THE LONDON LIBRARY

26

14 St James's Square, SW1
Tél. : 0207 7664716 • www.londonlibrary.co.uk
Ouvert du lundi au mercredi de 9h30 à 19h30 et du jeudi au samedi de 9h30 à 17h30
Inscriptions : à la journée £15, à la semaine £50 et à l'année £435. Connexion internet gratuite
Accès : métros Green Park ou Piccadilly Circus

Un joyau méconnu

Fondée en 1841 par Thomas Carlyle, la London Library (bibliothèque de Londres) est un joyau méconnu.
Après avoir désespérément cherché un « paisible cabinet de lecture » (il exécrait la British Library qu'abritait alors le British Museum, parce qu'elle était pleine de « ronfleurs, renifleurs, crachoteurs [et] postillonneurs »), il eut l'idée de créer une bibliothèque par souscription.
Bien que de prestigieux lecteurs hantent encore l'endroit (Charles Dickens, Charles Darwin, Arthur Conan Doyle, Henry James, Winston Churchill et Agatha Christie), tout le monde peut s'y inscrire à un prix raisonnable : dans un esprit d'indépendance démocratique, les règles sont dictées par les lecteurs eux-mêmes.
La London Library se trouve dans un hôtel particulier spécialement construit à cet effet sur l'une des places les plus huppées de Londres. L'entrée étroite et trompeuse permet d'accéder à un labyrinthe de rangées d'étagères sur plusieurs étages qui désorientera avec délices. Avec ses fauteuils en cuir craquelé et ses portraits patinés, l'intérieur a conservé son charme d'origine, ainsi qu'un système de classification excentrique qui date de l'époque d'Edouard VII : les livres sont rangés alphabétiquement par thèmes, de sorte que l'on peut tomber sur un ouvrage de tauromachie en cherchant un traité sur l'art du tatouage.
La collection comporte plus d'un million de livres et de périodiques qui remontent jusqu'au XVIe siècle. Une pièce contient tous les numéros du Times de 1820 à 2000. À l'exception des plus fragiles, tous les livres peuvent être consultés sur des rayons en libre accès, et même empruntés ou expédiés à des membres dans toute l'Europe, afin que l'on puisse en profiter en privé, comme le souhaitait Carlyle. Mieux encore : vous pouvez garder les ouvrages jusqu'à ce qu'un autre lecteur les réclame…
Afin d'accueillir 8000 nouveaux titres par an, la bibliothèque vient d'acheter un immeuble adjacent qui s'ouvre sur Mason's Yard. Cette extension étant évaluée à £25 000 000, la bibliothèque a besoin du soutien de généreux donateurs. Comme l'a dit l'ancien président T.S. Eliot en 1952 : « Je suis convaincu que si la bibliothèque disparaissait, ce serait une catastrophe pour le monde des lettres, et qu'elle créerait un vide qu'aucune autre bibliothèque ne pourrait combler. »

En sortant, le livre des *Readers' Suggestions* permet de découvrir les méticuleuses réponses manuscrites que les bibliothécaires consciencieux ont faites aux requêtes les plus extravagantes.

QUEEN ALEXANDRA MEMORIAL

27

Marlborough Road, SW1
Accès : métro Green Park

Hommage macabre à une reine qui supporta tout sans se plaindre

Enfoui derrière la porte de Marlborough, à côté du St James' Palace, ce ravissant mémorial Art nouveau est dédié à la reine Alexandra, l'inébranlable épouse du roi Édouard VII. Commandé en 1926, il fut sculpté par Alfred Gilbert, l'auteur de la célèbre statue d'Éros à Piccadilly Circus.

Le mémorial est enchâssé dans le mur du jardin de Marlborough House, l'ancienne résidence de la reine Alexandra à Londres. Moulée en bronze puis noircie à l'émail, cette statue a un air spectral néogothique. La reine est assise derrière des figures allégoriques représentant la Foi, l'Espoir et la Charité.

Le Mémorial d'Alexandra fut une aubaine pour Alfred Gilbert, alors en exil en Belgique, après avoir fait faillite. Les termes de la commande, qui comprenaient une résidence permanente à Kensington Palace, soulagèrent Gilbert de ses soucis financiers. Le roi George V inaugura le mémorial le 8 juin 1932, et le lendemain Gilbert fut anobli. On le vit se pavaner ensuite du côté de St James, avec un immense chapeau sur la tête.

Gilbert est également l'auteur d'un mémorial spectaculaire en l'honneur du fils d'Édouard VII et d'Alexandra, Albert Victor, au château de Windsor. Victor était un curieux personnage : impliqué dans un scandale lié à un bordel homosexuel, il fut ensuite suspecté d'avoir commis les meurtres de Jack l'éventreur

ÉDOUARD VII, UN MARI ÉMINEMMENT DÉPRAVÉ

Membre actif d'une commission philanthropique, la reine Alexandra était l'une des personnalités les plus universellement aimées de la famille royale. Édouard VII, au contraire, était un débauché de première classe. Toute l'Europe connaissait sa gloutonnerie. Ses nombreuses maîtresses étaient de notoriété publique, à commencer par l'actrice Lily Langtry, Jennie Jerome (la mère de Winston Churchill) et Alice Keppel, l'arrière-grand-mère de la dernière femme de l'actuel Prince de Galles, Camilla Parker Bowles. Édouard fut à deux reprises appelé comme témoin au tribunal, cas sans précédent pour un membre de la famille royale. On le vit notamment à la barre pour une affaire de divorce où il fit un faux témoignage à propos d'une aventure avec une jeune femme. Il témoigna également en faveur d'un ami accusé d'avoir triché au baccara, un jeu de cartes illégal auquel Édouard s'adonnait sans compter. Il attendit pendant des années de devenir roi, ce qui explique en partie ses excès, même s'il était exceptionnellement tolérant pour l'époque et déplorait le racisme qui caractérisait ordinairement l'Empire britannique.

LES DUELS DE PICKERING PLACE

28

Derrière le n°7 de St James' Street, SW1
Accès : métro Green Park

Le lieu du dernier duel en Angleterre ?

Faites bien attention lorsque vous cherchez cette toute petite cour dissimulée derrière la très luxueuse St James' Street. Si la grille est fermée, seul le n°3 qui y figure indique que vous êtes bien à Pickering Place.
La ruelle étroite et voûtée qui conduit à la cour a conservé son revêtement lambrissé du XVIIIe siècle.
Cette impasse relativement intacte depuis la période géorgienne est toujours éclairée par ses réverbères d'origine. Elle doit son nom à William Pickering, qui ouvrit un commerce de café dans les locaux qu'occupent aujourd'hui les célèbres marchands de vins Berry Bros. & Rudd.
Au XVIIIe siècle, Pickering Place était surtout connu pour ses tripots. Son isolement en avait également fait un lieu de prédilection pour les duels, même si l'espace restreint laisse supposer qu'en s'y agitant avec n'importe quelle arme – sans parler de pistolets –, on avait tôt fait de tuer quelqu'un. D'aucuns prétendent que c'est là qu'eut lieu le dernier duel en Angleterre, encore que, selon d'autres sources, il s'agirait d'une rencontre entre deux Français à Windsor en 1852.
Pickering Place était aussi le siège du cabinet diplomatique de la République du Texas, jusqu'à ce que cet état soit incorporé aux États-Unis en 1845.

DUEL DE DANDY

On raconte que Beau Brummel, le fameux dandy, ami du roi George IV, s'est battu dans cette cour. Mais si l'on songe qu'il lui fallait cinq heures pour s'habiller, qu'il recommandait de cirer ses bottes avec du champagne et qu'il lança la mode du foulard autour du cou, on a du mal à l'imaginer en train de ferrailler comme un mousquetaire. Dans sa jeunesse, Brummel s'engagea d'ailleurs dans l'armée, mais se hâta de démissionner quand il apprit qu'on enverrait son régiment à Manchester.

AUX ALENTOURS :

UNE CAVE SECRÈTE

29

Au n° 3 de St James Street, depuis 1698, Berry Brothers & Rudd est le plus vieux marchand de vin de Grande-Bretagne. Ses caves, au sous-sol, faisaient jadis partie de la résidence royale de Henri VIII, avant de devenir l'une des cachettes de Napoléon III en exil et d'être réaménagées en salles de réunion. Un tunnel secret, obstrué aujourd'hui par des bouteilles de vin, conduisait au St James' Palace. Les libertins de la cour en avaient l'usage lorsqu'ils souhaitaient rendre une visite clandestine aux filles de joie qui fréquentaient l'échoppe au XVIIIe siècle à moins que ce ne fût seulement pour boire un verre avant de se coucher…

TELEPHONE
TELEPHONE

CABINES TÉLÉPHONIQUES K2

30

Burlington House, Piccadilly, W1
Métro Green Park

> *Les plus petits édifices classés de Londres*

La cabine téléphonique rouge, un des must du mobilier urbain britannique, est devenue quasiment obsolète à cause du téléphone portable. Éclipsés également par les cabines insignifiantes des années 1980 et 1990, les quelques telephone booths originaux qui ont survécu sont recouverts de publicités pornographiques vantant les services de call-girls plantureuses, et tiennent souvent lieu d'urinoirs aux poivrots désireux de se soulager.

Juste après les grilles de la Royal Academy, de part et d'autre de l'entrée voûtée, deux des premières cabines dessinées par Sir Giles Gilbert Scott en 1926 sont encore intactes, quoique malheureusement à l'abandon. Ce sont les plus petits édifices classés de Londres.

En 1923, le General Post Office organisa un concours afin de réaliser une nouvelle cabine téléphonique qui remplacerait le premier modèle de 1921. Connues sous le nom de « K2 » (Kiosk 2), les cabines en fonte de Sir Giles Gilbert Scott sont surmontées d'un dôme criblé de petits trous pour la ventilation. Elles furent tout d'abord très mal accueillies : les gens se plaignaient notamment de leur couleur rouge vif que le Post Office adopta malgré les couleurs choisies par Scott : gris métallisé à l'extérieur et bleue à l'intérieur. Reconnaissable au premier coup d'œil, la cabine téléphonique rouge est désormais un des symboles de la Grande-Bretagne au XXe siècle. Sa cinquième version (K6), fut inaugurée à l'occasion du jubilé d'argent du roi George V. Le vandalisme et le coût élevé de la maintenance ont entraîné leur retrait progressif et leur remplacement par des cabines modernes plus fonctionnelles. À la suite d'une campagne pour leur sauvegarde dans les années 1990, certaines des vieilles cabines ont été restaurées et réinstallées.

Sir Giles Gilbert Scott (1880-1960) a réalisé de nombreux autres symboles londoniens, comme le Waterloo Bridge et les centrales électriques de Battersea et de Bankside (devenue depuis la Tate Modern).

AUX ALENTOURS :

LA PENDULE DE FORTNUM ET MASON

31

181 Piccadilly, W1

Au-dessus de l'entrée du meilleur supermarché de Londres, on peut voir une pendule flanquée de deux guérites miniatures. Toutes les quinze minutes, un carillon du XVIIIe siècle fait tinter dix-huit clochettes. À chaque heure, quatre copies en pied de MM. Fortnum et Mason surgissent des guérites et se saluent à tour de rôle tandis que sonne le carillon. Selon le site web du magasin, « MM. F. & M. semblent eux-mêmes vérifier l'excellence de la qualité des produits ».

THE SOHO CHOLERA EPIDEMIC
THIS WATER PUMP
COUNCILLOR DAVID WEEKS
ON

LA POMPE À CHOLÉRA DE JOHN SNOW

32

Broadwick Street, W1

> **Un vestige d'un Soho insalubre**

À l'angle de Broadwick Street et de Poland Street se trouve une pompe en métal noir sur un socle de forme octogonale. Une petite plaque informe les passants que cette copie a été installée en 1992. L'originale était sans doute de l'autre côté de la rue, devant le pub dénommé John Snow en hommage au médecin qui découvrit les causes de l'épidémie de choléra de 1854.

Comme l'écrit Judith Summers : « Vers la moitié du XIXe siècle, Soho était un quartier insalubre où l'on marchait dans la crotte parmi les étables, les abattoirs, les antres lugubres imprégnés de cambouis et les égouts sommaires et répugnants. Mais sous les planchers des caves pleines à craquer se répandait une chose encore plus immonde : une infecte nappe d'excréments provenant de fosses d'aisance aussi vieilles que les maisons, la plupart n'ayant jamais été nettoyées. Comme une bombe, ce foyer d'infection dissimulé n'attendait plus que le moment propice pour exploser. Et c'est ce qu'il fit pendant l'été de 1854. »

Rien qu'en septembre 1854, 500 résidents de Soho moururent du choléra. Le docteur John Snow (1813-1858), un anesthésiste qui habitait Soho Square, en conclut que la pompe à eau de Broad Street (comme on l'appelait alors), sans doute polluée, était à l'origine de l'épidémie. Dans un premier temps, les autorités se moquèrent de cette théorie. Le révérend Henry Whitehead, pasteur de l'église voisine de St Luke, prétendit que les morts étaient victimes de la volonté divine. Mais il suffit que le Dr Snow arrachât de force la manivelle de la pompe à eau pour que l'épidémie cessât sur-le-champ.

Il n'eut d'ailleurs pas besoin d'aller bien loin pour trouver les causes de la maladie. Entre autres avantages, les 70 employés de la brasserie de Broad Street avaient le droit de boire de la bière gratuitement : s'étant tous abstenus d'eau, aucun d'eux n'attrapa le choléra.

John Snow était déjà célèbre pour avoir découvert le chloroforme en 1853. Cet anesthésique rudimentaire permit notamment à la reine Victoria de surmonter les affres de l'accouchement de son fils, le prince Léopold. Mais la sobriété et les inlassables recherches médicales du Dr Snow ne furent guère favorables à sa santé : il mourut d'une hémorragie cérébrale en 1858, à l'âge de 45 ans.

is a safe and easy operation; but, if attempted by the unskilfu
may occasion the most frightful and dangerous consequences
The Dental Art, A Practical Treatise on Dental Surgery, C.A. Harris, 1839.
John Tomes designed a refinement to the forcep in which the beaks were shaped to fit the crowns of the teeth. This helped to reduce slippage of the instrument on the teeth and to stop the damage to the surrounding gums.

THE BRITISH DENTAL ASSOCIATION MUSEUM 33

64 Wimpole Street, W1
www.bda.org/museum
Tél.: 0207 935 0875
Ouvert les mardi et jeudi de 13h à 16h
Entrée gratuite
Accès : métro Oxford Circus

Une visite chez le dentiste...

Ce tout petit musée d'odontologie est une annexe de la bibliothèque de l'association dentaire de Grande-Bretagne, ce qui explique sa présentation pédagogique.
La chance que nous avons de bénéficier des soins dentaires actuels est l'un des éléments frappants qui ressort de la visite : la profession de dentiste ne fut entièrement réglementée qu'à partir de 1921. Auparavant, n'importe qui pouvait s'y essayer.
Les anciennes roulettes, ou fraises, dérivaient du vilebrequin de charpentier et elles en avaient d'ailleurs la robustesse mécanique, comme l'atteste la publicité pour l'« outillage dentaire de Mr. Shaw (*dental engine*), avec sa burette d'huile et ses clés anglaises ». Les prothèses étaient généralement sculptées dans des défenses de morse ou d'hippopotame. Le casque du Dr. Edward H. Angle, un redoutable appareil dentaire semblable à une passoire, montre bien jusqu'où pouvait aller l'orthodontie. La vitrine la plus effrayante est sans doute celle qui contient les instruments d'extraction dentaire : ces objets utilisés pour arracher les dents les cassaient souvent ou provoquaient parfois une fracture de la mâchoire. Exposés comme des bijoux dans des boîtiers faits sur mesure, les plus beaux instruments de la collection sont munis de manches de nacre finement ciselés.
Un ordinateur est également à la disposition du public. On peut y voir des films tantôt terrifiants tantôt hilarants sur l'hygiène dentaire. *Oral Surgery Part 2 1948* (Chirurgie orale 2e partie) a l'air d'un court-métrage réalisé par Francis Bacon, No Toothache for Eskimos (Les Esquimaux n'ont pas mal aux dents) semble une parodie, et *Came The Dawn* (Et le jour se leva), qui date de 1912, comporte une séquence inquiétante où un gros soldat en kilt et son camarade se moquent pendant cinq minutes d'un homme sans dents de devant.

LES MUSÉES MÉDICAUX DE LONDRES

Il existe une vaste gamme de musées médicaux à Londres, dont l'ancien Operating Theatre (p.229), le musée du laboratoire de Sir Alexander Fleming (p.181) et le British Optical Association Museum (p. 45).
Consultez le site www.medicalmuseums.org pour obtenir la liste complète. Un peu plus loin se trouve le Bethlem Royal Hospital Museum (www.bethlemheritage.org.uk).
Ce musée dispose non seulement d'importantes archives, mais également d'une étonnante collection d'œuvres d'art se rapportant à des maladies mentales.

In this church
was solemnised
the marriage of
Robert Browning
and
Elizabeth Barrett
12th. September
1952
B
RE
MB

THE BROWNING ROOM

34

St Marylebone Church, Marylebone Road, NW1
Tél. : 0207 935 7315
www.stmarylebone.org.uk
Ouvert le dimanche après-midi ou sur rendez-vous
Entrée gratuite
Accès : métro Baker Street ou Regent's Park

Sanctuaire de l'amour interdit

La correspondance sentimentale des poètes victoriens Elizabeth Barrett et Robert Browning a peu d'équivalents dans l'histoire de la littérature : ils échangèrent 574 lettres d'amour passionnées sur une période de plus de vingt mois, dont cinq pendant lesquels ils s'encensèrent avant même d'avoir échangé le moindre regard. Une liaison d'autant plus improbable qu'Elizabeth était invalide, opiomane, alitée à demeure chez ses parents qui résidaient à Wimpole Street, et surveillée par son père puritain.
Aussi beau qu'érudit, Browning appartenait à une famille modeste de Camberwell. Elle avait presque 40 ans (une vieille fille à tous les niveaux selon les critères victoriens) ; il en avait 36, un âge plus que mûr à l'époque.
Lorsqu'ils firent enfin connaissance en 1845, leur amour s'épanouit sur-le-champ. Barrett père n'ignorait pas que Browning rendait visite à sa fille, mais il croyait que les amants se contentaient de parler innocemment de littérature. Le 12 septembre 1846, Elizabeth quitta furtivement la maison pour se rendre à l'église voisine de St Marylebone où elle épousa Robert en secret. Une semaine plus tard, le couple s'enfuit en Italie et ne revint jamais. Quand Henrietta, la sœur d'Elizabeth, apprit la nouvelle à leur père, il entra dans une telle colère, dit-on, qu'il la projeta dans les escaliers et n'adressa plus jamais la parole à sa fille Elizabeth. On commémore aujourd'hui cet amour illicite dans l'église de St Marylebone, où l'on a conservé le certificat de mariage original du couple. Quand vous entrez dans l'église, la Browning Room se trouve sur la gauche. Elle ne sert plus guère désormais que de salle de cérémonie, et n'est ouverte qu'à de rares occasions, après l'office du dimanche notamment. Certains des meubles d'origine ayant été volés, la pièce est presque vide, hormis deux petits portraits des amants en relief et une jolie fenêtre ornée de vitraux à leur mémoire..

AUX ALENTOURS :

LE CONDUIT DE MARYLEBONE

35

À l'origine, St Marylebone s'appelait St Mary-by-the-Tybourne, en souvenir de la Tybourne qui passait non loin de là. La dernière trace de cette rivière – jadis une des principales sources de fourniture d'eau pour la City – consiste en une minuscule plaque insérée dans le mur au n° 50 de Marylebone Lane, où l'on peut lire : « *Conduit belonging to the City of London 1776* » (Conduit appartenant à la City de Londres 1776).

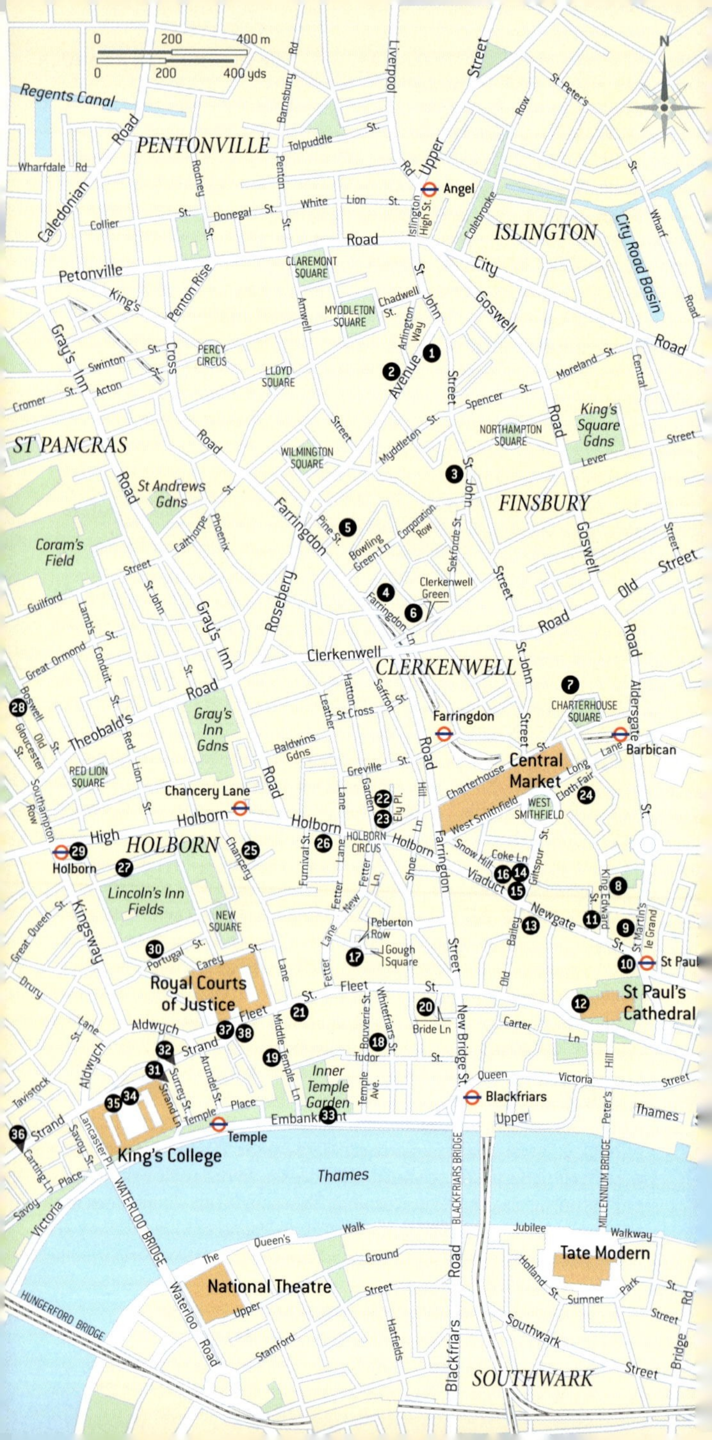
0 200 400 m
0 200 400 yds
N
Regents Canal
PENTONVILLE
ISLINGTON
Angel
City Road Basin
Claremont Square
Myddleton Square
Percy Circus
Lloyd Square
Wilmington Square
Northampton Square
King's Square Gdns
ST PANCRAS
FINSBURY
St Andrews Gdns
Coram's Field
CLERKENWELL
Clerkenwell Green
Farringdon
Charterhouse Square
Barbican
Central Market
West Smithfield
Gray's Inn Gdns
Red Lion Square
Chancery Lane
HOLBORN
Holborn
Holborn Circus
Lincoln's Inn Fields
New Square
Royal Courts of Justice
St Paul
St Paul's Cathedral
Inner Temple Garden
Blackfriars
Temple
King's College
Thames
National Theatre
Tate Modern
SOUTHWARK
Waterloo Bridge
Blackfriars Bridge
Millennium Bridge
Hungerford Bridge

DE TEMPLE À ANGEL

WINDOWS 108

1

108 Rosebery Avenue, Islington, EC1
Tél. : 0207 278 7368
www.windowsoneoeight.com
Ouvert 24h/24
Pour laisser un commentaire, envoyer un e-mail à l'adresse suivante : ellenby@pause.demon.co.uk
Entrée gratuite • **Accès** : métro Angel

> ***Une fenêtre ouvrant sur l'univers d'un artiste***

Le n° 108 n'est pas une vitrine comme les autres : Maggie Ellenby, l'artiste qui habite au premier étage, utilise astucieusement cet espace vierge depuis 1993 pour exposer ses installations.

Dans ses œuvres, Ellenby recourt souvent à des objets quelconques qu'elle dispose d'une manière insolite : « Marigolds », par exemple, est un enchevêtrement de gants en caoutchouc jaune et rouge formant des fleurs ; le mot « no », constitué de centaines de pâtes de guimauve suspendues dans la vitrine, est une autre de ses réalisations. Selon Ellenby, ces installations sont « délibérément simples. Conçues pour qu'on puisse les voir d'un autobus, d'une voiture, ou en passant à pied devant la vitrine, elles sont censées vous tenir légèrement en haleine, dans l'attente d'une suite. » L'absence de légende rend ces œuvres encore plus déconcertantes.

La lumière, l'un des autres traits caractéristiques du travail d'Ellenby, crée un effet encore plus saisissant lorsqu'on passe en voiture pendant la nuit. On aperçoit alors des slogans illuminés du type « Speed Kills, Jesus Saves » (La vitesse tue, Jésus nous sauve).

Chaque fois qu'Ellenby réfléchit à un nouveau projet, elle place un écriteau « Pause » dans la vitrine.

Quoique résolue à préserver son anonymat, Ellenby est curieuse de lire les opinions et les anecdotes que les gens écrivent sur des bouts de papier avant de les glisser sous sa porte.

AUX ALENTOURS :

THE OAK ROOM

2

173 Rosebery Avenue • Tél. : 0207 833 9527
Quatre visites publiques par an.

Finsbury était jadis une station thermale qui fournissait Londres en eau minérale via la New River (en réalité un canal). Il était donc légitime que le Metropolitan Water Board (Service municipal des eaux) établisse ses quartiers, au XVIIe siècle, dans le magnifique immeuble qui jouxte le théâtre de Sadlers Wells. Rebaptisé New Riverhead et réaménagé en une série d'appartements de luxe, il a conservé toutes ses salles de réception lambrissées de boiseries en chêne, certains ornements étant même attribués au maître sculpteur Grinling Gibbons. Il y a quatre visites publiques par an, mais si vous le lui demandez gentiment, le gardien, à l'entrée, vous laissera peut-être jeter un coup d'œil à l'intérieur.

The First Part of
KING
HENRY IV

LES LIVRES DE BIBLIOTHÈQUE DE JOE ORTON ❸

Islington Local History Centre, Finsbury Library, 245 St John Street, EC1
Pour prendre un rendez-vous ou demander des renseignements, téléphonez au 0207 527 7988 • www.joeorton.org/Pages/Joe_Orton_Gallery19.html
Ouvert le lundi de 9h30 à 20h, le mardi de 9h30 à 17h, le jeudi de 9h30 à 20h, le vendredi de 9h30 à 13h et le samedi de 9h30 à 17h
Fermé le mercredi et le dimanche
Entrée gratuite • **Accès** : métro Angel

« Les bibliothèques pourraient aussi bien ne pas exister ; elles sont remplies de rayons pour des livres sans intérêt alors que la bonne littérature n'y trouve pas sa place », déplorait Joe Orton en 1967.

« Chiez bien pendant la lecture ! »

Cet auteur dramatique et provocateur des années 1960 doit sa célébrité à ses comédies noires et surtout à sa mort prématurée à l'âge de 34 ans – Kenneth Halliwell, son amant, le tua à coups de matraque dans un accès de jalousie, avant de se suicider.

Halliwell et Orton partageaient une petite chambre à Islington qu'ils avaient décorée avec des images arrachées dans des livres de la bibliothèque municipale. Ils ne se contentaient d'ailleurs pas de voler les ouvrages qui leur plaisaient : ils aimaient couvrir les livres de bibliothèque d'inscriptions, dégrader leurs couvertures et insérer des textes grossiers. Orton adorait flâner dans la bibliothèque pour guetter les réactions des lecteurs outragés ou stupéfaits qui découvraient son œuvre.

La bibliothèque d'Islington ne trouvait pas cela drôle. Le personnel n'arrivait pas à pincer les coupables, jusqu'à ce que Sydney Porrett, un employé de la municipalité d'Islington, les prenne sur le fait : après avoir envoyé une lettre à Halliwell pour lui demander de déplacer une voiture en infraction, la réponse dactylographiée contenait les mêmes caractères défectueux que les livres mutilés. Le 28 avril 1962, la police fit irruption dans l'appartement d'Orton et de Halliwell, où elle trouva 72 livres volés et 1653 planches provenant de livres d'art. Le couple fut condamné à six mois de prison et à une amende de £262

Aujourd'hui, les 44 volumes saccagés sont la fierté du Centre historique municipal d'Islington. Des reproductions en couleur sont conservées dans des albums ordinaires où l'on s'attendrait plutôt à voir des photos de famille ou de mariage. Il s'agit en réalité d'étranges collages d'images subversives : John Betjeman a ainsi été remplacé par un vieil homme en slip, couvert de tatouages et *Queen's Favourite* (Les favoris de la reine) est orné de deux catcheurs à moitié nus.

Les deux acolytes aimaient particulièrement retravailler les couvertures des œuvres de Shakespeare en y appliquant des collages assez élégants. D'autres livres furent traités d'une manière beaucoup moins révérencieuse : le nouveau texte de quatrième de couverture de *Clouds of Witness* annonce qu'il s'agit de l'histoire d'une policière pédophile et conclut en ces termes : « *Have a good shit while you're reading !* » (Chiez bien pendant la lecture !).

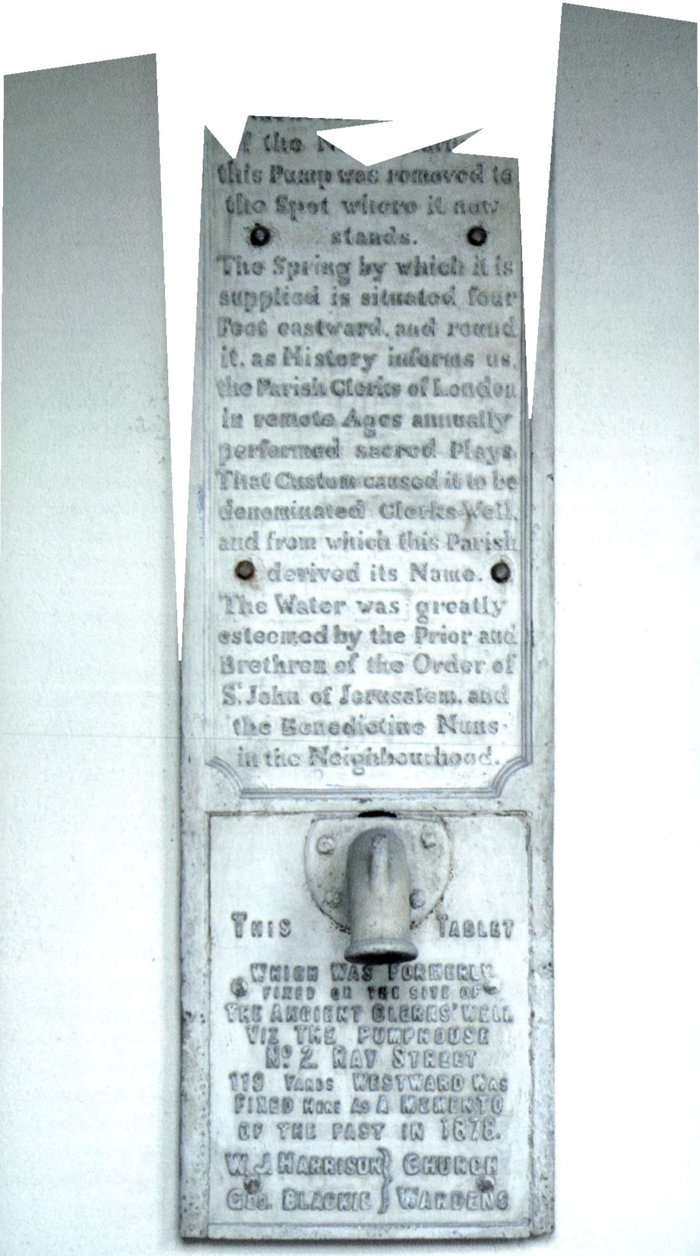
this Pump was removed to
the Spot where it now
stands.
The Spring by which it is
supplied is situated four
Feet eastward, and round
it, as History informs us,
the Parish Clerks of London
in remote Ages annually
performed sacred Plays.
That Custom caused it to be
denominated Clerks-Well,
and from which this Parish
derived its Name.
The Water was greatly
esteemed by the Prior and
Brethren of the Order of
S.t John of Jerusalem, and
the Benedictine Nuns
in the Neighbourhood.
THIS TABLET
WHICH WAS FORMERLY
FIXED ON THE SITE OF
THE ANCIENT CLERKS' WELL
VIZ THE PUMPHOUSE
N.o 2 RAY STREET
119 YARDS WESTWARD WAS
FIXED HERE AS A MEMENTO
OF THE PAST IN 1876.
W. J. HARRISON } CHURCH
GEO. BLACKIE } WARDENS

THE CLERK'S WELL

4

14–16 Farringdon Lane, EC1
Visite sur rendez-vous : appelez le Centre historique municipal d'Islington au 0207 527 7988
Accès : métro Farringdon

Une source médiévale à l'origine du nom du quartier

Le quartier médiéval de Clerkenwell est considéré comme la toute première banlieue londonienne, un faubourg verdoyant au nord de l'enceinte de la City, où abondaient les fermes et les sources minérales : une « eau douce, claire et excellente pour la santé », selon William Fitzstephen, qui rédigea la première histoire topographique de Londres au XIIe siècle. Le nom de ce quartier dérive du fameux Clerks' Well (puits des clercs, fons clericorum) miraculeusement préservé du Moyen Âge jusqu'à nos jours. Même s'il est aujourd'hui enfermé au sous-sol d'un immeuble de Well Court où l'accès au public est limité, on peut toujours l'apercevoir à travers les baies vitrées et lire l'histoire du puits et de ses environs. À l'origine, le puits se trouvait dans l'enceinte du couvent augustinien de St Mary, dont la fondation remonte à 1140. On l'avait surnommé le « puits des clercs » parce que des membres de la paroisse mettaient en scène, aux alentours, des mystères inspirés de sujets bibliques, un genre théâtral très en vogue au Moyen Âge. Après la fermeture du couvent pendant la Réforme, le mur d'enceinte fut démoli et le puits recouvert par de nouveaux édifices. En 1800, on installa une pompe au niveau de la chaussée pour en faciliter l'usage au public, mais il fallut la fermer en 1857 à cause de la pollution. Le puits fut redécouvert par hasard en 1924 alors qu'on faisait des travaux dans Farringdon Lane.

Sadler's Wells, la célèbre troupe de danse théâtrale, fut créée par Dick Sadler, à Clerkenwell, dans les années 1680. Quand on découvrit le vieux puits dans le parc, Mr. Sadler ne tarda pas à faire la promotion des propriétés médicinales de l'eau qui en jaillissait. Le théâtre prit ainsi le nom de Sadler's Wells (les puits de Sadler).

AUX ALENTOURS :

FINSBURY'S HEALTH CENTER

5

17 Pine Street, EC1 • Tél. : 0207 530 4200

Conçu par Berthold Lubetkin entre 1936 et 1938, derrière Exmouth Market, cet édifice moderniste abrite toujours une maison de santé. Avec ses murs en verre, son intérieur rouge et bleu, et ses peintures murales aux couleurs vives exhortant les riverains à profiter de la « fraîcheur de la nuit et du jour », c'est une véritable allégorie de la croyance de Lubetkin en l'architecture comme instrument du progrès social. Ce centre était même le fleuron de sa politique sanitaire et sociale, Finsbury étant autrefois l'un des faubourgs les plus pauvres de Londres. Comme il l'a très bien dit : « Rien n'est trop bon pour les gens ordinaires. »

MARX MEMORIAL LIBRARY

6

37a Clerkenwell Green, EC1
Tél. : 0207 253 1485
www.marxlibrary.net
Ouvert tous les jours de 13h à 14h
Entrée gratuite
Accès : métro Farringdon

> *le bureau londonien de Lénine*

À côté de la porte rouge vif de ce charmant hôtel particulier, une plaque en cuivre discrète annonce la bibliothèque du mémorial de Marx, où sont rangés plus de 150 000 ouvrages de littérature de gauche.

De la révolte des paysans de 1381 aux manifestations contre les impôts locaux des années 1980, ce coin pittoresque de Londres a longtemps été le terrain de prédilection des rebelles, émeutiers et réfugiés politiques. Parmi eux, de 1902 à 1903, Vladimir Ilitch Oulianov (le véritable nom de Lénine) partagea un bureau dans cet immeuble avec Harry Quelch, le directeur de la Twentieth Century Press, une célèbre maison d'édition de gauche.

Le minuscule bureau de Lénine est tel qu'il était à son époque, avec ses placards bleus, ses traités de socialisme reliés en cuir, une édition en braille du manifeste du parti communiste et d'innombrables bustes de Lénine offerts par des admirateurs. C'est là que le futur « petit père des peuples » mit au point les numéros 22 à 38 du journal russe Iskra (L'étincelle), imprimé sur un papier extra-fin de sorte qu'il soit plus facile de le faire passer clandestinement dans la Russie des tsars.

Conçu en 1737 comme une école charitable de garçons gallois, l'immeuble accueillit ses premiers résidents lorsque la London Patriotic Society s'y installa en 1872. La bibliothèque du mémorial de Marx et l'école d'ouvriers furent fondées en 1933 pour commémorer le 50e anniversaire de la mort de Marx, en réaction contre les autodafés de livres dans l'Allemagne nazie. En 1935, le vicomte Jack Hastings, un communiste aristocrate, élève de Diego Riviera, peignit une œuvre murale géante au titre grandiloquent : Ouvrier du futur débarrassant la terre de la pagaille capitaliste. Les silhouettes de Marx, Engels et Lénine y figurent plus grandes que nature derrière le bureau de réception.

En 1986, des tunnels du XIVe siècle ont été découverts au sous-sol : on peut les voir lors du week-end portes ouvertes.

MARX À LONDRES

Karl Marx écrivit une grande partie du Capital assis à la chaise n° G7 de la salle de lecture du British Museum. De 1850 à 1855, il vécut dans un appartement sordide situé au-dessus de l'actuel restaurant *Quo Vadis*, au 28 de Dean Street, à Soho. Le propriétaire d'origine, Peppino Leoni, exécrait la plaque bleue commémorant un communiste sur la façade de son restaurant de luxe.

CHARTERHOUSE

7

Charterhouse Square, EC1 6AM
Visites guidées tous les mercredis après-midi, d'avril à août
Entrée : £10
Réservation nécessaire au 0207 251 5002 ou bien en envoyant un chèque et une enveloppe affranchie à l'adresse ci-dessus
Accès : par train ou métro à la gare de Farringdon

Une résidence Tudor pour gentlemen à la retraite

Lorsqu'on se promène sous les arbres taillés du paisible Charterhouse Square, on a du mal à croire qu'il s'agissait jadis d'une fosse commune où 50 000 victimes de la peste noire furent ensevelies au XIVe siècle. On y fonda une chartreuse en 1371 (le nom Charterhouse provient d'une anglicisation de « chartreux »), mais la vie cloîtrée des moines fut brusquement interrompue par la Réforme : le prieur fut pendu, traîné dans la rue et découpé en morceaux, et l'on cloua un de ses bras au portail. Après sa fermeture en 1537, le monastère devint la cour de récréation de l'aristocratie. Lord North en fit un somptueux hôtel particulier, où il déploya de tels trésors d'hospitalité pour la reine Élisabeth Ière qu'il fit faillite et dut s'enfuir à la campagne.

Charterhouse fut finalement acheté par Sir Thomas Sutton, un philanthrope, qui y établit une école pour 40 jeunes indigents et un hospice pour 80 retraités du sexe masculin (gentilshommes réduits à la mendicité, soldats ayant servi dans la marine ou l'armée de terre, marchands en déchéance après avoir été dévalisés par des pirates ou à l'issue d'un naufrage, ou même anciens domestiques du roi et de sa majesté la reine).

Seule maison de l'époque des Tudors conservée à Londres, Charterhouse abrite encore une quarantaine de « gentilshommes retraités ». Les critères d'accès à l'établissement sont moins sévères de nos jours – on y accepte même les catholiques – mais les résidents (dont le plus âgé a aujourd'hui 102 ans) sont toujours soumis à un ordre hiérarchique, de même qu'au pensionnat du même nom transféré dans le comté du Surrey en 1872.

Derrière le portail du XVe siècle, il ne reste plus rien du sinistre passé de l'endroit, sans que l'empreinte de la modernité n'y apparaisse pour autant : au début du tour, les visiteurs sont par exemple priés de s'asseoir sur d'anciennes chaises en cuir pour regarder un film vidéo antédiluvien de 15 minutes…

L'après-midi, on dresse des tables pour le thé dans le grand hall où 80 chevaliers furent autrefois adoubés par le roi James Ier, sous les portraits d'aristocrates fringants coiffés comme les Bee Gees.

La chapelle est ouverte au public les dimanches, pour peu que le garde du portail vous laisse entrer. Cherchez le tombeau de Sutton et les têtes de chiens sculptées qui ornent les bancs.

Charterhouse loue aussi des appartements et des bureaux dans des immeubles indépendants, mais la liste d'attente de ces logements abordables est longue.

VILLIAM·DRAKE
OST HIS LIFE IN AVERTING A
ERIOUS ACCIDENT TO A LADY
IN HYDE·PARK
APRIL·2·1869
HOSE HORSES WERE UNMANAGE-
ABLE THROUGH THE BREAKING
OF THE CARRIAGE POLE
DWARD BLAKE·
OWNED WHILE SKATING
THE WELSH HARP
WATERS·HENDON·
THE ATTEMPT TO
CUE TWO UNKNOWN
LS FEB·5·1895

ROW
BROCKL
SURGE
PINAL INJ
DENT DIE
A DROWN
LIFE
ERIC
LINGT
RNING
AN AG
OF HIS
C·1·1886

LE MÉMORIAL DE WATTS

8

Postman's Park, King Edward Street, EC1
Ouvert jusqu'à la tombée de la nuit
Accès : métro St Paul's ou Chancery Lane

Hommage aux héros de tous les jours

Épouvantable à souhait ou empreinte d'une tristesse rêveuse, cette curieuse série de mémoriaux borde l'un des côtés de Postman's Park, qui doit son nom au General Post Office, à la limite sud du parc. Fixées par G. F. Watts en 1887 à l'occasion du jubilé de la reine Victoria, ces plaques commémorent des actes d'héroïsme qui coûtèrent la vie à des Londoniens anonymes.
À une époque caractérisée par l'euphémisme – une des épitaphes victoriennes les plus courantes annonçait par exemple qu'untel *fell asleep* (s'était endormi) –, la description du sort de ces héros est pour le moins directe. La plupart de ces destins tragiques se rapportent à des enfants, des incendies, des noyades ou des accidents de train. Il est touchant de constater qu'une grande partie des hommes dont on commémore ici la mort héroïque sauvèrent la vie de parfaits inconnus, comme pour ajouter foi à l'idée romantique d'une bienveillance anonyme.
Watts posa 13 plaques commémoratives ; après sa mort, sa femme, Mary, en ajouta 34. Le premier héros immortalisé était une femme : Alice Ayres, « fille d'un ouvrier du bâtiment, qui, par sa conduite intrépide, sauva trois enfants d'une maison en flammes, dans Union Street, district de Borough, au prix de sa jeune vie. 24 avril 1885. » Destin non moins terrible que celui de « Frederick Alfred Croft qui empêcha une folle de se suicider à la station Woolwich, avant de se faire écraser par une rame ». Et encore : «Sarah Smith, mime. Au Prince's Theatre, elle succomba aux affreuses brûlures que lui fit sa robe inflammable alors qu'elle essayait d'éteindre les flammes qui enveloppaient son compagnon. 24 janvier 1863. »
Watts aurait aimé que toutes les villes d'Angleterre possèdent un mémorial du même acabit. Cet éternel optimiste laissa même de la place sur le mur du parc pour qu'on continue d'y fixer des plaques. Personne n'a encore rempli ce grand espace vide.

LE « MICHEL-ANGE ANGLAIS »

Surnommé le « Michel-Ange anglais », Watts fut l'un des peintres les plus célèbres de l'époque victorienne. Ne cachant nullement ses opinions socialistes, il déclara dans une lettre au Times de Londres : « La prospérité nationale d'une nation ne tient pas à ses possessions inaliénables mais aux actes de son peuple. »

POLICE
POLICE PUBLIC CALL POST
AN ORIGINAL
POLICE TELEPHONE
FREE
FOR USE OF
PUBLIC.
THE TELEPHONE IS
NO LONGER OPERATIONAL
PLEASE USE NEARBY
PAYPHONE

LES CABINES TÉLÉPHONIQUES DES BOBBIES 9

St Martin Le Grand, EC1

Les dernières cabines de police

Certaines cabines bleues ont survécu dans les rues de Londres, comme le poste de signalisation abandonné devant Postman's Park (voir p. 79).

Avant l'arrivée des talkies-walkies et des téléphones portables, les bobbies (agents de police) affectés à la surveillance d'un quartier recouraient à ces cabines pour signaler des délits, demander des renforts ou même enfermer un suspect jusqu'à l'arrivée d'une voiture de police. Si la lumière bleue clignotait sur le toit, un agent de passage entrait dans la cabine pour appeler la station la plus proche afin qu'on envoie au plus vite une patrouille sur le lieu du délit. Ouvertes 24h/24, ces lignes téléphoniques étaient également accessibles au public en cas d'urgence.

Les premières cabines de police en bois firent leur apparition en Grande-Bretagne en 1888. Leur coût de construction était dérisoire (£13). Équipées d'un bureau, d'un registre, d'une trousse de secours, d'un extincteur et d'un chauffage électrique, il ne fait pas vraiment de doute qu'elles contenaient également une bouilloire, au cas où un bobby aurait voulu une tasse de thé.

En 1929, Gilbert Mackenzie Trench conçut un modèle plus robuste en béton. Des sirènes ayant remplacé les lumières clignotantes, ces nouvelles cabines de police servirent à annoncer les raids aériens pendant la Seconde guerre mondiale. En 1953, il y en avait 685 à Londres, mais la technologie précipita leur obsolescence et le ministre de l'Intérieur ordonna leur retrait en 1969.

Il en reste néanmoins un bel exemple à St Martin Le Grand, EC1.

Il ne reste plus beaucoup de cabines de police à Londres. La plupart sont dans la City : sur le Victoria Embankment (en face de Middle Temple Lane), au coin de Queen Victoria Street et de Friday Street, à Walbrook (en face de Bucklersbury), dans la cour de Guildhall, devant l'église St Botolph à Aldgate, devant la gare de Liverpool Street et dans Aldergate Street, près de Little Britain.

Il existe deux autres rescapées à Piccadilly Circus et devant l'ambassade des États-Unis, dans Grosvenor Square.

L'ironie réside dans le fait que cette dernière cabine fonctionne toujours, malgré l'importante présence de la police, en faction 24h/24.

WHEN Y HAVE SOVGHT
THE CITTY ROVND
YET STILL THS IS
THE HIGHST GROVND
AVGVST THE 27
1688

THE BREAD BASKET BOY

10

Panyer Alley, EC4

L'énigmatique statue du petit garçon à la corbeille à pain

On ne remarque guère ce petit garçon nu perché sur une corbeille qui semble tendre une grappe de raisin. Sous cette petite statue sculptée dans la pierre, on peut lire une inscription usée par le temps : « Vous aurez beau chercher à travers la ville, il n'est pas de terrain plus élevé que celui-ci. Le 27 août 1688 ». Ce texte n'a pas beaucoup de sens étant donné son emplacement actuel, un passage franchement plat qui va de la station de métro au cimetière de St Paul. À l'origine, la statue se trouvait dans Paternoster Row. Lorsque, en 1892, l'immeuble où se dressait cette statue fut démolit, la Farrows Bank récupéra celle-ci pour en faire sa mascotte. Mais le garçon ne devait plus porter chance : la banque de Cheapside ferma en 1930. En 1964, on transféra la statue dans cette ruelle anodine, jadis au cœur de l'activité boulangère. Panyer Alley doit en effet son nom aux enfants qui vendaient leurs marchandises dans des corbeilles – ou panniers – en vertu d'une loi du XIVe siècle interdisant la vente du pain hors des marchés publics. Les boulangers contournèrent cette loi en recourant à des corbeilles pour vendre le pain dans la rue. Les banlieusards qui se hâtent aujourd'hui, un croissant à la main, devant le bread basket boy, pourraient lui faire un clin d'œil en souvenir des petits colporteurs de pain d'autrefois.

AUX ALENTOURS :

CHRISTCHURCH GREYFRIARS GARDEN : UNE ROSERAIE DANS UNE ÉGLISE DE CHRISTOPHER WREN

11

Newgate Street ot King Edward Street, EC1.

À deux pas de la cathédrale St Paul, cette singulière petite roseraie est renfermée entre les murs décrépis d'une église en partie détruite par les bombardements de la Seconde guerre mondiale. Au Moyen Âge, l'endroit était occupé par un monastère franciscain dont les moines étaient si pieux que les gens croyaient qu'en se faisant enterrer dans leur robe de bure, on allait directement au paradis. C'est peut-être la raison pour laquelle quatre reines voulurent reposer dans cette église, avant qu'elle ne soit détruite par le feu lors du Grand incendie de 1666. Christopher Wren entreprit aussitôt la construction d'une nouvelle église, qui fut achevée en 1704. Mais les bombes allemandes détruisirent l'œuvre de Wren en 1940, n'épargnant que la tour ouest. Cette petite roseraie épouse le dessin des fondations de l'église originale. De part et d'autre du vaisseau central, des haies et des parterres occupent la place des bancs ; dix tourelles en bois recouvertes de clématites et de roses grimpantes représentent les piliers qui soutenaient la charpente.

LE TRIFORIUM DE LA CATHÉDRALE ST PAUL 12

Cathédrale St Paul, Ludgate Hill, EC4
Ouvert le lundi et le mardi à 11h30 et à 14h, et le vendredi à 14h
Autres horaires sur rendez-vous
Réservation obligatoire au 0207 246 8357
Entrée : £14 comprenant l'accès à l'église et à la crypte
Accès : métro St Paul

L'histoire secrète d'un des emblèmes de Londres

Rempli de vieux meubles et d'accessoires (deux vieilles chaires notamment, dont une horreur en marbre coloré de l'époque victorienne qui semble avoir été soustraite à une église italienne), le triforium de St Paul est totalement méconnu de la plupart des Londoniens. Il donne la curieuse impression d'être dans les coulisses d'un théâtre.

Les baies sont reliées entre elles par un couloir qui traverse le portail ouest de la cathédrale, d'où l'on a une vue fantastique sur toute la longueur de la nef. On remarquera également une rangée de trompettes électriques destinées aux visites royales. Trop bruyantes, lorsque la Reine est de passage, une fanfare plus discrète de trompettistes en chair et en os annonce son arrivée depuis la tribune…

La splendeur du triforium tient à deux pièces, de part et d'autre de l'église. La première est la bibliothèque, véritable fantasme de bibliophile, confortable, tranquille, couvertes de boiseries, avec des arcades sculptées par le maître sculpteur Grinling Gibbons. L'autre est surnommée « la salle des trophées », ceux de Nelson y ayant été exposés après sa mort : elle est aujourd'hui occupée par une surprenante collection en rapport avec la construction de l'église, dont la grande maquette de Wren, une première ébauche à partir d'une croix grecque et qui comporte une coupole supplémentaire.

Ce ne sont pas les trésors qui manquent dans le triforium. Outre des restes de l'ancienne cathédrale qui fut dévastée par l'incendie de 1666, on pourra y voir un buste de Dean Inge, un prêtre mélancolique qui avait tendance, semble-t-il, à lire des romans policiers pendant les offices…

L'escalier géométrique qui mène au triforium, à l'intérieur de la tour de l'horloge, est tout à fait déconcertant : chaque marche ne repose que sur la précédente et sur un raccord de dix centimètres avec le mur, d'où son surnom d'« escalier volant ».

QU'EST CE QU'UN TRIFORIUM ?

Un triforium est une galerie étroite ménagée au-dessus de la tribune, ouverte par une suite de baies sur la nef, entre les murs intérieur et extérieur de l'église. C'est en réalité un passage secret le long d'une paroi qui surplombe l'assemblée des fidèles, même si les triforiums des églises anglaises sont traditionnellement visibles à travers des arcades.

Plusieurs esquisses et maquettes sont exposées dans la salle des trophées, dont l'ébauche Ananas, pas si lointaine de l'actuel Cornichon de Norman Foster.

CELLULES DE LA PRISON DE NEWGATE

13

Sous-sols de la Viaduct Tavern, 126 Newgate Street, EC1
Accès : métro St Paul's ou chemin de fer de la City Thameslink

« La puanteur était telle qu'un cheval aurait pu étouffer »

Il ne reste pas grand-chose de la tristement célèbre prison de Newgate, la principale maison d'arrêt de Londres pendant près de cinq siècles. Située à l'origine dans une porte médiévale de l'enceinte romaine, elle fut agrandie au fil des ans et demeura en activité de 1188 à 1902. Le tribunal correctionnel central se dresse désormais à sa place, mais si vous vous adressez gentiment au personnel de la Viaduct Tavern, on vous montrera certaines des cellules qui survécurent à la fermeture de la prison, lesquelles font aujourd'hui office de caves à bières.

Même si les propriétaires du pub ont affiché des imprimés aux murs du passage qui conduit à ces cellules souterraines, on n'a pas cherché à recréer un décor pour attirer les touristes. Une des cellules fera rêver les amateurs de fantômes, mais il n'est pas nécessaire d'être médium pour flairer le mystère qui émane de ces lieux. Les cellules sont authentiquement effroyables : glaciales, humides et sombres, avec des murs d'une imposante épaisseur.

Elles pouvaient contenir jusqu'à 20 criminels – débiteurs insolvables la plupart du temps – entassés les uns sur les autres. Il n'y avait pas de toilettes : selon un geôlier, la puanteur était telle qu'un cheval aurait pu étouffer. L'unique lumière provient d'un tuyau communiquant avec le niveau de la chaussée, tuyau que des proches ou des passants bienveillants utilisaient pour faire passer de la nourriture. Les prisons étaient alors des établissements privés, les détenus devaient payer pour avoir le privilège d'être incarcérés ou mouraient de faim. Ceux qui en avaient les moyens bénéficiaient d'une cellule individuelle et recevaient régulièrement des prostituées.

De l'autre côté de la rue, la « Old Bailey » (la cour d'assises) dispose d'une cellule encore plus sordide réservée aux condamnés à mort. Elle est plus grande que les autres, car les futurs pendus recevaient davantage de visiteurs. Le couloir conduisant de la cellule à l'échafaud est de plus en plus étroit de sorte que la victime ne puisse pas se retourner et chercher à fuir devant l'horreur.

En comparaison, la Viaduct Tavern est un magnifique pub victorien, avec un plafond en cuivre étamé et un triptyque de peintures représentant les quatre statues allégoriques du Commerce, de l'Agriculture, de la Science et des Beaux-Arts qui figurent non loin de là, sur le viaduc de Holborn. On raconte qu'il y avait, au XIXe siècle, une fumerie d'opium au premier étage.

PUCKRIDGE. Fecit
This Boy is
in Memmory Put up
for the late FIRE of
LONDON
Occasion'd by the
Sin of Gluttony
1666

LE GOLDEN BOY DE PYE CORNER

14

Cock Lane et Giltspur Street, EC1
Accès : métro Chancery Lane ou St Paul

> *Un petit glouton auquel on fit endosser le Grand incendie de 1666*

Au coin de Cock Lane et de Giltspur Street, tout en haut de l'immeuble, la statue dorée d'un gamin bien en chair rappelle le Grand incendie de Londres, censé avoir pris dans une boulangerie de Pudding Lane.
La responsabilité de l'incendie avait d'abord été attribuée à un orfèvre français, Robert Hubert, qui était passé aux aveux. On s'empressa d'exécuter ce mythomane, avant de découvrir qu'il était arrivé en Angleterre deux jours après le début du sinistre. William Lilly, un célèbre astrologue, qui avait prédit un incendie l'année précédente, faillit accompagner le malheureux Hubert sur l'échafaud, mais il parvint à plaider sa cause devant un comité spécial à la Chambres des communes. On accusa alors les catholiques. Le conseil municipal décida finalement d'imputer le désastre au péché de gourmandise, d'où cette effigie grassouillette d'un garçon à laquelle on ajouta cette inscription :
« Le jeune garçon de Pye Corner a été érigé pour commémorer le terme du Grand incendie qui se déclara dans Pudding Lane, et que l'on attribue au péché de gourmandise et non aux papistes, contrairement à ce que suggère le Monument, l'embonpoint du jeune garçon étant destiné à impressionner moralement les esprits. »

UN PUB OÙ VENDRE DES CADAVRES

L'immeuble du Golden Boy est celui où se trouvait jadis « The Fortune of War », un pub fréquenté par les *resurrection* men, comme on les appelait alors, qui vendaient des cadavres aux anatomistes de l'hôpital St Bartholomew, de l'autre côté de la rue. Chaque corps – fraîchement ramassé dans le caniveau, le fleuve ou parfois même exhumé – était exposé par le propriétaire dans une pièce à l'étage, avec une étiquette indiquant le nom de celui qui l'avait trouvé.

MANGEZ DE L'ÉCUREUIL !

De février/mars à mi-avril, le St John restaurant, à quelques pas, sert un plat rare et délicat : l'écureuil. À ne pas rater. 26 St. John Street

PARFAIT POUR LE PETIT DÉJEUNER

Le Cock Tavern, à une centaine de mètres de là, est idéal pour son fameux petit déjeuner complet (*full butcher's breakfast*) : bacon, saucisses, boudin noir, foie, rognons, bifteck, œufs, tomates et frites... Pour bien commencer la journée.

LA SEULE STATUE PUBLIQUE DE HENRI VIII

Un peu plus bas, dans la même rue, un autre personnage replet est immortalisé dans la pierre : Henri VIII, dans toute sa corpulente splendeur, regarde de travers au-dessus de l'entrée dite « Henry Gate » de l'hôpital St Bartholomew. C'est la seule statue publique de ce roi à Londres.

THE FIRST
METROPOLITAN
PUBLIC DRINKING
FOUNTAIN
ERECTED ON
HOLBORN HILL
IN 1859 AND
REMOVED WHEN THE
VIADUCT WAS
CONSTRUCTED IN
1867.
ACE THE

15

LA PREMIÈRE FONTAINE PUBLIQUE DE LONDRES

À l'angle de Giltspur Street et de Holborn Viaduct, EC1

Accès : métro Barbican ou Farringdon

« De l'eau potable pour les hommes et les bêtes »

Lieu d'exécution des hérétiques et des dissidents, Smithfield Meat Market était également, comme son nom l'indique, un abattoir. En attendant la lame du boucher, le bétail affolé était tout de même autorisé à se rafraîchir à l'abreuvoir de West Smithfield. Ce récipient porte l'emblème de la Drinking Fountain Association (Association des fontaines publiques et des abreuvoirs métropolitains), « seul établissement à fournir gratuitement de l'eau potable aux hommes et aux bêtes dans les rues de Londres », selon une publicité récente. Cette association fut créée en 1859 par Samuel Gurney, un député alarmé par l'insalubrité des fontaines londoniennes depuis que le Dr. John Snow (voir p. 61) y avait vu la cause d'une épidémie de choléra.

La première fontaine publique de Londres se trouve au bout de la rue du marché de Smithfield, à l'angle de Giltspur Street et de Holborn Viaduct. Encastré dans les grilles de l'église St Sepulchre, ce petit monument en granit rouge à la mémoire du philanthrope Gurney passe inaperçu.

On vit arriver une foule de Londoniens à l'inauguration de la fontaine le 21 avril 1859. Mrs Wilson, la fille de l'archevêque de Canterbury, fut la première à goutter l'eau dans une tasse en argent, l'eau filtrée provenant de la New River (voir p. 289). Une inscription encourage les passants assoiffés à « remettre la tasse à sa place » (replace the cup). Mais l'on fait moins confiance aux gens aujourd'hui : les deux gobelets en métal d'origine (plutôt rouillés) sont attachés aux grilles avec des chaînes. En 1870, la Drinking Fountain Association avait déjà installé 140 fontaines publiques à travers Londres. Nombre d'entre elles ont été préservées.

Au Geffrye Museum (voir p. 133), on peut voir un tableau de la fontaine originale, qui était plus élaborée, œuvre peinte par W. A. Atkinson en 1860.

STATUES D'ÉCOLIERS

Au coin de Hatton Garden et de St Cross Street, deux statuettes un peu naïves sont enchâssées dans la façade d'un immeuble de bureaux, l'une représentant un petit garçon brandissant une casquette et une bible, l'autre une petite fille paraissant avoir une liste de commissions dans la main. Ces figurines, que l'on trouve aux quatre coins de Londres, indiquent l'emplacement d'une ancienne *blue coat school*, une école charitable pour enfants défavorisés. Aux périodes Tudor et Stuart, les vêtements bleus étaient la marque du prolétariat, le bleu étant alors la teinture la moins chère. Cette école, qui date de 1690, est sans doute l'œuvre de Christopher Wren.

LA CLOCHE DU BOURREAU DE ST SEPULCHRE-WITHOUT-NEWGATE

16

Holborn Viaduct, en face de l'Old Bailey (cour d'assises)
Ouvert du mardi au jeudi de 12h à 14h, et le mercredi de 11h à 15h
Accès : métro Farringdon ou Blackfriars

Pour qui sonne le glas

L'église de St Sepulchre-Without-Newgate fut reconstruite après le Grand incendie de 1666. L'étrangeté de son nom tient à sa position hors des anciens remparts de la ville, plus précisément à Newgate, la porte nord-ouest des murs d'enceinte de la City.

L'aire qui sépare l'actuelle cour d'assises (la « Old Bailey », située sur l'ancien emplacement de la prison de Newgate) de l'église était jadis le lieu des exécutions publiques, à partir de la fin du XIXe siècle. Au XVIIIe, la législation londonienne était particulièrement sanglante : plus de 350 crimes étaient passibles de la peine de mort, y compris le vol simple, mais à partir de 1861, la liste fut réduite aux meurtre, trahison, piraterie et mutinerie.

Le glas de St Sepulchre-without-Newgate sonnait chaque fois qu'une exécution allait avoir lieu. La cloche prévue à cet effet, toujours dans l'église, était également agitée à minuit par un employé qui répétait trois fois les vers suivants en faisant les cent pas devant les cellules des condamnés :

All you that in the condemned hold do lie / Prepare you, for tomorrow you will die. / Watch all, and pray, the hour is drawing near / That you before th' Almighty must appear / Examine well yourselves, in time repent, / That you may not t' eternal flames be sent ; / And when St Sepulchre's bell tomorrow tolls, / The Lord have mercy on your souls ! [1]

En 1604, Robert Dove, un marchand drapier horriblement pieux, donna £40 à la paroisse pour s'assurer qu'on observerait cet épouvantable rituel à perpétuité.

[1] «Vous qui gisez là, dans les cellules des condamnés, / Préparez-vous, car vous mourrez demain. / Écoutez et priez, l'heure approche / où vous comparaîtrez devant le Tout-Puissant. / Faites votre examen de conscience et repentez-vous à temps, / si vous ne voulez pas être éternellement la proie des flammes ; / Et quand sonnera demain le glas de St Sepulchre, / Que Dieu ait pitié de vos âmes !»

LE RITE FLORAL D'OLD BAILEY

Les procès en cour d'assises sont ouverts au public, mais l'on ne peut y réserver une place et les curieux commencent à faire la queue vers 9h30. La liste des procès est affichée devant l'entrée principale : c'est en général dans la Court One qu'ont lieu les plus retentissants. Une tradition s'est perpétuée depuis l'époque où The Old Bailey faisait partie intégrante de l'ancienne prison de Newgate: les membres du jury apportent un bouquet de fleurs au début de chaque séance, cet usage ayant initialement pour but de masquer, sans grand succès, la puanteur des cellules.

LE GRENIER DE LA MAISON DU DR JOHNSON 17

17 Gough Square, EC4
Ouvert du lundi au samedi de 11h à 17h30 (17h en hiver)
Entrée : Adultes £4,50, retraités et étudiants £3,50, enfants £1,50, ticket familial £10
Accès : métros Blackfriars, Temple, Holborn ou Chancery Lane

« Il n'est personne d'intelligent qui souhaite quitter Londres »

Les Londoniens adorent le Dr Johnson. Il est en effet difficile de résister au charme d'un homme qui disait : « Il n'est personne d'intelligent qui souhaite quitter Londres. Non, Monsieur, quand on s'est lassé de Londres, c'est qu'on s'est lassé de la vie, car on trouve à Londres tout ce que la vie peut offrir ».
Comme beaucoup de gens qui vivent à Londres, l'auteur du Dictionnaire de la langue anglaise n'était pas originaire de la capitale, mais de Lichfield, dans la région des Midlands. Il s'y installa en 1737, à l'âge de 28 ans, après avoir lamentablement raté sa carrière d'instituteur. Pendant les trente années suivantes, il vécut tant bien que mal en écrivant des biographies, des poèmes, des essais, des pamphlets, des rapports pour le Parlement et surtout son célèbre dictionnaire. Ainsi eut-il de nombreuses adresses avant d'emménager pour finir dans cette maison de Gough Square en 1748, où il demeura jusqu'en 1759.
La maison n'est guère facile à trouver dans le dédale de cours et de passages qui l'entourent. Le bâtiment en tant que tel est d'autant plus remarquable que c'est l'un des rares vestiges géorgiens que possède encore la ville. Érigé en 1700, il fut longtemps laissé à l'abandon et abrita à tour de rôle un hôtel, une imprimerie et un entrepôt avant de devenir la propriété du député Cecil Harmsworth en 1911, lequel le restaura et en autorisa l'accès au public. L'intérieur charmant et délicat est caractéristique de la période géorgienne, avec ses pièces lambrissées, ses estampes, ses portraits et sa collection de meubles d'époque. Dans le grenier, les enfants peuvent essayer des répliques de costumes d'époque s'ils souhaitent voir à quoi ils auraient ressemblé à Londres au XVIIIe siècle.

STATUE DE JOHN WILKES

Le Dr Johnson ne choisit pas cette maison par hasard. Elle se trouve à proximité de Fetter Lane et de Fleet Street, un des hauts lieux historiques du journalisme diffamatoire et satirique. Dans Fetter Lane, se trouve ainsi la statue de John Wilkes, un ami du Dr Johnson, journaliste incendiaire dont la virulence était notoire (notons que la statue le met considérablement en valeur.) Les écrits de Wilkes lui valurent de nombreux ennemis au sein de la monarchie et du gouvernement, mais grâce au soutien du peuple, il parvint souvent à échapper à la prison. Sa statue, comme celle de Cromwell devant le Parlement, est une espèce de totem du quartier.

LA CRYPTE DE MAGPIE ALLEY

18

Entre Bouverie Street et Whitefriars Street, EC4
Accès : métro Blackfriars

Les vestiges d'un monastère du Moyen Âge

Au XIIIe siècle, les frères blancs de l'ordre des Carmes – qu'on appelait ainsi parce qu'ils portaient, à certaines occasions, des capes blanches sur leurs robes de bure – possédaient une enclave renfermant des cloîtres, une église et un cimetière, qui s'étendait de Fleet Street jusqu'à la Tamise. Il n'en reste plus que cette crypte délabrée qui date de la fin du XIVe siècle. Coincée entre des baies vitrées, elle est aujourd'hui flanquée d'un immeuble massif en granit noir appartenant à une compagnie juridique multinationale.
Le monastère des frères blancs fut l'un des rares immeubles à avoir survécu sans dommage à la révolte des paysans de 1381. Henry VIII abandonna néanmoins le prieuré vers le milieu du XVIe siècle et s'appropria la plupart des biens immobiliers des moines pour les offrir à son docteur, William Butte. Le réfectoire fut transformé en un théâtre où jouaient des enfants, le Whitefriars Playhouse, et la crypte servit d'entrepôt pour le charbon. Le quartier se dégrada peu à peu et devint mal famé : on le baptisa « Alsatia » par référence au territoire que se disputaient la France et l'Allemagne. Des hors-la-loi en cavale se réfugièrent dans la crypte, tirant parti de l'immunité dont jouissaient encore les moines. La crypte resta enfouie pendant des siècles jusqu'à ce qu'on l'exhume en 1895, mais il fallut attendre les années 1920 pour qu'on la restaure, lorsque le journal *The News of the World* s'installa dans le quartier. Autrefois, *The Daily News, Punch, News Chronicle, Daily Mirror* et *The Sun* avaient tous leurs bureaux dans Bouverie Street. De même qu'il ne reste presque plus de traces du passage de la presse, rien n'indique aux visiteurs l'existence de la crypte. Descendez Bouverie Street et engagez-vous dans Magpie Alley (où se trouvait jadis le dortoir des moines). Au bout de la ruelle, vous découvrirez une cour : deux volées de marches, sur la gauche, vous conduiront au sous-sol où se trouve la crypte. À l'entrée, une fausse lanterne est allumée jour et nuit.

LES PEINTURES MURALES DE MAGPIE

Imprimées sur les carreaux blancs de Magpie Alley, une série d'illustrations et de photographies racontent brièvement l'histoire des maisons de presse de Fleet Street. De l'imprimerie primitive de Wynkyn de Worde, fondée vers 1500, aux infâmes salles de rédaction des tabloïdes des années 1960, Fleet Street était synonyme de l'industrie de la presse, jusqu'à ce que celle-ci se replie à contrecœur à Wapping en 1986.

'Brilliantly the Temple Fountain
sparkled in the sun, and laughingly
its liquid music played and merrily
the idle drops of water danced and
danced, and peeping out in sport
among the trees, plunged lightly
down to hide themselves'
Martin Chuzzlewit
Charles Dickens

FOUNTAIN COURT

19

Middle Temple, EC4
Accès : métro Chancery Lane ou Temple

Havre littéraire dans un dédale juridique

Fountain Court est une véritable oasis où l'on peut s'abriter à l'ombre des arbres après avoir exploré la City. Cette petite place méconnue se trouve dans Middle Temple, une fraction du quartier labyrinthique des *Inns of Court* (hôtels de justice) que l'on érigea sur les ruines d'immeubles appartenant aux Templiers au XIVe siècle.

Pendant près de trois cents ans, une petite fontaine se dressait au milieu de la place.

Entourée jadis de grilles, elle est aujourd'hui accessible, son jet d'eau jaillissant à une hauteur de 30 centimètres avant de retomber dans un bassin rempli de poissons rouges. Certains prétendent que le nom de la place dériverait d'un certain Sir Edward de la Fontaigne, qui possédait une maison dans le quartier du Temple.

HAUT LIEU LITTÉRAIRE

Fountain Court apparaît fréquemment dans l'histoire littéraire de Londres. C'est là que Charles Dickens fit se rencontrer Ruth Pinch et son amant dans Martin Chuzzlewit. L'auteur dramatique Oliver Goldsmith habitait à deux pas, au n° 2 de Garden Court, dans un immeuble qui a disparu depuis longtemps. Et Paul Verlaine y vécut lorsqu'il enseigna en Angleterre après sa libération de prison à Bruxelles.

AUX ALENTOURS :

L'ÉGLISE ST BRIDES

20

Non loin de Fountain Court, l'église St Brides était historiquement consacrée aux journalistes, à cause de la proximité de Fleet Street. On raconte au demeurant que son clocher à étages multiples aurait inspiré la pièce montée moderne, un pâtissier des environs en ayant réalisé une reproduction en sucre glace.

PRINCE HENRY'S ROOM, UN HOMMAGE À SAMUEL PEPYS

21

L'écrivain Samuel Pepys naquit dans Fleet Street en 1633. Au n° 17 de cette rue, on peut voir une charmante petite collection de manuscrits, d'estampes et de peintures qui lui sont consacrées. Cette maison à colombages est l'une des rares à avoir échappé au Grand incendie de 1666. Ne soyez pas déroutés par le nom de cette pièce – *Prince Henry's room* –, le prince, dont les initiales et le blason figurent d'ailleurs sur les murs, l'ayant sans doute utilisée comme salle du conseil. Ouvert du lundi au vendredi de 11h à 14h. Entrée gratuite

LA RELIQUE DE ST ETHELREDA

22

Église St Ethelreda, 14 Ely Place, EC1
Tél. : 0207 405 1061
www.stetheldreda.com
Ouvert du lundi au vendredi de 7h45 à 19h
Entrée gratuite
Accès : métro Chancery Lane ou Farringdon

Main flétrie et maux de gorge

Ely Place est une charmante impasse protégée par une grille monstrueuse et un pavillon miniature réservé aux gardiens qui surveillaient autrefois la rue. Toutes les heures, ces huissiers vêtus de redingotes et coiffés de hauts-de-forme annonçaient l'heure et les conditions atmosphériques, au grand bonheur des habitants des majestueuses demeures de la période géorgienne.

St Etheldreda, la plus vieille église catholique d'Angleterre, est encastrée dans ce cul-de-sac. Construite en 1250, elle est le dernier vestige du palais épiscopal d'Ely, dont les 29 hectares de vergers, de vignes et de pelouses s'étendaient jusqu'à la Tamise. Administré par l'évêché d'Ely, dans le Cambridgeshire, à plus de 150 kilomètres, ce domaine était hors de la juridiction de la City, et dès lors très apprécié des criminels en cavale.

À l'intérieur de cette petite église gothique assez lugubre, parmi les martyrs de la Réforme protestante, se trouve une sinistre relique de la sainte patronne, sainte Ethelreda. Un bout de main livide, dont on fit don à l'église au XIXe siècle, est conservé dans une châsse dorée, à droite de l'autel. Soustraite à la conquête normande, cette main échappa à la persécution des catholiques sur le domaine du duc de Norfolk. Si vous souhaitez la voir, on sera ravi de vous la montrer.

FAITES-VOUS GUÉRIR DE VOS MAUX DE GORGE

Sainte patronne de la chasteté (elle mourut vierge, bien que deux fois mariée), Ethelreda a la réputation de soigner les maux de gorge. Elle mourut de la peste en 679, mais elle attribua la tumeur qui se forma sur son cou à son penchant coupable pour les colliers somptueux. En février, le jour de la Saint-Blaise (lequel fut sanctifié, semble-t-il, pour avoir sauvé un enfant qui s'étouffait avec une arête de poisson), les personnes qui souffrent de la gorge ou du cou se rendent en foule à St Ethelreda pour y être oints avec deux bougies attachées l'une à l'autre.

UN CAFÉ OUVERT SUR LE CLOÎTRE

Henry VIII et sa première épouse Catherine d'Aragon se goinfrèrent pendant cinq jours au cours d'un festin dans la crypte de St Ethelreda en 1531. Un petit café y a été aujourd'hui aménagé, qui donne sur les jardins du cloître. Un endroit idéal pour un déjeuner tranquille. Ouvert de midi à 14h30 du lundi au vendredi.

Ye Olde Mitre
PUBLIC HOUSE
EST. 1546
BEERS & ALE

LE CERISIER DE LA OLDE MITRE TAVERN

23

Olde Mitre Tavern, Ely Court (entre Hatton Garden et Ely Place), EC1
Ouvert du lundi au vendredi de 11h à 23h
Accès : métro Chancery Lane ou Farringdon

Charmant vestige d'une querelle élisabéthaine

À deux pas de Hatton Garden, la perle du centre de Londres, se trouve Ely Court, où se cache un vieux pub nommé The Olde Mitre. Quasi intact, l'intérieur du XVIIIe siècle est divisé en trois pièces dont une, surnommée Ye Closet (le cabinet), ne peut guère contenir qu'une table et des bancs.

Côté rue, derrière le comptoir, les restes d'un tronc de cerisier sont conservés dans une vitrine : le terrain sur lequel fut construit le pub faisait à l'origine partie du jardin d'Ely Palace, propriété de l'évêque d'Ely (voir p. 101 St Ethelreda). En 1576, le favori d'Élisabeth Ire, Christopher Hatton, parvint à s'octroyer ce domaine, avec la connivence de la reine et contre la volonté de l'évêque. Le cerisier marquait la frontière que les deux hommes avaient tracée dans le jardin, comme deux adolescents partageant la même chambre : on raconte que la reine dansa même autour de cet arbre à l'occasion de la fête du 1er mai, mais cette légende sent trop l'Angleterre du bon vieux temps pour être vraie.

Dans les environs, d'autres pubs ont de remarquables intérieurs, comme la Jerusalem Tavern, dans Britton Street, une ancienne échoppe d'horloger de 1720, semblable à un café de la période géorgienne. The Black Friar, dans Queen Victoria Street, possède un décor en marbre et en cuivre comportant des bas-reliefs où figurent des moines joviaux, avec une petite arrière-salle à la voûte en berceau où sont écrites des devises telles que Finery is Foolery (« Qui dit mise dit bêtise») et Wisdom is Rare (« La sagesse n'est pas courante »), destinées sans doute à divertir les plus sinistres buveurs.

LA STATUE LA PLUS LAIDE DE LONDRES ?

Au coin nord-ouest de Ely Place, en face du viaduc de Holborn, au-dessus de l'escalier qui descend vers Farringdon Street, se dresse l'une des statues les plus laides de Londres : Sir William Walworth, le lord-maire qui assassina Wat Tyler, a l'air d'une caricature avec ses jambes minuscules. Parmi les autres lauréats potentiels du prix de la statue la plus laide de Londres, signalons le buste d'Anne Frank à la British Library, qui ressemble à un gnome arthritique, même si on a eu la décence de le reléguer dans un coin près du vestiaire. Récemment, à la gare de St Pancras, a été placée une statue de Paul Day, The Meeting Place, qui représente deux amants enlacés. Cette horreur de 10 mètres de haut évoque à la fois Staline et Barbara Cartland. Elle se trouve paradoxalement dans l'un des plus beaux espaces publics de Londres.

LES SECRETS DE ST BARTHOLOMEW'S THE GREATER

24

Cloth Fair, EC1
Tél. : 0207 606 5171
www.greatstbarts.com
Ouvert du mardi au vendredi de 8h30 à 17h (16h du 15 novembre au 15 février), le samedi de 10h30 à 13h30, et le dimanche de 8h30 à 13h et de 14h30 à 20h
Accès : métro Farringdon ou St Paul

> ***Le tonneau et la flèche***

À Londres, il ne reste presque aucun vestige du haut Moyen Âge. La ville brûla complètement en 1077, 1087, 1132, 1136, 1203, 1212, 1220 et 1227, et tout ce qui fut épargné disparut sous les flammes du Grand incendie de 1666. L'église de St Bartholomew's the Greater est l'un des rares monuments rescapés, bien qu'elle ait été bombardée par un Zeppelin pendant la Première guerre mondiale, et de nouveau durant le Blitz de la Seconde.

Fondée en 1123, l'église était à l'origine un prieuré au service de l'hôpital de St Bartholomew. Du point de vue architectural, l'édifice est un assemblage de styles disparates. On ne peut voir aujourd'hui qu'une partie du bâtiment monastique original, dont la moitié a été démolie en 1543, après la Réforme, lorsque la Couronne anglaise s'empara de vastes bandes de terres qui appartenaient à l'Église tout en proscrivant le catholicisme de la Grande-Bretagne. L'extérieur date essentiellement des XVIe et XIXe siècles. L'entrée se trouve sous un minuscule fragment de la façade romane ouest, surmontée aujourd'hui par un édifice à colombages datant de l'époque des Tudor. À l'intérieur, la croisée du transept et le chœur sont de style roman, comme en témoignent les arcs en plein cintre et les énormes colonnes ouvragées. D'où l'atmosphère ténébreuse caractéristique de cette période, dont les traces sont rares de nos jours à Londres, les églises ayant été constamment reconstruites les unes après les autres.

Parmi les curiosités, on remarquera le tombeau de Rahere, le bouffon du roi Henri Ier Beauclerc, qui fonda le prieuré. Juste en face se trouve une jolie petite fenêtre à trois côtés, en encorbellement, qui donne sur un oratoire, ou une chapelle à demi privée, réservé à un riche prieur nommé Bolton. Cette fenêtre est ornée du rébus de Bolton, un calembour visuel représentant un tonneau percé d'une flèche, soit un éclair (*bolt*) et un tonneau (*tun*).

St Bartholomew the Greater est historiquement lié à de nombreuses compagnies religieuses ou guildes de Londres. Des métiers traditionnels y sont représentés tels que les merciers (l'église se trouve dans une rue nommée Cloth Fair, « la foire aux tissus »), les bouchers (à Smithfield, le marché de la viande de Londres, juste à côté) ainsi que les fabricants de flèches.

La dernière scène de mariage de Quatre mariages et un enterrement et plusieurs scènes de Shakespeare in Love ont été tournées dans cette église.

LONDON SILVER VAULTS

25

53–64 Chancery Lane, WC2
Tél. : 0207 242 3844
www.thesilvervaults.com
Ouvert du lundi au vendredi de 9h à 17h30 et le samedi de 9h à 13h
Entrée gratuite
Accès : métro Chancery lane

« La plus grande collection d'argenterie ancienne au monde

Au troisième sous-sol d'un immeuble de bureaux sans grand intérêt, les *London Silver Vaults* (voûtes argentées de Londres) contiennent la plus grande collection d'argenterie ancienne au monde. Ils forment une galerie insolite et rutilante de plus de 40 boutiques dont la précieuse marchandise est entassée dans des coffres-forts reconvertis à cet effet. Connu à l'origine comme la Caisse des dépôts de Chancery Lane, cet entrepôt souterrain, ouvert depuis 1876, était réservé autrefois aux riches Londoniens qui souhaitaient sauvegarder leurs objets de valeur. Impressionnés par la rigueur de la sécurité, les orfèvres et les bijoutiers de Hatton Garden, le haut lieu londonien du commerce des diamants, à deux pas de là, commencèrent à utiliser ces chambres fortes pour cacher leurs trésors pendant la nuit. Rapidement, l'endroit se transforma en une espèce de point de vente au rabais, où les chercheurs d'occasions pouvaient acheter directement aux négociants au prix de gros.

Aujourd'hui, les London Silver Vaults ressemblent davantage à un musée qu'à un centre commercial et les magasins ont conservé leurs murs blindés d'origine. Les marchands reprennent toutes sortes de pièces d'argenterie, des chandeliers aux couverts, en passant par les coquetiers, poivriers, salières, porte-cartes, montres ou gobelets. On ne compte plus les banquets royaux dont la vaisselle a été achetée sous ces voûtes. Bien que l'immeuble ait été bombardé durant la Seconde guerre mondiale, les sous-sols ne furent pas endommagés. Le portail d'origine est également resté intact : avec son mètre d'épaisseur, c'est un puissant moyen de dissuasion contre les voleurs. Aucune tentative de hold-up n'a été signalée jusqu'à présent.

AUX ALENTOURS :

LES COURS GRATUITS DU GRESHAM COLLEGE

26

Barnard's Inn Hall, Holborn EC1
Tél. : 0207 831 0575
www.gresham.ac.uk

Fondé en 1597, le Gresham College a établi sa résidence dans un décor de style Tudor que l'on peut voir dans l'adaptation cinématographique du roman de Dickens, *De grandes espérances* (1991). L'établissement dispense des leçons gratuites dans huit domaines : commerce, astronomie, théologie, géométrie, droit, musique, physique et rhétorique. Des récitals gratuits de musique de chambre ont parfois lieu dans une salle médiévale donnant sur une cour secrète.

VISITES NOCTURNES DU MUSÉE DE SIR JOHN SOANE

27

12-13 Lincoln's Inn Fields, WC2
Tél. : 0207 405 2107
Ouvert du mardi au samedi de 10h à 17h. Jusqu'à 21h le premier mardi de chaque mois en hiver
Entrée gratuite
Accès : métro Holborn

> ***Visite d'une collection excentrique à la lueur des bougies***

De 1792 à 1824, Sir John Soane démolit et reconstruisit trois hôtels particuliers du côté nord de Lincoln's Inn Fields pour y installer sa prodigieuse collection d'art classique et de maquettes d'architecture. Après la mort de sa femme en 1815, Soane vécut seul parmi ses objets d'art. Déçu par ses deux fils qui échouèrent à le suivre dans sa carrière professionnelle, il fonda un musée dont l'accès serait réservé « aux amateurs et aux étudiants ». En 1833, il réussit à faire promulguer une loi par le Parlement afin que sa demeure et son contenu soient conservés au bénéfice de la nation. L'importance et l'originalité de cette collection sont spectaculaires.

Parmi ses trésors, signalons le sarcophage de Seti Ier, l'une des plus belles sculptures égyptiennes en dehors d'Égypte, trois tableaux de Canaletto et deux séries de remarquables peintures humoristiques (*L'évolution d'un débauché* et *Une élection*) de Hogarth, le génie méconnu de la peinture anglaise. Le musée dispose de collections de montres, de pendules, de meubles, de vitraux, d'esquisses architecturales, de maquettes d'anciens monuments et des propres édifices de Soane, ainsi que d'un très bel assortiment de pierres précieuses. On y organise enfin des expositions temporaires, généralement en rapport avec Soane et ses contemporains.

Si le musée est loin d'être un secret pour les Londoniens, peu de gens savent qu'en hiver, le premier mardi de chaque mois, il est ouvert jusqu'à 21h et qu'il est entièrement éclairé à la bougie. Cette collection exubérante se retire alors dans l'ombre pour créer une atmosphère prodigieusement gothique.

Fils de maçon, Sir John Soane (1753-1837) devint l'un des plus grands architectes de son temps. Parmi ses édifices les plus remarquables, citons la galerie de peintures de Dulwich et la Bank of England. Certains de ses projets n'ont pas été réalisés et c'est bien dommage car ils étaient souvent extravagants, comme l'idée d'une place soutenue par des centaines de colonnes au-dessus de la Tamise, qui aurait sérieusement entravé le trafic fluvial.

AUX ALENTOURS :

THE OCTOBER GALLERY

28

24 Gloucester Street. www.octobergallery.co.uk. Bien plus qu'une galerie, cet espace artistique très intime donne lieu à des lectures, des projections de films, des conférences et des soirées dansantes. Caché au fond de la cour, le café est un endroit idéal pour déjeuner.

KINGSWAY TUNNEL

29

Southampton Row, WC2

Sur les rails du passé

Dans Kingsway, au milieu de Southampton Row, juste derrière la station de métro de Holborn, une rampe conduit à un tunnel désaffecté. C'est l'un des derniers vestiges du réseau de tramway londonien qui sillonnait la ville jusqu'au début des années 1950.

L'accès au tunnel est définitivement fermé, mais il suffit de jeter un coup d'œil à travers les grilles pour apercevoir les anciennes voies de tramway le long des pavés. Entre les rails, on distingue même le câble électrique souterrain qui alimentait les rames sur une ligne qui allait d'Angel à Aldwych. Il ne fallait alors que dix minutes pour se rendre d'Islington à Waterloo Bridge – un record tout à fait enviable selon les critères actuels.

Réalisé en 1906, ce tunnel à double sens passait à l'origine par une station souterraine à Holborn, puis le long de Kingsway, avant de marquer un autre arrêt à la station d'Aldwych et de remonter à la surface près de Waterloo Bridge. Il faisait partie d'un grand projet de restauration urbaine qui prévoyait d'aménager les quartiers insalubres à l'est du Strand tout en créant un pôle commercial dans Kingsway, l'avenue la plus large de Londres à l'époque. Baptisé ainsi en l'honneur du roi Édouard VII, ce cours était même le symbole de la physionomie moderne de Londres.

Au début des années 1930, on agrandit le tunnel pour l'adapter aux nouveaux « trams » à deux étages, qui eurent un grand succès. Mais l'avènement de la voiture eut vite raison de la popularité du tramway et l'on démantela le réseau au début des années 1950. Le 5 juillet 1952, on entendit cliqueter une rame pour la dernière fois le long de Kingsway. En 1964, une partie du tunnel fut transformée en une voie routière sous le Strand afin de réduire les embouteillages. Dans les années 1970, un centre de contrôle du niveau fluvial occupa la partie restante du tunnel, mais on dut le fermer en 1984 lors de l'inauguration du barrage de la Tamise (voir page 255).

À l'abandon, le passage souterrain de Kingsway sert désormais à entreposer de vieux panneaux de signalisation et des balises routières. Bien que plusieurs projets de réaménagement en studios de cinéma aient été rejetés pour raisons de sécurité, le tunnel a souvent servi de décor à des films, dont Bhowani Junction (1955) et Chapeau melon et bottes de cuir (1998).

À noter que la municipalité londonienne envisage de réinstaller un réseau de tramway pour décongestionner le centre de la capitale. On ignore encore si le tunnel de Kingsway sera remis en œuvre.

P1521

HUNTERIAN MUSEUM

30

Académie royale de chirurgie, 35-43 Lincoln's Inn Fields, WC2
Tél. : 0207 405 3474
Ouvert du mardi au samedi de 10h à 17h
Entrée gratuite
Accès : métro Holborn ou Temple

« Une atmosphère digne d'un film de Frankenstein

Le Royal College of Surgeons abrite aujourd'hui deux musées : le Wellcome Museum (ouvert seulement aux praticiens et aux étudiants) et le Hunterian Museum, constitué de la collection d'anatomie comparée et de spécimens pathologiques de l'éminent chirurgien du XVIIIe siècle, John Hunter.
Hunter commença sa carrière comme assistant à l'école d'anatomie de son frère aîné, William. Brillant élève, doué notamment pour la dissection des cadavres, il élabora de nouveaux traitements pour diverses affections telles que les blessures dues à des coups de feu et les maladies vénériennes. En 1783, ce fervent collectionneur s'installa dans une grande maison de Leicester Square, où il aménagea sa collection en musée (sa statue se trouve toujours au milieu de la place). Notoirement farouche, il devint néanmoins le plus grand professeur de chirurgie de son époque. Le succès ne l'assagit guère : il mourut en 1793 à la suite d'une attaque lors d'une dispute.
En 1799, le gouvernement racheta sa collection qui fut incorporée au musée du Royal College of Surgeons lorsque celui-ci ouvrit ses portes en 1813. À la fin du XIXe siècle, le musée comprenait près de 65 000 spécimens tenant aussi bien à l'anatomie qu'à la pathologie, sans oublier la zoologie, la paléontologie, l'archéologie et l'anthropologie. Aujourd'hui, le musée dispose non seulement de squelettes, de crânes et de dents, mais aussi d'inquiétants modèles pédagogiques en cire, d'instruments dentaires et chirurgicaux historiques, de peintures, de dessins et de sculptures. Des rangées de « choses » en vrac dans des bocaux confèrent à l'endroit une atmosphère digne d'un film de Frankenstein.

LE SQUELETTE D'UN HOMME DE 2,34 MÈTRES

L'une des plus remarquables curiosités de la collection de Hunter est le squelette de Charles O'Brien, un géant irlandais qui mesurait 2,34 mètres et faisait sensation à travers l'Irlande dans les foires et les fêtes foraines.
Lorsqu'O'Brien tomba malade en 1782, Hunter se présenta à son chevet. Ayant deviné que l'anatomiste priserait fort son cadavre, O'Brien exigea que son corps fût scellé dans un cercueil en plomb et soudoya des pêcheurs pour qu'ils le jettent ensuite à la mer. Hunter ne se démonta pas pour si peu. Après la mort d'O'Brien, il offrit £500 aux pêcheurs pour qu'ils lui livrent le cadavre et il le fit bouillir dans une cuve en cuivre de sorte qu'il n'en reste que les os. Vous pourrez les voir au musée.

ROMAN BATHS

31

5 Strand Lane, WC2
Visible par la fenêtre à n'importe quel moment
Pour visiter l'intérieur, appelez le 0208 232 5050
ou envoyez un e-mail à romanbath@nationaltrust.org.uk
Entrée gratuite. **Accès** : métro Temple

« Une vieille baignoire au passé trouble

Si l'on prétend que Strand Lane suit le lit d'un ruisseau qui s'écoulait jadis de Drury Lane à la Tamise, c'est aujourd'hui une impasse minable. Ignorez la pancarte : « Private Property Keep Off » : à mi-chemin de la ruelle, un panneau confirme qu'il s'agit bel et bien de Strand Lane.
Au bout, sur la droite, se trouvent les soi-disant « Roman Baths » (bains romains) : ils doivent dater en réalité du XVIIIe siècle. Une plaque du National Trust (commission des sites et monuments historiques) les décrit comme « un des mystères archéologiques de Londres ». Appuyez sur l'interrupteur – indiqué par une ampoule dessinée sommairement sur le mur – et regardez par la fenêtre. On ne voit malheureusement pas grand-chose, juste un bassin délabré au milieu d'une pièce voûtée, même s'il est possible de visiter l'intérieur (voir ci-dessus).
Son histoire est obscure : en 1854, l'écrivain Charles Knight évoque de « vieux bains romains » alimentés par une eau salutaire provenant, selon lui, du puits sacré de St Clément. À la fin du XIXe siècle, le propriétaire du moment assurait que « les bains romains [étaient] connus pour avoir l'eau la plus pure et la plus saine de Londres, garantissant ainsi à tous ceux qui voudraient profiter de ce luxe tout le confort et tous les avantages qu'ils exigent ». À l'époque, une source fournissait dix m^3 d'eau fraîche par jour au bassin. Charles Dickens y fit plonger plus d'une fois David Copperfield.

AUX ALENTOURS :

UNE STATION DE MÉTRO ABANDONNÉE

32

Fermée depuis 1994, la façade en briques rouges de la station Aldwych, à l'angle de Strand et Surrey Street, a été transformée en un photomaton. Pendant la Deuxième guerre mondiale, cette station était utilisée comme abri anti-aérien, alors que l'on avait caché les trésors du British Museum dans ses tunnels. Il n'est pas rare de retrouver aujourd'hui cette station abandonnée dans des films, de *Patriot Games* à *V for Vendetta*. Il paraîtrait que l'un des quais sert de stand de tir pour le club de King's College. L'accès au public est interdit, mais des visites sont parfois organisées par le London Transport Museum (www.ltmuseum.co.uk).

CAMEL BENCHES

33

Tout au long du Victoria Embankment, des bancs alignés juste en face de la Tamise sont décorés d'un chameau sculpté avec un gland en or autour du cou. Ils rappelleraient les « Imperial Camel corps » (troupes montées à dos de chameau), fondés en 1916 pour mener la guerre au Moyen-Orient.

MATERIALS LIBRARY

34

Faculté d'ingénierie, King's College London, The Strand, WC2
www.materialslibrary.org.uk
Ouvert uniquement sur rendez-vous. Inscrivez-vous sur la mailing-list pour tout renseignement sur les jours d'ouverture, les événements et les expositions qui ont lieu à plusieurs endroits de Londres
Entrée : gratuite, mais les dons de matières sont les bienvenus
Accès : métro Temple ou Charing Cross

« Un atelier pour l'insolite qui brouille les frontières entre l'art et la science »

L'extraordinaire Materials Library (bibliothèque des matières) étudie et archive toutes sortes de matériaux, du plus abstrait (des roulements à billes en nitrure de silicone pouvant briser le ciment sans faire de rayures) au plus familier (un énorme bloc de simple mastic).

Cette collection de plus de 800 substances singulières est stockée dans un laboratoire scientifique délabré, au sous-sol du King's College de Londres. Zoe Laughlin, l'un des trois conservateurs, le définit comme «un atelier pour l'insolite qui brouille les frontières entre l'art et la science». Ce centre de documentation sans équivalent encourage l'interaction tactile. Vous pourrez y évaluer les particularités d'un assortiment de cubes en bois, en mousse, en sucre, en paraffine et dans toutes sortes de métaux dont la masse atomique et la densité déterminent le poids. Ou bien y entendre la musique de la matière en faisant tinter une série de clochettes et de diapasons faits de plusieurs métaux différents, ou encore examiner des fragments de flûte à champagne, victime d'une expérience consistant à déterminer à quelle fréquence le verre vole en éclats. Il existe même des vitrines avec des trous pour les mains afin que les dentistes amateurs et les serial killers puissent s'exercer à la roulette ou à scier des ossements.

La Materials Library dispose également d'une étonnante collection de prototypes de matériaux récupérés dans des laboratoires de recherche, comme du verre qui se nettoie tout seul, du béton transparent et un éclat de nitrure d'aluminium qui absorbe la chaleur de la main, avec lequel la glace se tranche comme du beurre. Vous pourrez tenir le solide le plus léger du monde : une grosse goutte translucide d'aérogel, une matière conçue par la NASA et constituée à 99,8 % d'air pour attraper la poussière d'étoile.

Autre objet spectaculaire : un bout de fil entortillé qui se transforme miraculeusement en une pince à papier lorsqu'on le réchauffe : il s'agit d'un alliage « mnémomorphe », un matériau astucieux utilisé surtout par les serruriers, qui reprend sa forme initiale dès qu'on le réchauffe.

LA MAISON DES MORTS DE SOMERSET HOUSE 35

Strand WC2
Tél. : 0207 845 4600 • www.somersethouse.org.uk
Visites guidées le 1er et le 3e samedi du mois à 12h15, 13h15, 14h15 et 15h15. Les tickets doivent être pris le jour même au bureau de renseignements dans la Salle d'attente des marins (Seamen's Waiting Hall)
Entrée gratuite. **Accès** : métro Temple, Covent Garden ou Embankment

> ***L'énigme des pierres tombales***

Toutes les deux semaines, des visites guidées dévoilent les trésors historiques et les pièces secrètes de Somerset House. Il ne reste plus grand-chose du bâtiment d'origine, construit en 1547 par Edward Seymour, duc de Somerset, qui s'était fait fort de protéger son neveu Édouard VI, l'héritier d'Henry VIII, jusqu'à ce que celui-ci fût en âge de monter sur le trône. « Cette lourde responsabilité donna la grosse tête à l'oncle Eddy, et il lui fallut une résidence à l'échelle de ses prétentions », raconte notre guide. L'ambition de Seymour eut en effet de lourdes conséquences. Après son exécution en 1552, plusieurs reines donnèrent de somptueuses fêtes à Somerset House, jusqu'à ce que George III charge William Chambers de raser le terrain au bord du fleuve pour y construire un immeuble de style palladien destiné au gouvernement et à des sociétés savantes.

Le Navy Board, le ministère de la Marine, fut le premier locataire de Somerset House, et ce pendant 90 ans. En témoignent une riche collection d'objets d'art nautique et des curiosités architecturales telles que l'escalier de Nelson, dont la structure en porte-à-faux évoque la proue d'un navire. Avant que Bazalgette ne construise les quais de l'Embankment, les officiers de marine pouvaient accéder à leur quartier général par un passage voûté donnant sur le fleuve, et amarrer leur bateau à l'emplacement actuel de la cour. Une de leurs vedettes or et rouge est d'ailleurs ancrée au sous-sol.

La promenade le long du ruisseau qui entoure Somerset House fait comprendre pourquoi l'endroit a servi de décor à des films sur Jack l'éventreur. Le bâtiment le plus effrayant est la maison des morts (Dead House), un caveau humide et abandonné où cinq pierres tombales sont incrustées dans les murs. L'une des dalles commémore Father Hyacinth « *who died 169½* » (chiffre indiquant sans doute l'année de sa mort plutôt que son âge !). On ignore pourquoi ces personnages reposent dans ce caveau. Certains prétendent qu'il s'agissait de catholiques employés par la reine Henriette-Marie de France, l'épouse de Charles Ier d'Angleterre. En 1630, elle demanda à Inigo Jones de construire une chapelle catholique à cet endroit – l'unique en terre anglaise à l'époque. La reine fit également construire un petit cimetière catholique. Ces cinq tombes sont apparemment ce qu'il en reste.

> Au-dessus de la voûte de l'entrée, Chambers érigea des statues représentant les quatre continents, le cinquième n'ayant pas encore été « découvert » par les Britanniques.

CARTING LANE WC2
CITY OF WESTMINSTER
SAVOY
THEATRE

LAMPE BREVETÉE DE VENTILATION D'ÉGOUT 36

Carting Lane, WC2
Accès : métro Charing Cross

L'épopée d'« Iron lily »

Alimenté aujourd'hui par le gaz de ville, le réverbère richement orné qui fait face à l'entrée des artistes du Savoy Theatre fut conçu à l'origine pour brûler les résidus de gaz provenant des égouts.

La lampe brevetée de ventilation d'égout (Patent Sewer Ventilating Lamp) a été inventée par J. E. Webb, un pionnier de l'écologie originaire de Birmingham, qui découvrit que le gaz combustible du tout nouveau système londonien du tout-à-l'égout pouvait être recyclé pour fournir une source d'énergie bon marché. Constituée d'un conduit par lequel le gaz résiduel des canalisations passant sous les quais de la Tamise jaillissait jusqu'à la flamme, la lampe d'égout remplissait ainsi deux fonctions importantes : éclairer cette ruelle misérable et atténuer les odeurs déplaisantes qui pouvaient déranger les prestigieux clients de l'hôtel Savoy juste à côté. Se rendirent-ils seulement compte qu'on utilisait leurs effluents pour illuminer Carting Lane ?

Webb fit breveter sa lampe d'égout en 1895. Il en vendit environ 2500 à travers le monde, mais leur succès fut entravé par le risque de fuites nauséabondes et les dangers d'explosions, le gaz étant hautement combustible. En 1950, un chauffeur de poids lourd imprudent heurta la lampe de Webb en faisant marche arrière, détruisant ainsi un des derniers vestiges de l'ingéniosité victorienne. « Iron Lily » (Lys de fer) fut restauré et fonctionne aujourd'hui comme n'importe quel réverbère.

RECORDS DE LONDRES

La première rue éclairée au gaz : Pall Mall (1807)
La plus longue artère : Western Avenue (18 kilomètres)
La plus petite place : Pickering Place (voir p. 57)
Le pont le plus long : Waterloo Bridge (381 mètres)
La rue la plus étroite : Brydges Place (40 centimètres de largeur)

SAVOY STREET :
LA SEULE RUE DE GRANDE-BRETAGNE OÙ L'ON CIRCULE À DROITE

Cette toute petite rue, qui va du Strand à l'entrée de l'hôtel Savoy, est la seule de Grande-Bretagne où l'on circule sur la droite. Cette excentricité vient du fait que la plupart des riches personnalités qui descendent au Savoy arrivent dans des limousines ou des taxis noirs bien trop grands pour manœuvrer dans un espace aussi restreint, les chauffeurs doivent par conséquent faire un demi-tour pour sortir de la rue tout en restant du côté droit.

BY APPOINTMENT
wining & Co.
STRAND, LONDON,
HEAD OFFICE
Telephone: CENtral 0033
WIGMORE STREET
Telephone: WELbeck
10, WILLIAM STREE
NIGHTSBRIDGE, S.
Telephone: SLOANE
ALSO AT LIVERPOOL &

Twinings
Cricket
Club.

TWININGS
EST. 1706
bodum
TWININGS

TWININGS TEA MUSEUM

37

216 Strand, WC2
Tél. : 0207 353 3511
www.twinings.com
Ouvert du lundi au vendredi de 9h à 17h et le samedi de 10h à 16h
Entrée gratuite
Accès : métro Temple

« La théière géante est actuellement en tournée à travers le pays »

Thomas Twining fut l'un des premiers marchands à importer du thé en Grande-Bretagne en 1706. Sa boutique vedette a pignon sur rue depuis 1717, époque à laquelle 100 grammes de thé coûtaient alors l'équivalent de £160.

Le premier commerce de Twining, Tom's Coffee House, se trouvait juste derrière le magasin actuel. À l'arrière de ce magasin, on a aménagé un charmant petit musée où les touristes américains se pâment devant les portraits de la dynastie Twinings à travers les âges. Parmi les objets exposés, on remarquera notamment une copie du brevet royal de la reine Victoria datant de 1837, d'anciennes boîtes à thé, un échantillon de factures originales et de vieilles réclames. « La théière géante est actuellement en tournée à travers le pays », s'excuse le vendeur d'un air contrit.

La pièce la plus belle de la collection est une simple boîte en bois où figurent les initiales T.I.P., l'acronyme de To Insure Promptness (littéralement : « pour assurer la promptitude »). Les patrons des cafés glissaient quelques pièces dans ces boîtes pour encourager le personnel à être diligent : d'où l'origine du mot anglais tip (pourboire).

Si vous êtes amateur de théières d'époque, ne manquez pas le Bramah Tea and Coffee Museum, où l'on peut prendre le thé l'après-midi dans une salle kitsch et rustique à souhait. (40 Southwark Street, SE1 www.teaandcoffeemuseum.co.uk Ouvert tous les jours de 10h à 18h)

AUX ALENTOURS :

LA SUCCURSALE DE LA LLOYDS BANK DU PALAIS DE JUSTICE

38

En 1825, la famille Twining se lança dans l'activité bancaire et, en 1892, la Twinings Bank fusionna avec la Lloyds Bank. Au n° 215 du Strand, le siège de cette entreprise (qui s'appelle désormais Lloyds Bank, Law Courts branch – « succursale du Palais de justice ») est certainement la banque la plus extravagante de Londres. La ruche en céramique qui surmonte le portail en fer forgé annonce d'emblée qu'on ne peut se contenter d'y faire un simple dépôt. Recouverts d'un assortiment de carreaux de Doulton verts, blancs et or, les murs du hall d'entrée sont ponctués de colonnes cannelées, de poissons dorés et de bassins d'un marbre étincelant. Construite en 1883, cette salle était à l'origine le restaurant du Palais royal de justice.

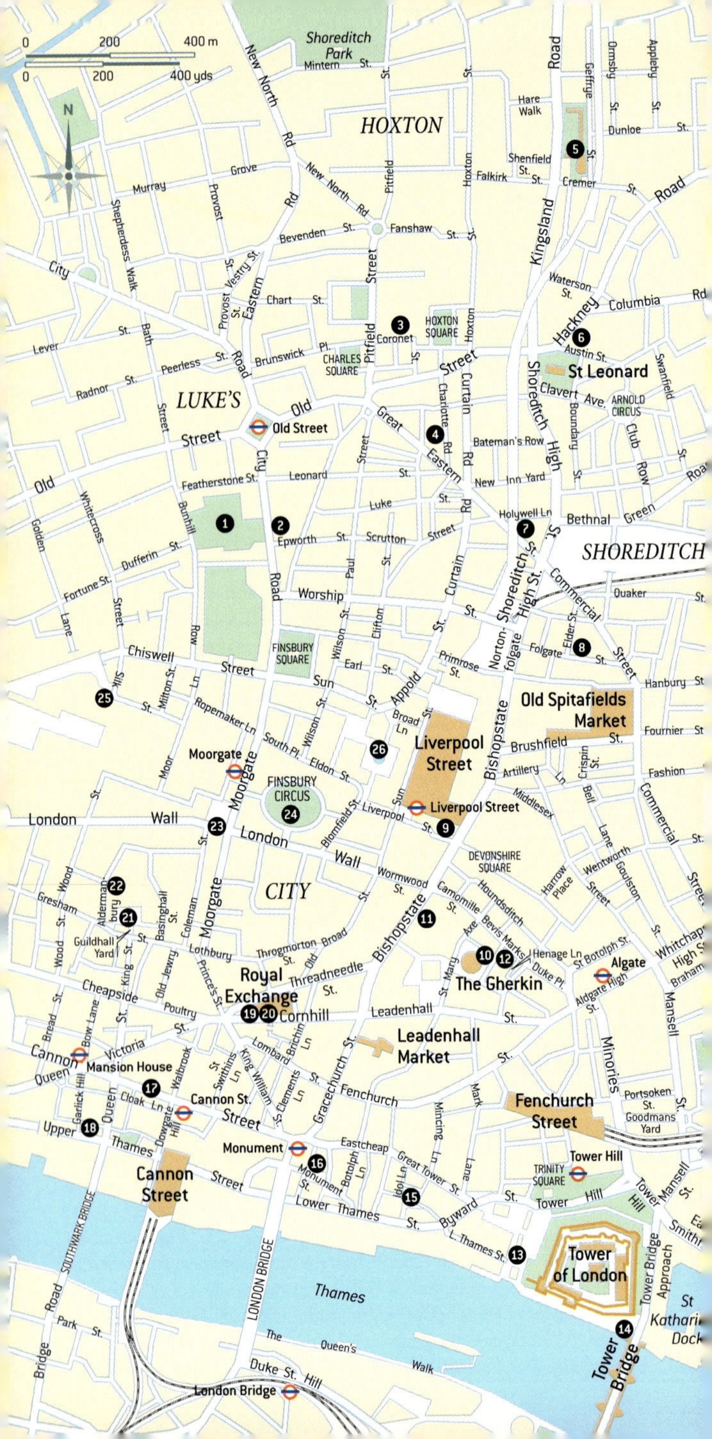
0
200
400 m
0
200
400 yds
N
Shoreditch Park
HOXTON
LUKE'S
SHOREDITCH
CITY
Old Street
HOXTON SQUARE
CHARLES SQUARE
St Leonard
ARNOLD CIRCUS
FINSBURY SQUARE
Old Spitafields Market
Liverpool Street
Moorgate
FINSBURY CIRCUS
Liverpool Street
DEVONSHIRE SQUARE
Royal Exchange
The Gherkin
Algate
Leadenhall Market
Mansion House
Cannon St.
Fenchurch Street
Monument
Tower Hill
TRINITY SQUARE
Cannon Street
Tower of London
Thames
SOUTHWARK BRIDGE
LONDON BRIDGE
London Bridge
Tower Bridge
St Katharine Dock
1
2
3
4
5
6
7
8
9
10
11
12
13
14
15
16
17
18
19
20
21
22
23
24
25
26

DE TOWER BRIDGE À SHOREDITCH

BUNHILL FIELDS

1

38 City Road, EC1
Tél. : 0208 4723584
Ouvert d'octobre à mars de 7h30 à 16h du lundi au vendredi et de 9h30 à 16h le samedi et le dimanche, et d'avril à septembre de 7h30 à 19h du lundi au vendredi et de 9h30 à 16h le samedi et le dimanche
Entrée gratuite
Accès : métro Moorgate

« Le cimetière des dissidents »

Le parc de Bunhill Fields se trouve sur l'emplacement d'un petit cimetière au nord des anciens remparts de Londres. Le nom de Bunhill dérive apparemment de « Bone Hill » (Colline des os) : vers 1549, l'ossuaire de St Paul fut déblayé pour laisser la place à de nouvelles dépouilles, et plus d'un millier de charrettes d'ossements furent déversées sur ce terrain qui n'était alors qu'un marécage – assez pour constituer les fondations de trois moulins à vent.
En 1665, le conseil municipal de Londres décida d'utiliser l'endroit pour y enterrer les gens qu'on ne pouvait enterrer dans des cimetières traditionnels, à commencer par les victimes de la peste. On construisit des murs d'enceinte, mais il semble que le cimetière n'ait jamais été consacré, de sorte qu'il attira beaucoup de protestants non conformistes dont le culte sortait de l'orthodoxie de l'Église anglicane. Des Londoniens juifs et catholiques qui pouvaient se permettre les frais d'une concession funéraire y furent également inhumés.
La liste des personnalités ensevelies dans ce petit cimetière peut être lue comme une espèce de *Who's Who* des contestataires de la vie intellectuelle londonienne. Parmi les plus connus, citons notamment le poète et peintre visionnaire *William Blake*, l'auteur de *Robinson Crusoé*, Daniel Defoe, le philanthrope antiesclavagiste Thomas Fowell Buxton et le poète auteur d'hymnes Isaac Watts. L'écrivain bristolien Robert Southey avait baptisé Bunhill Fields le « cimetière des dissidents ».
Avant qu'on ne le ferme en 1853, il comprenait 120 000 tombes. La plupart sont clôturées, mais un conservateur constamment sur place se donnera la peine de vous escorter jusqu'à celle que vous souhaiterez voir.

ABNEY PARK, L'AUTRE CIMETIÈRE NON-CONFORMISTE

À partir de 1840, les enterrements non conformistes se firent à Abney Park, un autre cimetière qui mérite d'être visité, dans le quartier de Stoke Newington.
L'entrée d'Abney Park a été conçue dans un style néo-égyptien : un choix délibéré puisqu'il s'agissait du premier cimetière d'Europe explicitement œcuménique. Les résidents les plus célèbres sont Catherine et William Booth, les fondateurs de l'Armée du Salut.
Un grand nombre d'abolitionnistes et de missionnaires du XIXe siècle y ont d'ailleurs été ensevelis.
Le parc est aujourd'hui envahi par la végétation et les arbres. Une bombe non désamorcée de la Seconde guerre mondiale y est également enterrée, ne vous aventurez donc pas à creuser des trous.

JOHN WESLEY'S HOUSE

2

49 City Road, EC1
Tél. : 0207 253 2262
www.wesleyschapel.org.uk
Ouvert de 10h à 16h du lundi au samedi, et de midi à 13h45 le dimanche
Entrée gratuite, mais les dons sont les bienvenus
Accès : métro ou gare d'Old Street

« Le monde est ma paroisse »

« *The world is my parish* » (le monde est ma paroisse), peut-on lire sur la statue de John Wesley, fondateur du méthodisme, dans la cour de Wesley Chapel, un agréable refuge contre le raffut de City Road.

Tout au long de sa vie (il mourut à 88 ans), Wesley fut à la hauteur de sa profession de foi en parcourant plus de 400 000 kilomètres à cheval pour donner près de 40 000 sermons.

De 1779 jusqu'à sa mort en 1791, Wesley passa l'hiver dans une confortable maison de la période géorgienne, près de la chapelle. On trouve à l'intérieur une remarquable « chaise de combat de coq », que l'on enfourche comme une chaise de massage moderne, avec un chevalet réglable pour lire et écrire. Le secrétaire XVIIIe comporte des compartiments secrets, où Wesley dissimulait sa correspondance aux yeux de sa femme jalouse, Mary Vazielle.

Wesley adorait son cheval de chambre, précurseur du vélo d'appartement, une chaise haute en bois équipée d'un siège à ressort qui donne l'illusion d'être à cheval. Selon lui, « les rebondissements vigoureux stimulent le foie ». Un autre exemple de la fascination que la physique primitive exerçait sur Wesley est la « machine électrique », un curieux engin administrant des décharges électriques afin de soigner les dépressions, les migraines et toutes sortes de maladies. Wesley possédait quatre de ces machines, mais il ne s'en servit qu'après les avoir expérimentées sur ses ouailles pendant plus de trois ans.

Au rez-de-chaussée se trouvent certains des effets personnels de Wesley, dont une paire de souliers à boucles interchangeables, ainsi que son « portable », un nécessaire de correspondance muni d'une écritoire, qu'il accrochait à la selle de son cheval pour pouvoir composer ses sermons en trottant à travers la campagne. A l'époque de Wesley, il n'y avait pas d'eau courante et celui-ci cachait son pot de chambre dans une boîte en bois.

Mais en 1899, les ministres méthodistes installèrent de luxueux cabinets d'aisance en acajou qui sont restés miraculeusement intacts. Ceux-ci comportent des sièges originaux de Thomas Crapper, sur les bords desquels est gravée l'inscription « *The Venerable* » en lettres rouges.

LE MUSÉE DU MÉTHODISME

Dans la crypte de la chapelle, juste à côté de la maison de John Wesley, un petit musée du méthodisme raconte l'histoire de cette branche de l'église anglicane dédiée surtout aux exclus de la société et enseignée principalement par des pasteurs itinérants.

THE CIRCUS SPACE

3

Coronet Street, N1
Tél. : 0207 729 9522
www.thecircusspace.co.uk
Ouvert seulement pour les cours et les spectacles
Entrée : tarifs variables
Accès : métro Old Street

« Une ancienne centrale électrique ressuscitée par des numéros de cirque

Tout près de Hoxton Square, c'est dans une ancienne centrale électrique que le Circus Space, qui propose le seul diplôme universitaire de cirque en Grande-Bretagne, a élu domicile, et que les aspirants équilibristes ou trapézistes de tous les pays d'Europe viennent affiner leurs talents.

Les amateurs audacieux peuvent également s'inscrire à des cours du soir ou le week-end, qu'ils veuillent faire le clown ou s'exercer aux échasses, au trampoline ou au funambulisme.

L'immeuble était à l'abandon depuis les années 1950, jusqu'à ce qu'une troupe de gens du cirque le reprenne en main en 1994 pour le transformer en une salle de répétition. Grâce à des travaux de réaménagement qui coûtèrent £1 200 000, les étudiants peuvent désormais s'entraîner dans un environnement de style post-industriel, sous les hautes voûtes des salles de la génératrice et du moteur à combustion. Renseignez-vous pour ne pas manquer les spectacles de haut niveau que donnent à l'occasion les jeunes diplômés, ainsi que l'équipe du Circus Space, en août ou en septembre.

AUX ALENTOURS :

STUDIO 23

4

23 Charlotte Road, EC2 • Tél. : 0207 729 2323 • www.mouththatroars.com
Ouvert tous les jours à partir de 11h jusqu'à une heure tardive. **Entrée** gratuite.

Aller au cinéma pour deux euros

Alors que les cinémas londoniens n'ont pas honte de vous faire payer £10 pour vous installer dans des sièges à l'étroit devant des écrans ridicules, le Studio 23 est une aubaine pour les cinéphiles à court d'argent. Dans une salle intime aux murs rouges et noirs, quelques petits compartiments confortables ont été aménagés, chacun muni d'un écran plasma et de deux à quatre sièges de cinéma rembourrés tout à fait convenables. Au prix de £2 par personne, vous pourrez choisir un DVD parmi un assortiment de films classiques ou d'art et d'essai.

Studio 23 a ouvert ses portes en avril 2005, mais l'association qui gère le cinéma, « The Mouth That Roars » (la souris qui rugit), existe depuis 1998. Presque tous les soirs, vous tomberez sur des adolescents en train de monter leurs films dans la salle de montage professionnelle au fond de ce café-cinéma. Avec un peu de chance, vous pourrez même assister à la projection gratuite d'une œuvre achevée.

THE GEFFRYE MUSEUM

5

136 Kingsland Road, E2
Ouvert de 10h à 17h du mardi au samedi, et de 12h à 17h le dimanche et les jours fériés. Le jardin de plantes aromatiques et les jardins d'époque sont ouverts du 1er avril au 31 octobre aux mêmes horaires que le musée
Hospice ouvert de 11h à 16h le premier samedi du mois et certains mercredis
Entrée gratuite. Hospice : £2, gratuit pour les moins de 16 ans
Accès : métro Old Street, puis autobus 149, 242 ou encore 394, 67

Par le trou de la serrure à travers les âges

Protégé du brouhaha voisin par des pelouses impeccables où abondent des écureuils acrobates, ce bâtiment du XVIIIe siècle était à l'origine un hospice, avant qu'on ne le transforme en un musée qui rend hommage aux foyers britanniques en explorant les salons des classes moyennes des années 1600 à 1990.
La singularité du lieu tient en partie à sa structure tout en longueur. Le couloir principal est en effet flanqué d'une série chronologique de salles reconstituant chacune une époque dans ses moindres détails, des austères boiseries en chêne de l'ère élisabéthaine aux fioritures richement ornées de la période victorienne. De la musique et des extraits enregistrés de lettres ou de textes littéraires relatifs à l'époque en question animent et parachèvent ces mises en scène.
Le couloir s'ouvre enfin sur un café très lumineux aux murs en briques, dont les fenêtres panoramiques donnent sur un joli jardin clos à l'arrière de l'immeuble. On y sert des spécialités britanniques fort honnêtes : thé, bien sûr, mais aussi pâté fait maison et des desserts à la compote ou à la crème anglaise. Les prix sont très raisonnables.
Les autres galeries du musée sont réservées aux intérieurs du XXe siècle, des lignes sensuelles des années 1930 au minimalisme d'un loft des années 1990. Une salle de lecture est à la disposition des visiteurs qui souhaitent consulter des magazines d'intérieurs. Des peintures illustrant les foyers britanniques y sont exposées comme dans une petite galerie.
En face du musée, sur le mur latéral du numéro 199 de Kingsland Road, on distingue encore la peinture murale de la maison du jardinier, un paysage en partie en mosaïque représentant un jardin et un carré de légumes. De façon surprenante aujourd'hui, aux XVIIIe et XIXe siècles, les plates-bandes de cette enclave urbaine étaient occupées par des pépinières et des cultures maraîchères. S'inspirant de cette histoire horticole, les jardins du musée Geffrye ont été conçus en fonction des modes des différents intérieurs. Le jardin labyrinthique reproduit par exemple les motifs en marqueterie du placard en chêne de la salle élisabéthaine. Il y a également un jardin de plantes aromatiques avec plus de 170 variétés de plantes.

Quincaillier de son état, Sir Robert Geffrye créa cet établissement au bénéfice des pauvres. Sa statue se dresse au-dessus de l'entrée du musée.

SUPERM
SLAVA MOGUTIN & BRIAN KENNY
BUT HE
PORK ME
SPORT PISS
GAY ART
LET IT GO
I'M THE PAPER
SHUT UP
YOUR HAND WILL BE BETTER

WHITE CUBICLE TOILET GALLERY

6

George & Dragon Pub, 2 Hackney Road, E2
www.whitecubicle.org
Ouvert tous les jours de 18h à 23h
Entrée gratuite
Accès : métro Old Street

Une galerie d'art dans des toilettes

À quelques rues de l'impeccable (et légèrement prétentieux) « White Cube » de Jay Jopling, une galerie d'art contemporain à laquelle Hoxton Square doit sa renommée dans le monde international de l'art, se trouve un étonnant espace artistique dans les toilettes des femmes du pub George & Dragon.

S'affichant comme une galerie « sans budget, ni personnel, ni limites », White Cubicle a été créé par Pablo Leon De La Barra, un Mexicain non-conformiste, propriétaire de galerie, conservateur, éditeur de magazines et star de la scène excentrique londonienne.

Avec ses 1,4 mètres carrés, le White Cubicle risque de dissuader les claustrophobes, mais son exiguïté est un antidote rafraîchissant contre la stérilité guindée des espaces d'exposition traditionnels.

Le photographe Wolfgang Tillmans y a ainsi exposé un portrait de Richard Branson et l'œuvre de Carl Hopgood, intitulée Hustler Freeze. Cette dernière consistait en un collage de photos d'hommes découpées dans des revues homo. Pour son Temple of the Golden Piss, Terence Koh a recouvert les WC de feuilles d'or, avant d'y exposer des sculptures en or de sexes en érection.

Les vernissages tournent d'autant plus souvent à l'émeute qu'ils donnent lieu à des « performances » de drag-queens, de danseurs de boîtes de nuit ou de cuisiniers mexicains. On y voit également les coupes de cheveux les plus farfelues de Londres, attribut fondamental à Hoxton.

À l'angle du cimetière de St Leonard et du tout premier quartier londonien de logements sociaux (le lotissement de Boundary Street, réalisé au début des années 1890), le George & Dragon est un pub « culte ». Lorsqu'il ferma au milieu des années 1980, après 95 ans de service au profit des poivrots de l'East End, il fut squatté par une bande d'anarchistes italiens. Richard Battye, un artiste contemporain, le racheta en 2002, au plus fort de la réinvention du quartier de Shoreditch comme pôle d'attraction des bars branchés et des galeries d'avant-garde. À l'extérieur, il a toutes les caractéristiques d'un de ces pubs à moitié délabrés qui datent de la fin de la période victorienne, mais à l'intérieur, on dirait un troquet à l'ancienne, encombré d'un curieux assortiment d'animaux empaillés, de fleurs en plastique, de figurines en porcelaine, d'abat-jour à pompons, de bibelots hérités de la grand-mère de Battye et de tout un bric-à-brac de brocante. Il est l'équivalent londonien, sinon la réplique, du Kumpelnest 3000, le légendaire bar gay de Berlin situé dans un ancien bordel.

VILLAGE UNDERGROUND

7

54 Holywell Lane, EC2
Tél. : 07886 751 205
www.villageunderground.co.uk
Ouvert à l'occasion d'événements spéciaux
Entrée : tarifs variables
Accès : métro Old Street

> ***Une mine d'or de nouveaux talents***

Éviter le métro à tout prix ? Créateurs, architectes et cinéastes pour la plupart se partagent pourtant quatre wagons de la Jubilee Line rescapés de la casse et ayant été transformés en locaux abordables pour jeunes entreprises créatives. « J'avais besoin d'un atelier, mais je n'en avais pas les moyens, alors j'ai pensé à m'en fabriquer un », affirme tranquillement Auro Foxcroft, un créateur de meubles à qui il a fallu quatre ans pour satisfaire son ambition. Après avoir persuadé la société du métro londonien de lui vendre quatre wagons hors d'usage au prix de £500 chacun, il a passé deux ans à chercher un espace où les installer. Le conseil municipal a fini par lui donner la permission de hisser ses wagons sur un viaduc de Shoreditch, à condition que Foxcroft rénove l'entrepôt abandonné qui se trouvait au-dessous. C'est ainsi que cette espèce de caverne, dont les voûtes en brique sont percées de lucarnes, s'est transformée en un village souterrain, « Village Underground », une vitrine exceptionnelle pour de nouveaux talents. Les expositions et les spectacles qui y ont lieu sont subventionnés par des tournages de films et des défilés de mode. On accède aux quatre wagons par un vertigineux escalier en colimaçon sur le côté de l'édifice. Les bureaux appartiennent à des particuliers, mais si vous le demandez gentiment, on pourra vous en faire visiter quelques-uns. Peut-être vous préparera-t-on même un hot-dog sur Roof Garden, véritable havre de paix aérien rempli d'énergie créatrice au-dessus de la très bruyante Great Eastern Street.

Foxcroft et l'architecte Nicholas Laurent ont remodelé les wagons à l'aide d'accessoires qui ne nuisent pas à l'environnement : peinture biodégradable, matériaux de récupération et panneaux solaires. Ils ont passé des mois à démanteler le réseau inextricable de fils électriques caché sous les sièges. Le reste de l'équipement original de 1983 est intact, à commencer par les poignées d'arrêt d'urgence et les enseignes No Smoking. Les portières s'ouvrent toujours quand on appuie sur le bouton. Comme toutes les rames de métro, ce train fait le bonheur des amateurs de graffitis ; l'un des wagons est recouvert de près de 50 couches de peinture.

L'hôpital pour enfants de Great Ormond Street abrite un autre wagon de métro défunt, réaménagé en studio pour Radio Lollipop. Cette voiture de 26 tonnes a été coupée en deux et ressoudée à angle droit afin de pouvoir s'encastrer dans la cour de l'hôpital.

DENNIS SEVERS HOUSE

8

18 Folgate Street, Spitalfields • Tél. : 0207 247 4013
http://www.dennisseversshouse.co.uk/
Ouvert de 14h à 17h le premier et le troisième dimanche de chaque mois, et de 12h à 14h le lundi suivant. Visites à la lueur de bougies tous les lundis soirs, sur réservation
Entrée : £5 le lundi, £8 le dimanche et £12 pour les visites à la lueur de bougies
Accès : métro ou gare de Liverpool Street

> ***À visiter le lundi soir, à la lueur des bougies...***

Avec sa lanterne allumée et les silhouettes qui se découpent dans le cadre de ses volets cramoisis, la maison du n° 18 Folgate Street se détache singulièrement de la fourmillante activité commerciale de la Bishopsgate voisine.

Lorsque Dennis Severs, un artiste canadien, acheta cette maison composée de dix pièces à la fin des années 1970, Spitafields était un quartier pauvre. Il commença à remplir sa demeure délabrée de portraits anonymes et de tout un bric-à-brac qu'il récupérait aux puces, afin de reconstituer chez lui une authentique ambiance du XVIIIe siècle. Armé d'une bougie et d'une cuvette, Severs dormait dans toutes les pièces, imaginant les vies des habitants qui l'avaient précédé tout en s'imprégnant de leur énergie. Peu à peu, ces compagnons imaginaires prirent la forme des Jervis, une famille de fileurs de soie dont les vies fabuleuses donnèrent lieu à une minutieuse mise en scène qu'explorent aujourd'hui les visiteurs.

Severs mourut en 1999, mais il est toujours possible de se plonger dans son monde décadent et fantastique. Chaque pièce a été conçue afin d'évoquer un moment de la vie des générations successives des Jervis de 1724 à 1914. Le tout dans une espèce de surcharge visuelle associée non seulement à des odeurs de biscuits au gingembre et de vin aux épices, mais à des bruits de sabots, de cloches et de bribes murmurées de conversations. L'effet est délibérément théâtral puisqu'on vous fait suivre une piste d'indices qui suggèrent la présence fantomatique du clan des Jervis : un œuf à la coque à moitié consommé, des soldats de plomb, un chat noir endormi sur un lit défait, et un pot de chambre apparemment rempli d'urine.

Essayez d'oublier les immeubles de bureaux en construction que l'on aperçoit par la fenêtre lorsque vous monterez au sinistre étage des domestiques. Des sous-vêtements souillés y sont suspendus entre les toiles d'araignée et l'on entend des coups de feu sonner le glas, le tout évoquant une existence extrêmement lugubre.

Cette atmosphère convaincante est malheureusement ponctuée de commentaires condescendants qui demandent aux visiteurs de se taire et d'utiliser leur imagination, comme celui-ci : « Une visite exige la même concentration qu'une exposition de maîtres anciens, et l'on commet souvent une erreur ridicule en supposant que cela puisse amuser les enfants, ou leur convenir. »

Un jeune homme habite encore dans le grenier. Il nourrit, entre autres, le chat et les canaris...

LE TEMPLE MAÇONNIQUE DE L'HÔTEL ANDAZ ⑨

40 Liverpool Street, EC2
Tél. : 0207 9611234
www.andaz.com
Ouvert sur rendez-vous ou à l'occasion d'événements spéciaux
Accès : métro ou gare de Liverpool Street

> *Loge occulte dans un hôtel somptueux*

Réalisé pour la Great Eastern Railway Company, le Great Eastern Hotel est l'œuvre de Charles et Edward Barry, dont le père, Charles Barry senior, construisit le palais de Westminster. L'hôtel tomba progressivement en ruine jusqu'à ce que Terence Conran entreprenne une extravagante rénovation à la fin des années 1990.
Au cours des travaux, les ouvriers découvrirent avec surprise, derrière un faux mur, une antichambre lambrissée qui conduisait à un temple maçonnique en parfait état. Décorée de 12 types de marbre différents, avec un plafond or et bleu où sont représentés les signes du zodiac, et des trônes en acajou à chaque extrémité, cette bonbonnière gothique fut construite en 1912 pour £50 000, l'équivalent de £4 millions aujourd'hui (5,7 millions d'euros). Ayant participé à la construction du Great Eastern Hotel, les francs-maçons se réunirent clandestinement dans cette salle pendant des décennies.
Un second temple, décoré de motifs égyptiens, avec un pavement en damier autour duquel étaient disposés les sièges, fut découvert au sous-sol. Guère intimidé par l'occultisme, Conran n'hésita pas à le transformer en une salle de gym.
Rebaptisé Andaz Hotel, le lieu est désormais classé et dissimulé derrière des portes en bois garnies de clous, le « temple grec » tenant lieu à présent de décor pour des soirées privées. Outre des conférences de magiciens, on y a récemment organisé la fête d'anniversaire de Kate Moss.

Afin de ne pas toucher aux installations d'origine, l'hôtel Andaz est équipé d'un système d'écoulement à vide, semblable à ceux qu'on utilise dans les avions : lorsque vous tirez la chasse d'eau, les déchets sont aspirés jusqu'au toit de l'immeuble, par où ils s'évaporent miraculeusement vers le ciel.

AUX ALENTOURS :

TOMBE D'UNE JEUNE ROMAINE ⑩

Durant les travaux de construction du Swiss Re (plus connu comme le Gherkin, le « cornichon ») de Norman Foster, les ouvriers ont trouvé la tombe d'une adolescente qui mourut entre 350 et 400 apr. J.-C. Derrière l'immeuble, une petite plaque fixée à un muret en ardoise indique l'endroit où on lui a ménagé une nouvelle tombe à la fin des travaux.

THE TENT

11

Centre pour la réconciliation et la paix de St Ethelburga, 78 Bishopsgate, EC2
Tél. : 0207 496 1610 • www.stethelburgas.org
Ouvert le vendredi de 11h à 15h. En dehors de cet horaire, visites sur rendez-vous.
Entrée gratuite
Accès : métro Liverpool Street ou Bank

« Une tente bédouine au cœur de la City »

Il est facile de passer devant St Ethelburga sans l'apercevoir. Cette longue et fine église se dresse paisiblement dans la turbulente Bishopsgate, parmi les grands immeubles de bureaux et les banquiers survoltés. Lorsqu'on l'érigea vers 1400, St Ethelburga était l'édifice le plus haut de Bishopsgate. C'est aujourd'hui le plus petit.

Derrière la façade médiévale, on découvre un intérieur étonnamment moderne et très dépouillé, avec un simple autel en bois et quelques œuvres d'art. Après avoir échappé au Grand incendie et aux bombardements de la Seconde guerre mondiale, l'église s'effondra en 1993 à la suite de l'explosion d'une bombe posée par l'IRA dans les environs. Des fragments du décor d'origine furent récupérés pour créer ce nouvel espace. Techniquement, ce n'est plus une église, puisqu'elle n'a ni paroisse ni pasteur, bien qu'elle soit encore consacrée : c'est désormais un centre pour la réconciliation et la paix, dont le rôle est la diffusion de la foi en temps de guerre et la résolution des conflits.

Derrière l'église, un terrain abandonné a été transformé en un havre de paix (auquel on peut également accéder par une ruelle donnant sur Bishopsgate). Au centre, on a planté une tente, sur le modèle des tentes bédouines traditionnelles. Après avoir enlevé ses chaussures, on peut entrer dans ce cocon paisible, bordé de bancs et couverts de tapis provenant de pays en guerre. Les sept vitraux comportent des messages de paix en chinois, en sanskrit, en arabe, en japonais, en hébreux, en anglais et en eskimo.

On se rassemble ainsi dans The Tent pour prier, méditer, raconter des histoires ou donner des récitals. Des rencontres ont également lieu dans l'édifice principal, sur des thèmes allant de la méditation soufie au débat sur Martin Luther King. On peut y tomber sur un mandala tibétain en sable, un concert afro-cubain ou une discussion sur la désobéissance civile, le message central restant toujours le même : avant de pacifier le monde, il faut d'abord être en paix avec soi-même.

St Ethelburga a une longue tradition d'église progressiste. William Bedwell, qui en fut le pasteur de 1601 à 1632, était un spécialiste de la culture arabe. En 1861, le pasteur John Rodwell publia la première traduction sérieuse en anglais du Qur'an (toujours disponible en librairie), et dans les années 1930 et 1940, St Ethelburga était l'une des rares églises de Londres où les divorcés pouvaient se remarier.

BEVIS MARKS SYNAGOGUE

12

2 Henage Lane, EC3
Tél. : 0207 626 1274 • www.bevismarks.org.uk
Ouvert le dimanche et le lundi de 10h30 à 12h30, le mardi et le mercredi de 11h à 13h, le vendredi de 11h à 13h (en été seulement)
Visites guidées le dimanche à 11h15, le mercredi et le vendredi à 12h (sauf les jours de fêtes juives)
Accès : métro Aldgate ou Liverpool Street

La plus vieille synagogue d'Angleterre

Ouverte depuis 1701, la très jolie synagogue Bevis Marks fut fondée par des juifs séfarades espagnols et portugais à la suite d'une brusque augmentation du nombre des fidèles dans la petite synagogue de Creechurch Lane. Oliver Cromwell venait en effet d'autoriser à nouveau les juifs à résider sur le territoire anglais, après leur expulsion en 1290 par Édouard Ier (plus connu comme the Hammer of the Scots – le « marteau des Écossais » –, un scélérat dont se souviennent les amateurs du film Braveheart).
Cromwell ne révoqua pas officiellement leur expulsion, mais il fit clairement comprendre que l'interdiction n'était plus en vigueur. Le gouvernement avait en effet sérieusement besoin des capitaux juifs et ce protestant forcené qu'était Cromwell croyait que la conversion des juifs au christianisme était indispensable pour que le Christ revienne régner sur terre.
Sa politique illustre d'ailleurs l'attitude équivoque de l'establishment anglais à l'égard des juifs : une espèce de tolérance à contrecœur.
Cette petite synagogue est d'autant plus belle qu'elle n'a guère changé depuis sa construction, il y a trois cents ans.
Elle dispose par ailleurs d'une superbe collection de meubles -encore en usage - datant de la période de Cromwell et de la reine Anne. À noter aussi qu'une poutre provenant d'un navire royal que la congrégation avait offert à la reine Anne est enchâssée dans la charpente.

Au XIXe siècle, Aldgate était le centre de la communauté juive de Londres. Quelques vestiges ont survécu comme les pâtisseries Bagel, très bon marché, ouvertes 24h/24, en haut de Brick Lane. Mais les écoles juives, bains publics et soupes populaires ont été transformés aujourd'hui en appartements élégants pour employés de la City... Ne manquez pas la pittoresque peinture murale en l'honneur des juifs de l'est londonien, en face de la soupe populaire de Brune Street, ainsi que les arcades de Wentworth Street, dernier vestige de la Four Percent Industrial Dwellings Company, fondée en 1885 par Sir Nathaniel Rothschild afin de remplacer les taudis du quartier par des logements décents destinés aux résidents juifs, moyennant un profit de 4 % pour les investisseurs. La synagogue du n° 59 de Birck Lane est aujourd'hui une des plus grandes mosquées de Londres : elle était jadis si fréquentée que l'on construisit des salles de classe sur le toit (on les aperçoit encore en levant la tête).

TOWER SUBWAY

13

Tower Hill, EC3
Accès : métro Tower Hill

Un passage oublié sous la Tamise

Après avoir visité Londres en 1883, l'écrivain italien Edmondo De Amicis décrivit un « ...énorme tube de métal qui semble onduler comme un gros intestin dans le ventre monstrueux du fleuve ». Ce monstre fluvial était en fait le Tower Subway, un tunnel que l'on construisit sous la Tamise en 1869 afin de transporter des passagers de la rive nord à la rive sud. Tout ce qu'il reste de cette prouesse technologique est une tourelle en brique circulaire à côté de la billetterie de la tour de Londres, même s'il ne s'agit pas exactement de l'entrée originale du passage souterrain : la London Hydraulic Power Company fit construire cette tourelle quand elle racheta le défunt tunnel en 1897. L'autre entrée, qui se trouvait dans Vine Street, au sud de la Tamise, fut démolie.

À la différence de son prédécesseur – le Thames Tunnel de Marc Isambard Brunel, qui coûta £60 000 et deux vies, outre les dix-huit ans qu'il fallut pour l'achever –, Tower Subway fut réalisé en dix mois, pour £16 000 seulement, par un jeune homme de 24 ans nommé James Henry Greathead.

Recouverte d'un tube métallique, sa structure innovatrice servit de modèle au premier métro de Londres, le City & South London Railway, inauguré en 1890. Une douzaine de passagers étaient transportés de part et d'autre de la Tamise dans un « omnibus » qui circulait sur une seule voie ferrée. Après une série d'incidents mécaniques, le service fut interrompu au bout de trois mois et l'on transforma le tunnel en un passage éclairé au gaz. Charles Dickens *junior* déconseillait à « ... tout gentilhomme, fût-il le moindre vassal de Sa Majesté, de s'aventurer dans ce passage avec des bottes à hauts talons, ou avec un chapeau auquel il accorde une quelconque valeur. » Dès que l'on put traverser gratuitement la Tamise sur le Tower Bridge en 1894, Tower Subway devint inutile. La London Hydraulic Power Company en fit l'acquisition pour £3000 seulement. Les canalisations des eaux ont été remplacées depuis par des câbles de télévision.

AUX ALENTOURS :

DEAD MAN'S HOLE

14

Avant la construction de Tower Subway, les Londoniens ne pouvaient compter que sur les *wherrymen* (bateliers) pour traverser le fleuve (voir p. 225 Ferryman's Seat). Une des liaisons les plus pratiquées se trouvait entre « Horselydown Steps », à Bermondsey, et « Dead Man's Hole » (le trou du mort), sur la rive nord. Comme le suggère ce nom, les passagers n'étaient pas toujours vivants : les bateliers monnayaient le transport des cadavres et les vendaient aux anatomistes du Barts Hospital, qui leur donnaient six pence de plus par macchabée que le Guy's Hospital sur la rive sud.

LE JARDIN DE ST DUNSTAN-IN-THE-EAST 15

Idol Lane, EC3
Ouvert tous les jours de l'aube au crépuscule
Entrée gratuite
Accès : métro Monument

> *Un jardin secret au cœur de la City*

Caché dans l'enceinte d'une église en ruine et entouré d'immeubles de tous les côtés, le jardin de St Dunstan-in-the-East est très apprécié des employés de bureau à l'heure du déjeuner. Les hautes parois délabrées retiennent la chaleur en été, et la relative obscurité du jardin en fait un endroit idéal pour une sieste ou une liaison clandestine. Quand il fait beau, il est d'ailleurs propice à la paresse, mais il favorise la mélancolie par mauvais temps.

Cette végétation mêlée à des ruines évoque le raffinement des « folies » gothiques dont on était très friand à l'époque victorienne. Impression accentuée par la flèche de l'église, un des quelques exemples d'architecture à la manière gothique que nous laissa Sir Christopher Wren, qui l'ajouta à l'édifice après que celui-ci fut sévèrement endommagé par le Grand incendie de Londres en 1666. Au lieu de le reconstruire entièrement, on le rénova de 1668 à 1671 : la flèche devait compléter l'église médiévale qui était restée à peu près intacte depuis 1100. Elle fut toutefois bombardée en 1941. Seuls la tour et le clocher furent épargnés : ils sont aujourd'hui occupés par les bureaux de la Wren Clinic, un centre de médecine parallèle. Wren fit construire des balustrades en métal autour de la tour, avec des putti sur le portail, une décoration insolite à Londres.

ST DUNSTAN-IN-THE-WEST : L'UNIQUE STATUE EN PLEIN AIR DE LA REINE ÉLISABETH IÈRE À LONDRES

Il existe une autre église dédiée au savant anglais Dunstan, dans Fleet Street : St Dunstan-in-the-West. On ne peut malheureusement y accéder que le mardi de 11h à 15h, mais elle est surtout connue pour son horloge extérieure de 1671, où sont représentés Gog et Magog, les géants bibliques, gardiens traditionnels de la City. Une statue de la reine Élisabeth Ière datant de 1586 se dresse par ailleurs dans le cimetière, la seule qui semble avoir été sculptée de son vivant, et l'unique en plein air qui ait survécu à Londres. Le roi Lud, le mythique « reconstructeur » de Londres, et ses fils ont également leurs statues. À l'origine, elles étaient toutes dans le quartier de Ludgate, un des plus sacrés du point de vue historique : l'église devrait donc avoir plus que sa part de sorcellerie londonienne.

Le célèbre chroniqueur londonien Samuel Pepys venait y draguer de jeunes femmes de chambre, généralement sans grand succès.

L'ASCENSION DU MONUMENT

16

Monument Street, EC3
Tél. : 0207 626 2717
Ouvert tous les jours de 9h30 à 17h
Entrée : £2 , enfants £1,50
Accès : métro Monument ou Bank

> ***Escaladez la plus grande colonne de pierre du monde***

Si beaucoup de passants s'arrêtent pour contempler le Monument, rares sont ceux qui savent qu'on peut le visiter. Simple colonne dorique de pierre de Portland, le Monument renferme en effet un escalier de 311 marches qui conduit à un belvédère. Lors de son édification en 1677, cette plate-forme devait offrir une belle perspective ; après 300 ans de constructions immobilières, la vue est moins impressionnante. Alors qu'on l'apercevait autrefois à des kilomètres, on trébuche presque aujourd'hui sur la colonne, avec l'impression de découvrir un voilier dans un canyon.

Conçu par le plus célèbre architecte de Londres, Sir Christopher Wren, et réalisé par le Dr Robert Hooke afin de commémorer le Grand incendie de 1666, le Monument est la plus grande colonne de pierre du monde.

Le Monument est surmonté d'une urne en cuivre où se dresse une flamme symbolisant le Grand incendie, qui évoque plutôt un pudding flambé. À l'origine, le sommet était censé supporter un phénix (incarnant la devise de Londres : Resurgem, « Je suis ressuscité »), puis une gigantesque statue du roi Charles II. Mais le comité qui devait faire ce choix préféra la flamme.

L'ascension de la colonne est assez raide et seule une mince rampe usée sépare du vide. La plupart des visiteurs ressortent exténués par cette épreuve, mais chacun reçoit un certificat d'escalade en récompense de l'effort.

Ses 80 mètres de hauteur correspondent, paraît-il, à la distance entre la colonne et la boulangerie de Pudding Lane où, selon la rumeur publique, le feu se serait déclaré.

La base de la colonne est ornée d'un bas-relief finement ciselé par Caius Gabriel Cibber : il représente une allégorie de Londres en pleurs devant des immeubles dévorés par les flammes. La Paix et la Prospérité survolent la scène parmi les nuages, promettant la renaissance de la ville, tandis que le roi Charles II se dresse sur la droite, en costume d'apparat.

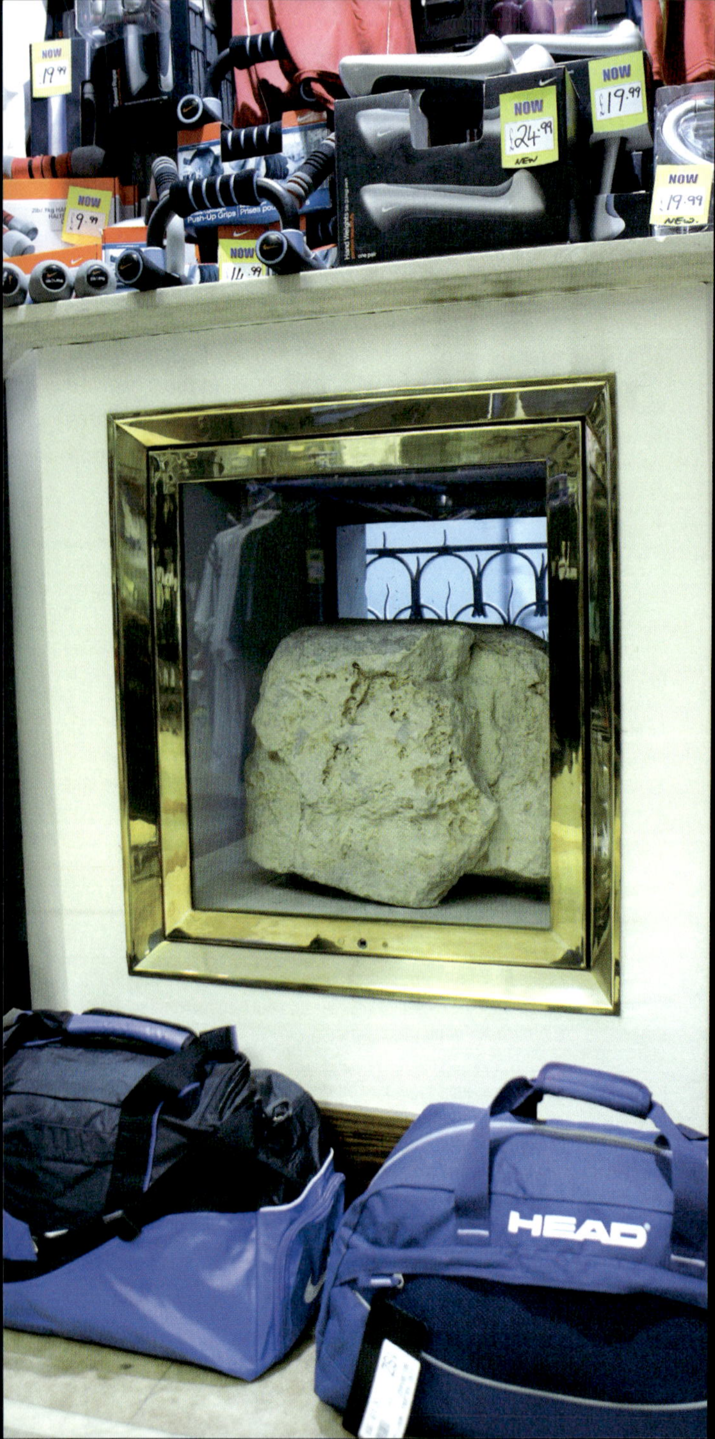
NOW
£19.99
NOW
£24.99
NEW
NOW
£19.99
NOW
£19.99
NOW
£9.99
NOW
£14.99
Push-Up Grips
HEAD

THE LONDON STONE

17

111 Cannon Street, EC4
Accès : métro Cannon Street

> *Le roc d'où le roi Arthur extirpa Excalibur ?*

Encastrée dans le mur de la Société bancaire chinoise d'outre-mer, derrière une petite grille illuminée à la hauteur du genou, se dresse une pierre toute simple avec deux rainures sur le dessus. C'est tout ce qu'il reste de la pierre de Londres. On a beaucoup spéculé sur ce bloc de calcaire informe, le plus souvent à tort et à travers. S'il pourrait avoir plus de 3000 ans, personne ne connaît vraiment son origine. On suppose seulement qu'il s'agirait d'un fragment de la pierre originale, dont la taille devait dépasser celle d'un être humain ; certains prétendent qu'elle aurait été apportée à Londres par Brutus, le fils de Priam, qui vainquit et exécuta, dit-on, une race de géants sous les ordres de Gog et Magog (dont on exhibe toujours les images pendant le défilé du lord-maire), et érigea un temple à Artémis où cette pierre trônait sur l'autel.Selon une autre école, il pourrait s'agir du roc d'où le roi Arthur extirpa Excalibur, à moins que ce ne soit la première borne d'un système de signalisation romain destiné à faciliter l'accès au nouveau réseau de routes de la dernière colonie impériale.

Bien qu'aucun texte latin ne mentionne cette pierre, celle-ci était probablement un repère important après la fondation de la cité par les Romains. Pendant des siècles, on a pu y voir le cœur symbolique de la ville, et l'on s'en remettait à elle pour conclure des affaires, prêter serment, promulguer des textes de lois et des ordonnances officielles.

La pierre de Londres a toujours attiré de fervents mystiques. Ses soi-disant pouvoirs occultes fascinaient le Dr John Dee, l'astronome d'Élisabeth Ière. Beaucoup croient que les druides l'utilisaient comme pierre sacrificielle. Dans son poème, To the Jews (Aux juifs), William Blake, le poète voyant londonien, imagina les gémissements des victimes que les druides exécutaient sur cet autel. Les adeptes du New Age vénèrent aujourd'hui cette pierre : elle reposerait, d'après eux, sur une allée secrète reliant la cathédrale St Paul à la tour de Londres, ce qui en ferait le centre spirituel de la capitale, voire de la Grande-Bretagne.

L'ALLÉE SACRÉE DE LA PIERRE DE LONDRES

L'allée la plus puissante de la capitale – un alignement hypothétique d'anciens lieux sacrés – passe le long de Cannon Street et relie les églises de St Martin's Ludgate, St Thomas, St John's Walbrook à la pierre de Londres, l'église de St Leonard's Milk et All Hallows Barking, près de la tour de Londres. On pense que le centre des allées secrètes de Londres est Ludgate Circus, où devait se dresser un cercle de mégalithes semblable à celui de Stonehenge.

LA MOMIE DE JIMMY GARLICK

18

Église St James Garlickhythe, Garlick Hill, EC4
Tél. : 0207 236 1719
www.stjamesgarlickhythe.org.uk
Ouvert sur demande spécifique exclusivement
Accès : métro Mansion House ou Bank

> ***Une momie de 300 ans à l'identité mystérieuse***

L'église de St James Garlickhythe recèle une curiosité méconnue : tout en haut du clocher se cache la dépouille desséchée d'un homme qui pourrait avoir plus de 300 ans. Découvert sous les dalles du chœur par des ouvriers au milieu du XIXe siècle, ce cadavre est peut-être celui d'un dénommé Jimmy Garlick. Embaumé temporairement avec de la poix et des épices, il n'a pas été éviscéré. Par quel miracle a-t-il donc pu être conservé en si bon état ? Une analyse au carbone 14 a permis de situer la date de son décès à l'époque du Grand incendie : la dépouille a donc peut-être été « cuite » par les flammes alors qu'elle était exposée. Son identité a soulevé de vives controverses : certains chercheurs ont affirmé qu'il s'agissait du corps de Seagrave Chamberlain, « résident temporaire de la Barbade », qui mourut à l'âge de 16 ans en 1675, et dont l'église possède une plaque commémorative. L'actuel gardien de l'église, Ellis Pike, conteste cette hypothèse, une autopsie de la momie ayant révélé que le pauvre Jimmy était chauve et qu'il souffrait d'ostéoporose.

À l'époque de la découverte, le gardien, plus futé, se moquait de la véritable identité de Jimmy Garlick : après l'avoir dissimulé derrière l'orgue, il demandait quelques pièces aux curieux, impatients de s'extasier devant la dépouille. Environ un siècle plus tard, Jimmy fut relégué au vestibule, dans un placard « où l'on range aujourd'hui le papier hygiénique et les livres de cantiques », dit Mr. Pike en ouvrant la porte dudit placard pour en donner la preuve. Jimmy y resta enfermé jusqu'aux années 1960, mais on le sortait apparemment de temps à autre pour l'emmener à la chorale. Ce n'est que dans les années 1980 qu'il fut transféré dans son actuelle dernière demeure.

En haut du clocher, dans une pièce poussiéreuse, un cercueil singulièrement moderne cache le corps décharné et calciné, souriant presque dans la pénombre de toutes ses dents étincelantes. Le corps de Jimmy a été enveloppé, décence oblige, dans une chemise de nuit blanche, ce qui ne fait qu'accentuer l'effet peu rassurant de ses orteils racornis et de ses oreilles percées et pointues. « En caressant son visage, j'ai eu l'impression qu'il avait besoin d'être rasé » nous raconta Mr Pike…

Une inscription sur le cercueil rappelle que nous sommes tous mortels : « *Stop stranger stop as you pass by. As you are now so once was I, As I am now so shall you be. So pray prepare to follow me* *»

* « Arrête-toi, étranger, arrête-toi si tu passes. J'étais moi-même tel que tu es à présent. Tu seras à ton tour tel que je suis. Prépare-toi donc, je t'en prie, à me suivre. »

the Site of
Garraways
Coffee House
Rebuilt 1874
SET HERE 1930

15·TG·63

LES PEINTURES DU GRAND HALL DU ROYAL EXCHANGE

19

Royal Exchange, entre Cornhill Street et Threadneedle Street, EC3
Fermé le week-end
Entrée gratuite
Accès : métro Bank

> *Une histoire illustrée de l'Angleterre*

Coincé entre la Bank of England et Mansion House, le Royal Exchange est l'un des principaux dépositaires de l'histoire de la City. L'immeuble actuel, avec son grand hall d'entrée et sa galerie de boutiques de luxe, date de 1844. Le premier Royal Exchange – deux fois détruit par le feu – fut créé en 1566 par Sir Thomas Gresham (voir les cours magistraux du Gresham College p. 107) qui imagina une « Bourse agréable où les marchands pourraient se réunir ». Marchand lui-même, Gresham offrit astucieusement de financer la construction d'une telle Bourse en échange d'une rente à vie indexée sur les profits qui en découleraient.

Les hommes d'affaires vêtus de costumes à fines rayures qui déjeunent dans les restaurants de la mezzanine ne semblent guère remarquer les 24 peintures murales géantes qui ornent les sombres recoins du grand hall, d'autant plus que les tables sont tournées vers la cour, et non vers ces interprétations patriotiques des grands moments de l'histoire d'Angleterre. On y voit des lords et des ladies, des rois et des reines, des amiraux, des cardinaux et de simples Londoniens en train de festoyer ou de se battre, de commercer ou de signer des traités. Le message sous-jacent vise à bien faire comprendre au spectateur la puissance financière et politique de la City.

Jusque dans les années 1950, ces images illustraient les livres d'histoire, mais on les a singulièrement oubliées depuis lors. De nombreux chefs-d'œuvre commandés à des artistes tels que Edwin Austin Abbey, J. Seymour Lucas et Sir Frederic Leighton (voir Leighton House p. 193) ne sont plus visibles aujourd'hui que dans les cuisines des restaurants, où le gras et les odeurs de friture les recouvrent peu à peu. Néanmoins, même si ces peintures sont mal éclairées et leurs titres presque illisibles, elles n'ont rien perdu de leur splendeur et méritent à elles seules une visite.

AUX ALENTOURS :

LA VRAIE SAUTERELLE DE GRESHAM

20

La girouette du Royal Exchange est surmontée d'une sauterelle dorée, l'emblème de Gresham, qui échappa non seulement au Grand incendie de Londres mais aussi à un autre brasier dévastateur en 1838. Une sauterelle en or surplombe également le tout premier siège de Gresham dans Lombard Street. Selon la légende, Roger de Gresham, l'ancêtre de Sir Thomas, aurait été abandonné dans des herbes hautes, jusqu'à ce qu'une femme vienne à son secours sur le dos d'une sauterelle stridulante. Selon une explication plus plausible, *grasshopper* (sauterelle) serait un rébus, *grass* (herbe) se disant *gres* en moyen anglais (d'où Gresham). Symbole traditionnel du commerce, la sauterelle était autrefois un porte-bonheur.

LES VESTIGES DE L'AMPHITHÉÂTRE DANS LA COUR DU GUILDHALL ㉑

À proximité de Gresham Street, EC2 • L'amphithéâtre peut être visité en passant par la galerie d'art située du côté est de la cour du Guildhall
Ouvert du lundi au samedi de 10h à 17h et le dimanche de 12h à 16h
Entrée : £2,50, tarif réduit £1, gratuit pour les enfants de moins de 16 ans. Gratuit toute la journée le vendredi et à partir de 15h30 les autres jours.
Accès : métro St Paul's ou Moorgate

> ***Ruines filigranées de l'occupation romaine***

Dans la cour du Guildhall (l'ancien hôtel de ville) une ligne courbe de pierres noires laisse deviner une grande boucle sous les immeubles environnants. Ce cercle marque la circonférence de l'amphithéâtre romain de Londres, avec, au centre, l'arène.

Pendant la période romaine, Londres était une petite bourgade peu importante, même si Tacite en parle comme d'un centre commercial important. Lorsque les Romains abandonnèrent Londres au IVe siècle, on démantela l'amphithéâtre. Comme une grande partie de la ville, ces ruines demeurèrent à l'abandon pendant des centaines d'années, d'autant que les nouveaux habitants, des barbares germains qui envisageaient de coloniser l'Europe de l'ouest, craignaient, semble-t-il, de s'approcher des monuments anciens : la plupart des vestiges de leurs villages sont d'ailleurs à la périphérie de la cité romaine.

Ce n'est que vers le milieu du XIe siècle que le surpeuplement de Londres amena les habitants à occuper de nouveau le secteur. Le premier hôtel de ville fut érigé au début du XIIe siècle, au nord de l'arène. L'amphithéâtre ne fut redécouvert qu'en 1988, les archéologues du London Museum étant tombés par hasard sur ses fondations alors qu'ils sondaient le terrain pour autoriser la construction de la galerie d'art de Guildhall.

L'immeuble du Guildhall repose aujourd'hui sur la plus grande crypte médiévale de la ville. On accède à l'amphithéâtre – qui n'intéressera pas forcément les non-spécialistes – en passant par la galerie d'art du Guildhall sans payer de supplément.

AUX ALENTOURS :

CLOCKMAKERS' MUSEUM ㉒

Bibliothèque de Guildhall, Aldermansbury EC2
Tél. : 0207 606 3030
www.clockmakers.org.
Ouvert de 9h30 à 16h45 du lundi au samedi. Entrée gratuite

Les horlogers adoreront cette unique salle où est exposée une collection d'horloges et de montres datant du XVIe siècle jusqu'à nos jours : clepsydres, cadrans solaires, chronomètres maritimes, gadgets fonctionnant au gaz, ainsi que la toute première pendule électrique. Tâchez d'y aller à midi pour entendre carillonner toutes les horloges en même temps.

LONDON WALL

23

Muraille de Londres, Tower Hill
Accès : métro Moorgate

Les plus importantes ruines romaines de la ville

Comme la plupart des métropoles européennes, Londres est un palimpseste de générations d'immeubles. Aujourd'hui, c'est une ville aux imposantes constructions victoriennes, érigées sur de délicates fondations géorgiennes qui préservent le dispositif de rues médiévales que l'on a plaqué sur le plan romain d'origine. Les ruines les plus importantes sont celles du mur de défense que les Romains construisirent après que Boudicca mit la ville à sac en 60 apr. J.-C. (l'unique fois où Londres fut complètement anéantie - elle demeura pratiquement intacte durant les mille ans qui suivirent).

Les pierres du London Wall ont presque toutes été amenées par voie fluviale, de Maidstone, dans le Kent. La muraille entourait à l'origine une zone d'environ 1,3 kilomètres carrés (par rapport à la surface de 1,579 kilomètres carrés sur laquelle le Grand Londres s'étale aujourd'hui), et s'étendait de Blackfriars à l'ouest, en passant par Ludgate, Moorgate et Aldgate, jusqu'à la tour de Londres à l'est. Ce devait être un édifice extraordinaire pour la période romaine. Il s'élevait à environ cinq mètres devant un fossé de deux mètres de profondeur, et était bordé de nombreux bastions, le mieux préservé d'entre eux étant situé dans le domaine de Barbican, à proximité de l'église de St Giles-without-Cripplegate – un fragment du vieux Londres entièrement entouré d'un paysage moderne.

Il ne reste plus guère aujourd'hui que le cœur du London Wall, la plupart des pierres de taille qui le recouvraient ayant été récupérées pour la construction d'autres immeubles durant le millier d'années qui succéda au départ des Romains de Grande-Bretagne. La section la plus intacte longe la rue que l'on nomme désormais, avec beaucoup d'imagination, « London Wall ». D'autres tronçons de mur se trouvent à Tower Hill et dans le Museum of London, mais l'on en découvrira aussi plusieurs morceaux en parcourant attentivement les rues situées à l'emplacement du mur.

AUTRES VESTIGES DE L'ÉPOQUE ROMAINE À LONDRES

- Le temple de Mithra dans Walbrook Street
- Battle Bridge, à King's Cross passe pour le site de l'ultime bataille entre les Romains et Boudicca, laquelle serait enterrée, selon la légende, sous le quai n° 9 de la gare de King's Cross.
- Le sous-sol de Nicholson & Griffins (www.nicholsonandgriffin.com), un coiffeur de Leadenhall Market, abrite la base d'une arche sous laquelle se trouvait la basilique, ou le centre civique : d'une longueur de 150 mètres, elle avait la même dimension que la cathédrale St Paul. En 150 apr. J.-C, c'était le plus grand édifice au nord des Alpes, ce qui laisse penser que Londres n'était pas qu'une simple bourgade de l'Empire romain, comme de nombreux historiens voudraient le faire croire.

CITY OF LONDON BOWLING CLUB

24

Finsbury Circus Gardens EC2
Tél. : 0208 521 1273/0207 374 4127
www.cityoflondonbc.co.uk
Entrée : £3,50 par personne à l'heure. Tous les équipements sont fournis, y compris les protège-chaussures
Accès : métro Moorgate ou Liverpool Street

> ***Le tout dernier terrain de boules sur gazon de la City***

Jusque dans les années 1980, la plupart des employés de la City portaient des chapeaux melons. De nos jours, vous n'en verrez plus guère que sur la tête des membres du City of London Bowling Club (club de pétanque de la City de Londres), dont le terrain se trouve en plein milieu de Finsbury Circus.
Ce jardin circulaire, bordé de superbes immeubles (le siège de la British Petroleum notamment), est un endroit aussi merveilleux qu'improbable pour jouer aux boules. Fondé en 1924, le bowling club compte environ 40 membres, dont dix femmes (lady members). Les parties ont lieu tous les mardis soirs, et les épreuves finales au début de septembre. Si jusqu'en 1978, il fallait travailler ou résider dans la City pour être membre, aujourd'hui tout le monde peut s'inscrire.
Si vous n'avez pas envie de vous joindre aux joueurs, vêtus en blanc des pieds à la tête ou bien de blazers traditionnels ornés de l'écusson du club, vous pourrez toujours les observer en dégustant un sandwich au concombre et un verre de bière, depuis The Pavillion, le vieux club-house en bois reconverti en bar à vin.

FINSBURY CIRCUS GARDENS, LE PLUS VIEUX PARC DE LONDRES.

Datant de 1606, du temps où on l'appelait Moorfields, Finsbury Circus Gardens est le plus vieux parc de Londres. Finsbury dérive de Fensbury, une allusion aux fens (marais) qui s'étaient formés à cet endroit après le départ des Romains, les conduits souterrains qui permettaient à la rivière Walbrook de passer à travers les remparts ayant été obstrués. Le terrain fut de nouveau asséché au XVe siècle après l'ouverture d'une brèche dans les murailles et la construction de Moorgate. On y a découvert depuis des sépultures de l'âge de fer et des ruines romaines, ainsi que la plus vieille batte de cricket de Grande-Bretagne, une relique datant de l'époque des Tudors. C'est également à Finsbury Circus que, en 1784, on vola pour la première fois en Angleterre à bord d'un aérostat. Durant la Seconde guerre mondiale, un ballon bien moins léger y était amarré.

Le vicomte Linley, le fabriquant de meubles au sang bleu, a récemment conçu un secrétaire en noyer d'après Finsbury Circus. Avec ses tiroirs cachés et ses nombreux symboles liés à l'histoire locale, ce bureau circulaire damasquiné est recouvert d'un cuir vert sombre censé évoquer le terrain de boules sur gazon de la City.

JARDIN D'HIVER ET ARBORETUM DE BARBICAN

25

Silk Street, Barbican, EC2
Ouvert le dimanche de 12h à 16h (fermé à l'occasion de réceptions privées. Se renseigner en appelant le 0207 638 6114)
Entrée gratuite
Accès : métro Barbican

Un jardin tropical au cœur de la City

Curieusement situé dans un patio sur deux étages suspendu au-dessus du Barbican Centre, l'arboretum du Barbican se découvre, par l'entrée de Silk Street, en levant la tête : on aperçoit alors une serre luxuriante au-dessus des appartements en béton. La profusion de ce jardin d'hiver – qui comporte plus de 2000 espèces d'arbres et de plantes, ainsi que des oiseaux tropicaux et des poissons exotiques – contraste singulièrement avec la brutalité environnante du Barbican Estate où le verre et l'acier se mêlent partout au ciment.

Les horaires d'ouverture sont le principal obstacle à la visite de cette serre aérienne : lors de son inauguration en 1982, le jardin d'hiver était ouvert à tout le monde, mais la faible affluence du public obligea le conseil municipal de la City à réduire la durée des visites à quatre heures le dimanche. Aujourd'hui, le jardin fait surtout office de décor insolite pour des réceptions privées, souvent organisées par des comités de parrainage de la salle de spectacle située au cœur du Barbican Centre. La serre en tant que telle se love d'ailleurs autour de la « tour volante » (d'où l'on fait descendre les décors sur la scène) du principal théâtre. La carence de visiteurs est un souci depuis l'ouverture du jardin. Faisant partie intégrante de cette enclave hermétique de la City que constitue le complexe de Barbican, le jardin est souvent très difficile à trouver au milieu des nombreux passages apparemment sans issue et des murs aveugles en béton. Même les voies d'accès aux différentes salles de spectacle sont bizarrement mal indiquées. Si vous vous perdez, suivez la signalisation peinte sur le sol.

Le Barbican Centre et le Barbican Estate sont toutefois de nouveau en vogue depuis quelque temps. Conçu à l'origine pour les employés de la municipalité, le complexe a pris de la valeur au cours des fastueuses années 1980 : son côté rétro, sa position centrale et cohérente au sein du réseau urbain ont séduit les employés de la City, qui ont flairé la bonne affaire. Ses appartements comptent aujourd'hui parmi les plus convoités de Londres.

LA PATINOIRE DE BROADGATE

26

12 Exchange Square, Broadgate Circus, EC2
Tél. : 0207 505 4068 • www.broadgateice.co.uk • arena@broadgateestates.co.uk
Ouvert de fin octobre à avril de midi à 14h30 et de 15h30 à 17h30 du lundi au jeudi, de midi à 14h30, de 15h30 à 18h et de 19h à 21h le vendredi, de 11h à 13h, de 14h à 16h et de 17h à 19h le samedi et dimanche • **Entrée** : adultes £6, enfants £4 + £2 pour la location des patins
Accès : métro ou train à la gare de Liverpool Street

> ***Patinez avec les brokers de la City***

Bien que située au cœur du quartier des banques, la patinoire en plein air de Broadgate est la moins chère de Londres. C'est aussi la seule qui soit ouverte six mois par an, de fin octobre à avril. Entourée d'immeubles de bureaux, la piste circulaire n'est pas très grande – 22 mètres carrés environ – et n'a pas le côté aguicheur et pompeux des patinoires que l'on monte à Noël à Somerset House ou Kew Gardens.
Avec sa bordure d'escaliers et de bancs en marne calcaire, elle semble aussi incongrue qu'un décor de cinéma au milieu de la City. Pendant la semaine, elle est généralement vide, hormis quelques adolescents qui sèchent les cours pour patiner sur une musique des années 1980. Personne ne paraît d'ailleurs se rendre compte de sa présence, à l'exception des brokers qui toisent nostalgiquement les patineurs depuis leurs tours de verre.

LE BROOMBALL, UN HOCKEY SUR GLACE POSTMODERNE

Broadgate Circus est beaucoup plus animé les lundi et mardi soirs, lors des matchs de broomball qui ont lieu de 18h à 21h. Cette variante de hockey sur glace post-moderne, où les bâtons ont été remplacés par des manches à balai et les patins par des baskets, se pratique avec deux équipes de six joueurs. Populaire au Canada depuis plus d'un siècle, le broomball a sans doute été créé en Islande où l'on pratique depuis le Xe siècle un sport sanguinaire connu sous le nom de knattleikr. Des villages entiers prenaient jadis part à des matches qui pouvaient durer jusqu'à deux semaines et faire assez souvent des victimes.

THE CORNHILL DEVILS (54-55 Cornhill, EC3)

Selon une inscription qui y figure, le cimetière St Peter upon Cornhill, au coin de Cornhill Street et Gracechurch Street, est le plus vieux site chrétien de Grande-Bretagne : il a été fondé en 187 apr. J.-C. L'église doit toutefois sa célébrité aux trois gargouilles diaboliques de l'immeuble de bureaux de l'époque victorienne qui se trouve à proximité. Lors de sa construction, l'architecte essaya d'empiéter de quelques dizaines de centimètres sur le terrain de l'église, mais cette manœuvre n'échappa pas à l'attention du pasteur et l'architecte dut redessiner ses plans. Dans un accès de dépit, il fixa ces affreux démons sur le toit, qui continuent à jeter un maléfice sur l'assemblée des fidèles, à l'entrée de l'église. L'un crache, l'autre lève ses mains au ciel comme un adolescent révolté, tandis que le démon le plus proche de la rue ressemble à s'y méprendre, paraît-il, au fâcheux révérend.

LES HALLS DES CORPORATIONS DE LA CITY

www.cityoflondon.gov.uk/Corporation/leisure_heritage/livery/

« Les descendants des guildes

Londres compte 108 livery companies : ces corporations de marchands, dont les sièges sont exclusivement dans la City, se développèrent au sein des guildes (d'où le terme de « Guildhall ») qui contrôlaient leurs activités, et surtout les salaires et les conditions de travail, un peu à la manière des syndicats d'aujourd'hui.

D'origine médiévale, la plupart portent le titre de Worshipful Company of… (« honorable compagnie de… ») et représentent des métiers obsolètes comme les bowyers (fabricants d'arcs) et les girdlers (fabricants de baudriers et de fourreaux d'épée). Leur nombre augmente toutefois, de nouveaux métiers ayant récemment été rattachés aux anciennes corporations, comme l'honorable compagnie des conseillers en gestion et celle des agents de surveillance.

De nos jours, ces corporations sont presque toutes devenues des associations caritatives, mais elles ont conservé l'aura du grand apparat médiéval et notamment un ordre strict des préséances (les douze premières sont connues comme les Great Twelve).

Une quarantaine d'entre elles disposent d'un hall de rencontre généralement accessible au public les jours ouvrables ou sur rendez-vous. Signalons, entre autres, le hall recouvert de marbre de la corporation des forgerons, qui date de 1835 (www.thegoldsmiths.co.uk/hall), et celui des poissonniers, au bord du fleuve (www.fishhall.co.uk/tours.htm), où l'on peut voir le poignard que Sir William Walworth – un lord-maire de Londres poissonnier – utilisa pour mettre un terme à la Révolte des paysans en assassinant le rebelle Wat Tyler sous les yeux du roi Richard II en 1381.

Construit au XVIIe siècle, le hall des apothicaires (www.apothecaries.co.uk) est le plus vieux de tous, mais les visites guidées ne sont organisées que pour des groupes de dix personnes au moins.

C'est d'ailleurs l'inconvénient de ce genre de visite : chaque hall a ses propres conditions d'accès ; mieux vaut prendre rendez-vous à l'avance en s'adressant au bureau de la corporation. Le hall spectaculaire des drapiers (www.thedraperscompany.co.uk), par exemple, ne peut être visité de la fin de juillet à la mi-septembre. Persévérez néanmoins, ça en vaut la peine.

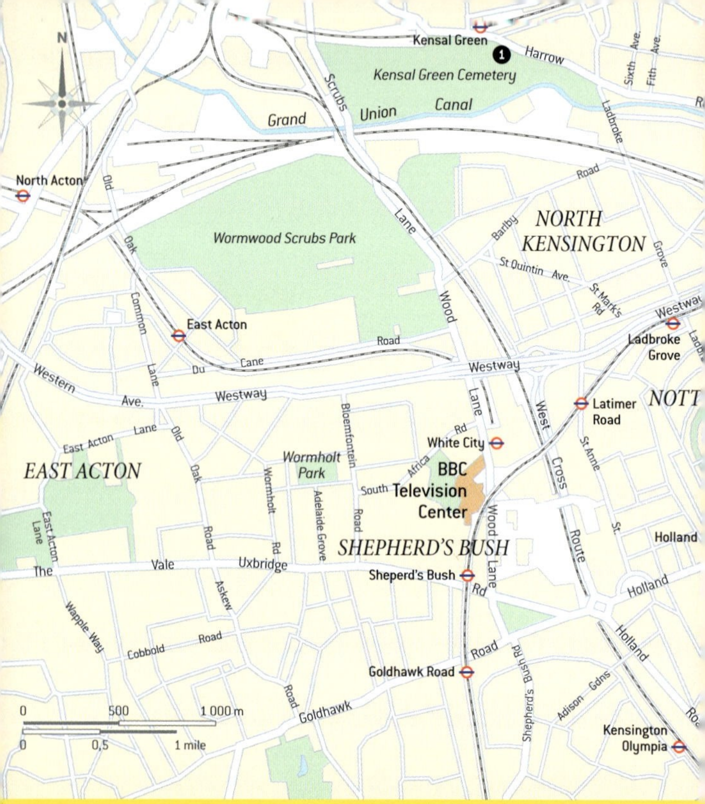

DE MARYLEBONE À SHEPHERD'S BUSH

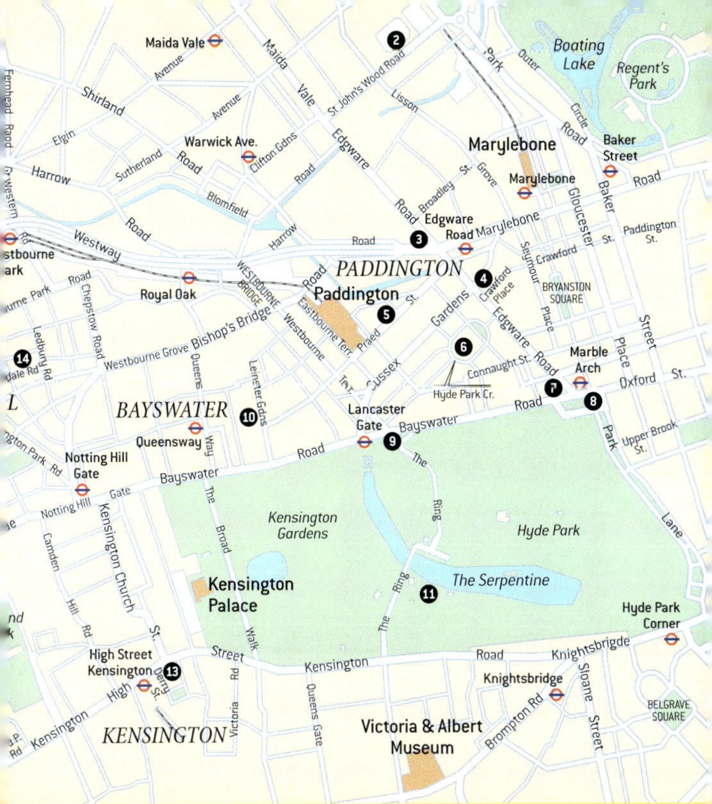
Maida Vale
Boating Lake
Regent's Park
Shirland
Avenue
Maida
Vale
St John's Wood Road
Lisson
Outer
Circle
Road
Park
Marylebone
Baker
Street
Elgin
Warwick Ave.
Clifton Gdns
Harrow
Sutherland
Road
Edgware
Road
Broadley
St.
Grove
Marylebone
Gloucester
Road
Blomfield
Road
Edgware
Road
Marylebone
Paddington
St.
Westway
Harrow
Road
Crawford
Seymour
PADDINGTON
BRYANSTON
SQUARE
Royal Oak
WESTBOURNE BRIDGE
Paddington
Crawford Place
Chepstow Road
Eastbourne Terr.
Praed
St.
Gardens
Edgware
Place
Street
Westbourne
Westbourne Grove
Bishop's Bridge
Queens
Leinster Gdns
Sussex
Connaught St.
Road
Marble
Arch
Oxford
St.
Hyde Park Cr.
Ledbury Rd
BAYSWATER
Lancaster
Gate
Bayswater
Road
Queensway
Way
Road
The
Ring
Park
Upper Brook
St.
Notting Hill
Gate
Bayswater
Gate
Notting Hill
Kensington
Camden
Hill
Rd
Kensington Gardens
The Broad
Walk
Hyde Park
Lane
Kensington
Palace
The Serpentine
The Ring
Church
St.
Hyde Park
Corner
High Street
Kensington
Derry
St.
Street
Kensington
Road
Knightsbrigde
Knightsbridge
Sloane
Street
High
Kensington
KENSINGTON
Victoria
Rd
Queens Gate
Victoria & Albert
Museum
Brompton Rd
BELGRAVE
SQUARE

KENSAL GREEN CATACOMBES

1

Cimetière de Kensal Green, Harrow Road, W10
Tél. : 07904 495012
www.kensalgreen.co.uk
Ouvert le premier et le troisième dimanche de chaque mois ; rendez-vous à 14h sur les marches de la chapelle anglicane au centre du cimetière
Entrée : £5, tarif réduit £4
Accès : métro Kensal Green

Un aperçu du culte victorien de la mort

Premier des sept « magnificent » cimetières champêtres qui firent leur apparition à la périphérie de Londres au milieu du XIXe siècle (voir cimetière de Nunhead p. 321), Kensal Green est aussi le plus grand et plus luxuriant. Inspirés par le Père-Lachaise, les promoteurs essayèrent d'y importer des monuments funéraires alors en vogue en Europe comme les mausolées. Sous la chapelle anglicane, au cœur du cimetière, ils construisirent également des catacombes. L'association des amis de Kensal Green, qui recueille des fonds pour la sauvegarde du cimetière, organise des visites guidées hebdomadaires et, deux fois par mois, une descente dans ces tombeaux.

Les catacombes sont telles qu'on les imagine : humides, froides et sombres. Dans leurs allées bordées de murs en brique, les cercueils sont alignés sur des étagères, la plupart à la vue de tous, et parfois derrière une plaque de verre ou une grille : les parents des défunts aiment pouvoir communier avec les morts.

La plupart des cercueils tombent en ruine, une abondante moisissure se répandant sur les parois qui commencent à se décomposer. Certains sont curieusement immenses, comme s'ils contenaient des géants, alors que les plus petits renferment des enfants. Les catacombes comportent également un catafalque mobile : un bélier hydraulique permettant de faire descendre les cercueils de la chapelle à une vitesse appropriée à des funérailles. Ne manquez pas les deux coupoles de verre où sont exposées des immortelles, des fleurs artificielles en cuivre et en porcelaine d'une très grande finesse. On accueille toujours des locataires dans les catacombes et il y a d'ailleurs des concessions en vente. Un écriteau poisseux indique les places vacantes : Available (disponible).

LES CÉLÉBRITÉS DU CIMETIÈRE DE KENSAL GREEN

Le cimetière de Kensal Green ouvrit ses portes en 1833. Il devint très à la mode après que le duc de Sussex y fut enterré en 1843, les snobs souhaitant être ensevelis à côté d'un membre de la famille royale. Parmi les autres notables du cimetière, signalons les tombes des architectes Brunel, de l'inventeur Charles Babbage et de Charles Blondin, qui traversa les chutes du Niagara sur une corde raide. Le cinquième duc de Portland repose également à Kensal Green : surnommé Burrowing Duke (le « duc creuseur »), il fit construire 24 kilomètres de tunnels éclairés au gaz dans son domaine du Nottinghamshire pour éviter tout contact avec les êtres humains.

1848
150th Anniversary
Dr. W G GRACE
1998

MARYLEBONE CRICKET CLUB MEMORIAL GALLERY

2

Lord's, St John's Wood Road, NW8 • Tél.: 0207 616 8595 • www.lords.org
Visites guidées à 10h, 12h et 14h tous les jours, sauf s'il y un match
Entrée musée : £3, tarif réduit £1.
Visites guidées : £12, enfants £6, seniors et étudiants £7
Accès : métro St John's Wood

Le plus vieux musée de sport du monde

Le Lords est le plus célèbre terrain de cricket du monde, ou du moins l'un des plus anciens : il fut créé en 1814, autour d'une mare aux canards, par un marchand de vin nommé Thomas Lord.

Sa visite guidée commence dans la Marylebone Cricket Club (MCC) Memorial Gallery, le plus vieux musée sportif du monde. Parmi les battes dédicacées, les bottes odoriférantes et les photos jaunies retraçant 400 ans d'histoire du cricket, surgissent quelques curiosités comme un moineau empaillé qui fut *bowled* out (dégommé) par Jehangir Khan en 1936.

Les visiteurs auront également la chance de pouvoir jeter un coup d'œil furtif aux salles du XIXe siècle, réservées aux 22 000 membres du MCC.

Lorsqu'un match a lieu, plus de 200 personnalités sont réunies dans l'élégante Long Room, dont les murs sont garnis de vitrines de photos et de peintures des plus célèbres *cricketers*.

Quand la reine souhaite voir un match, elle prend place dans la Committee Room, où l'on continue à débattre des règles internationales du cricket, même si les meilleures places sont sans conteste celles du Media Centre, une élégante capsule blanche qui surplombe le terrain à 15 mètres de hauteur.

LE PUBLIC « LE PLUS MAL ÉLEVÉ DE LA SAISON »

La rencontre annuelle entre les élèves d'Eton et de Harrown est une tradition qui remonte à 1805. Le public est « le plus mal élevé de la saison », selon le guide du MCC.

LES CENDRES DE LA PREMIÈRE DÉFAITE À DOMICILE DE L'ANGLETERRE EN 1882

L'objet le plus précieux du musée est probablement un petit pot de parfum datant de la période victorienne où se trouvent les fameux Ashes (cendres) qui font référence à la toute première défaite à domicile de l'Angleterre, contre l'Australie, le 29 août 1882. Le lendemain, le Sporting Times publia une notice nécrologique consacrant la mort du cricket anglais, qui s'achevait en ces termes : « Le corps sera incinéré et les cendres dispersées en Australie ». Lorsque l'équipe d'Angleterre se rendit en Australie quelques semaines plus tard, le capitaine Ivo Bligh jura de rentrer en Angleterre avec les Ashes. Comme l'équipe de Bligh triompha des Australiens, la future épouse du capitaine, Florence Morphy, lui offrit cette petite urne en témoignage de sa victoire. À sa mort, en 1927, Bligh légua les cendres au MCC où elles sont exposées depuis lors.

EST 06 06 06
SUBWAY
GALLERY
A HOME FOR UNDERGROUND ART

SUBWAY GALLERY

3

Kiosk 1, passage pour piétons sous Edgware Road et Harrow Road, W2
Tél. : 07811 286503
www.subwaygallery.com
Ouvert du lundi au samedi de 11h à 19h
Entrée gratuite
Accès : métro Edgware Road

Art souterrain

Avec son pénible éclairage au néon et ses odeurs d'urine, le passage souterrain à la hauteur du pont routier de Marylebone n'est pas un endroit où l'on a envie de s'attarder, même si l'agencement labyrinthique des tunnels ne vous aide guère à trouver la sortie. Loin du vacarme de la circulation, un des kiosques en acier inoxydable où l'on vend d'ordinaire des cigarettes et des croissants rassis a pourtant été transformé en une galerie d'art souterraine.
Ouverte depuis 2006, la Subway Gallery – un espace à peine plus grand qu'une cabine, mais inondé de lumière – est l'œuvre de Robert Gordon McHarg III, un artiste canadien déjanté qui adore provoquer les passants avec des expositions subversives.
Elles durent en général un mois, qu'il s'agisse de jeunes artistes ou du travail de McHarg. Parmi les installations permanentes, on remarquera la très ressemblante effigie en cire du collectionneur d'art Charles Saatchi, intitulée HIM. Mc Harg a déguisé ce mannequin de 101 manières différentes, aussi drôles les unes que les autres : du flic au cow-boy en passant par Mickey Mouse et Saddam Hussein (une idée d'autant plus astucieuse que le grand manitou de la publicité est né à Bagdad). Cela a donné une exposition et un album de photographies. Bien que McHarg ait promis de ne pas vendre l'original – « la seule œuvre d'art, dit-il en plaisantant, que Charles Saatchi n'achètera jamais» –, il a fabriqué depuis une seconde statue de cire qui a été mise en vente à la Trolley Gallery. Reste à voir si Saatchi aura assez d'humour pour sauter sur son effigie.

Le metteur en scène Julien Temple a choisi ce décor parfaitement « grunge » pour tourner la vidéo du *single* des Babyshambles, *The Blinding*, où Pete Doherty et son groupe ont l'air de planer complètement, appuyés contre les vitrines de la galerie, avec le faux Charles Saatchi qui leur tient lieu de groupie. Il n'est pas rare de voir des œuvres d'art sur le « Black Wall », un mur abandonné du tunnel qui prolonge la Subway Gallery. Une agréable occasion de sortir du train-train quotidien.

Pour McHarg, le métro londonien doit être une idée fixe. En 2001, il organisa Art-Tube, une exposition d'un mois sur une rame de la Piccadilly Line. 120 panneaux publicitaires furent détournés par 42 artistes, poètes et designers. Il réussit même à convaincre des vedettes comme Damien Hirst, Juergen Teller, Gavin Turk, Yoko Ono et Vivienne Westwood d'y participer.

THE
HANDLEBAR
CLUB

THE HANDLEBAR CLUB

4

Members meet at 8pm on the first Friday of the month
at the *Windsor Castle* pub, Crawford Place, W1
www.handlebarclub.co.uk
Transport Edgware Road tube

« Réunir des porteurs de moustache pour le plaisir d'en jouir et de s'en réjouir »

Il suffit de creuser un peu pour découvrir que Londres est rempli de clubs saugrenus, des vétérans du vélo aux voyageurs dans le temps, en passant par les excentriques patentés dont le club a été récemment reformé. Le plus loufoque d'entre eux est sans doute le Handlebar Moustache Club of Great Britain (Club des moustaches en croc de Grande-Bretagne). Il fut fondé en 1947 par Jimmy Edwards, un comédien populaire de l'après-guerre.

Le Handlebar Club comportait dix membres à l'origine. Ils sont une centaine aujourd'hui, provenant des quatre coins de la planète. La raison d'être du club est toujours de « réunir des porteurs de moustache pour le plaisir d'en jouir et de s'en réjouir ». Pour adhérer au club, une seule condition : les membres potentiels doivent avoir « la lèvre supérieure garnie d'un appendice hirsute dont on puisse attraper les extrémités ». Les barbes ne sont pas autorisées. Autre qualification fondamentale : « Être capable de boire une grande quantité de bière » au rendez-vous mensuel du Windsor Castle, un pub à deux pas d'Edgware Road. Michael Tierney, le patron, fait naturellement partie du club, avec d'impressionnantes bacchantes.

Une douzaine de membres se retrouvent généralement à ces réunions et l'on ne peut pas ne pas les reconnaître. La plupart portent les « armoiries du club » : cravate en soie marron ornée d'une moustache blanche en guise de blason et pull-over assorti. Broussailleuses, entortillées, gominées ou frisées, leurs moustaches sont éminemment « attrapables ». Ces fanatiques déclarés de la pilosité faciale semblent surtout se poiler à qui mieux mieux, ce qui implique de fréquents toasts à la santé du dernier poil de moustache (« To the last whisker ! »). De temps à autre, ils s'embarquent dans des aventures charitables comme celle de dénombrer combien de moustachus peuvent tenir dans une Austin Mini.

Attention : selon la charte du club, quiconque laissera ses rouflaquettes se mêler à sa moustache sera condamné à une amende.

LES CHAMPIONNATS DU MONDE DE LA BARBE ET DE LA MOUSTACHE

Tous les deux ans, les membres du Handlebar Club participent aux championnats du monde de la barbe et de la moustache où les concurrents s'affrontent dans des catégories comme « Dali », « mousquetaire » et « figures libres ».

Outre de nombreux souvenirs de moustaches, le Windsor Castle est rempli de magnifiques bibelots. Même le plafond est recouvert de souvenirs en porcelaine.

ALEXANDER FLEMING LABORATORY MUSEUM 5

St Mary's Hospital, Praed Street, W2
Tél. : 0207 886 6528
http://www.imperial.nhs.uk/aboutus/museumsandarchives/index.htm
Ouvert de 10h à 13h du lundi au jeudi, ou sur rendez-vous du lundi au jeudi de 14h à 17h et le vendredi de 10h à 17h
Entrée : £2, enfants, retraités et étudiants £1
Accès : métro ou gare de Paddington

> ***Un concentré de moisissure qui sauve des vies***

Sur la façade de l'hôpital St Mary, une plaque bleue informe les passants que Sir Alexander Fleming (1881-1955) découvrit la pénicilline dans un laboratoire situé deux étages au-dessus. Rares sont les visiteurs qui s'aventurent dans ce tout petit musée auquel on accède par une entrée misérable du côté de Norfolk Place.

En 1881, l'année de la naissance de Fleming, les antibiotiques n'existaient pas. Les infections mineures étaient souvent fatales et un quart des patients hospitalisés mouraient de gangrène après une intervention chirurgicale. Affecté dans le service des vaccinations de l'hôpital St Mary en 1900, Fleming y demeura jusqu'à sa mort en 1955. Le minuscule laboratoire où Fleming travailla de 1919 à 1933 (date à laquelle la pièce fut transformée en une chambre d'étudiant en obstétrique) a été minutieusement reconstitué.

Un jour de 1922 où, en dépit d'un méchant rhume, Fleming était penché comme tous les jours sur un récipient regorgeant de bactéries, une goutte de morve tomba dans la solution : c'est ainsi qu'il découvrit les propriétés antiseptiques du mucus, de la salive et des larmes.

En septembre 1928, le hasard lui fit faire une autre découverte qui changea le cours de l'histoire. En observant qu'un de ses bouillons de culture était recouvert d'une moisissure provenant d'un laboratoire du rez-de-chaussée, Fleming constata que celle-ci avait des propriétés médicinales et inventa du même coup la pénicilline. « Cela ne pouvait arriver que dans l'atmosphère confinée de ce laboratoire poussiéreux, car la moisissure ne se serait jamais développée dans un environnement plus hygiénique », assure le conservateur du musée, Kevin Brown.

QUAND UN CONCENTRÉ DE MOISISSURE A LE GOÛT DU STILTON...

L'assistant de Fleming, Stuart Craddock, ingurgita une petite quantité de ce « concentré de moisissure » (voir ci-dessus) afin de prouver qu'il n'était pas toxique. Il déclara que cela avait le goût du stilton, déclaration qui fit aussitôt la une de tous les journaux, lesquels certifièrent que le fromage fermenté était un remède miraculeux contre toutes sortes de maladies.

La soucoupe recouverte de moisissure exposée dans le musée n'est en réalité qu'une copie de l'original conservée à la London Library (voir p. 53) avec plusieurs carnets de note ayant appartenu au médecin.

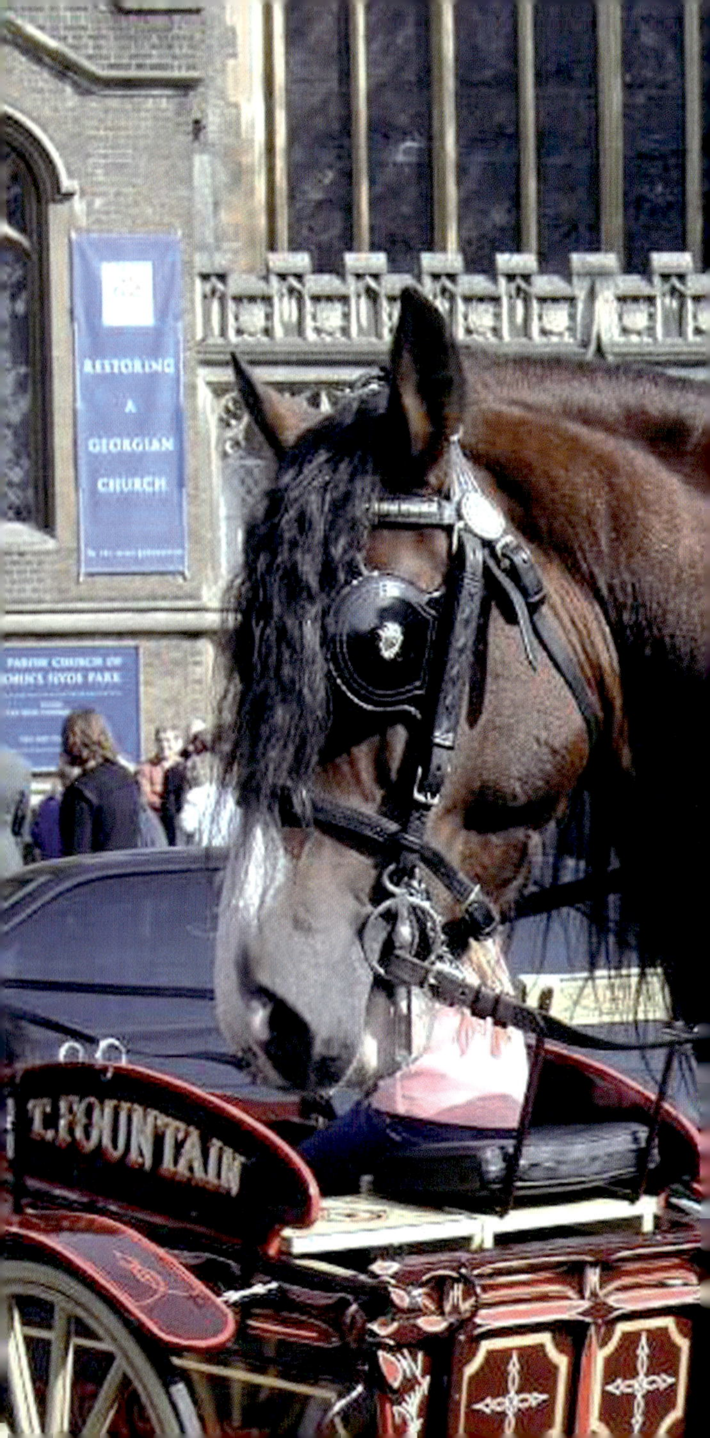
RESTORING
A
GEORGIAN
CHURCH
T. FOUNTAIN

LE DIMANCHE DU CAVALIER

6

St John's Hyde Park, Hyde Park Crescent, W2
Avant-dernier dimanche de septembre, à midi
Tél. : 0207 262 1732
www.stjohns-hydepark.com/horsemans
Accès : métros Marble Arch ou Paddington

Les excentriques bienfaits du sport équestre

Avant-dernier dimanche de septembre, à midi, l'élégant Connaught Village célèbre un étrange rituel qui remonte à 1968, alors que les étables voisines menaçaient d'être fermées. Devant l'église gothique de St John, dans Hyde Park Crescent, une charmante rue bordée de platanes, les gens du quartier se jettent sur le poulet tandoori gratuit, tandis que des enfants au visage couvert de peinture font craquer les tapis de feuilles mortes. On dirait une fête de village, avec une tombola et des tartes maison, tout cela sur le rythme syncopé d'un orchestre de jazz.

Mais comme l'office du dimanche touche à sa fin, le pasteur apparaît soudain à cheval, dans une pèlerine vert émeraude, coiffé d'un bicorne, à la tête d'une procession bien réglée d'une centaine de chevaux : poneys trapus des îles Shetland aux cavaliers miniatures, étalons à la robe lisse et brillante, blondes huppées affublées de lunettes de soleil à miroirs, les cuisses serrées dans des jodhpurs.

Il y a même une voiture aux couleurs de Harrods dont l'équipage raide comme des piquets porte la livrée verte qui distingue le fameux magasin. Un étalon impatient répand un torrent d'urine, qui terrifie les bébés tout en émoustillant les adolescents.

Le révérend Stephen Mason remercie alors « tous les animaux sans qui nos demeures et le monde seraient moins agréables ». Le chœur et quelques spectateurs turbulents entonnent des hymnes. Attendez-vous à un peu de prosélytisme, mais avec discrétion, à l'anglaise. Le pasteur cite d'ailleurs John Wayne : « Le courage, c'est de pouvoir se mettre en selle même quand on meurt de trouille. »

LES MEWS

Ces culs-de-sac pavés, dont on convoite de nos jours les maisonnettes au charme désuet, menaient aux nombreuses écuries londoniennes, du temps où le moyen de transport le plus commun pour les dames et les gentilshommes était la voiture attelée. En 1900, il y avait 300 000 chevaux en service à Londres. Des Jaguar et des Bentley sont garées aujourd'hui derrière les portes pittoresques de ces *mews* de luxe. Les écuries les plus somptueuses encore en activité appartiennent à la reine. Nichées au fond des Royal Mews, derrière Buckingham Palace, et dessinées par John Nash, elles abritent le carrosse d'apparat (*Gold State Coach*), recouvert de quatre tonnes de métaux précieux. La reine Victoria refusait de le prendre. Il paraît que ses soubresauts lui étaient pénibles.

TYBURN CONVENT

7

8-12 Hyde Park Place, W1
Tél. : 0207 723 7262.
www.tyburnconvent.org.uk
Ouvert tous les jours ; visites guidées de 40 minutes à 10h30, 15h30 et 17h30
Entrée gratuite
Accès : métro Marble Arch

> **« Cloîtrées à l'abri des consommateurs d'Oxford Street**

Les majestueux hôtels particuliers de Bayswater Road donnent sur Hyde Park, mais les habitants des n° 8 à 12 ne peuvent profiter qu'à distance de cette vue champêtre. C'est en effet là que résident une vingtaine de bénédictines cloîtrées, veillant 24h/24, à tour de rôle, dans la chapelle du rez-de-chaussée. Ces bénédictines passent le plus clair de leur temps dans le silence, mais elles chantent la messe sept fois par jour, un chant merveilleusement éthéré, qui se répercute dans la chapelle jusqu'à la coupole. Les fidèles peuvent les entendre, mais non les voir, l'autel étant caché par une grille métallique. C'est en 1901 que l'on fonda le Tyburn Convent (couvent de Tyburn) pour commémorer les 105 catholiques qui furent pendus à la potence de Tyburn Tree pendant la Réforme (1535-1681). On peut voir le tombeau de ces martyrs catholiques dans la crypte, ainsi que d'affreuses reliques, ossements, cheveux et vêtements ensanglantés. Une visite guidée a lieu trois fois par jour. Au-dessus de l'autel, on a placé une réplique de la potence tristement célèbre qui se dressait tout près de là, du côté est, à l'emplacement de l'actuel terre-plein au milieu du carrefour de Bayswater Road et d'Edgware Road. Une petite plaque circulaire incrustée dans les pavés marque l'endroit exact où environ 50 000 personnes furent exécutées entre 1198 et 1783. Les pendaisons avaient un tel succès que les jours d'exécution étaient déclarés fériés. Les résidents huppés de Mayfair n'appréciaient toutefois guère ce spectacle barbare devant leurs portes, et ils obligèrent les autorités à transférer la potence à la prison de Newgate en 1783.

LA PLUS PETITE MAISON DE LONDRES

Cette « maison », qui fait aujourd'hui partie du couvent de Tyburn, mesure 106 centimètres de large. Le rez-de-chaussée se résume à un couloir alors que le premier étage ne comporte qu'une étroite salle de bains. L'édifice date de 1805 et fut probablement érigé pour barrer le passage conduisant au cimetière de St George, où les chirurgiens anatomistes volaient fréquemment des cadavres.

AUX ALENTOURS :

8

LES PIÈCES DE SURVEILLANCE DE MARBLE ARCH

Construite en 1828 par John Nash, Marble Arch était à l'origine une entrée monumentale de Buckingham Palace. D'après la légende, trois petites pièces seraient dissimulées dans ce monument, pièces que les services de surveillance de la police auraient utilisées jusque dans les années 1950.

CYP
OCTOBER

CIMETIÈRE D'ANIMAUX DE HYDE PARK 9

Victoria Gate, Hyde Park, W2
Entrée gratuite
Ouvert sur rendez-vous uniquement, pendant les heures de bureau
Appelez la police de Hyde Park au 0207 298 2000
une semaine à l'avance pour réserver votre visite
Accès : métro Lancaster Gate ou bus 10, 70 et 94

« Le plus horrible spectacle d'Angleterre »

Les chiens enragés et les Anglais sont depuis toujours inséparables. Les membres du gratin de l'époque victorienne étaient tellement attachés à leurs animaux domestiques qu'ils les enterraient dans des cimetières ad hoc. À peine visibles derrière les grilles de Hyde Park, au coin de Bayswater Road et de Victoria Gate, des centaines de tombes minuscules recouvertes de moisissures témoignent de cette tradition morbide. L'ouverture de ce cimetière d'animaux remonte à 1880. George, Duke of Cambridge, son fondateur, avait bafoué les conventions royales en épousant une actrice, Louisa Fairbrother. Lorsqu'on renversa Prince, le toutou préféré de celle-ci, le duc, qui était également garde forestier en chef de Hyde Park, demanda au gardien, Mr. Windbridge, d'enterrer dignement la pauvre créature dans le jardin situé derrière son pavillon. En 1915, il y avait une telle quantité de tombes dans le jardin de Mr. Windbridge qu'on dut fermer le cimetière. Plus de 300 animaux y sont désormais enterrés : chiens, chats, oiseaux et même un singe. Noyés, empoisonnés ou écrasés, Flo, Carlo et Yum Yum reposent sous des pierres tombales dont les épitaphes sont tantôt touchantes tantôt larmoyantes : des citations de la Bible aux distiques de Shakespeare en passant par des hommages plus personnels : « À la mémoire de ma chère Emma, fidèle et unique compagne d'une vie par ailleurs vaine et désolée. » Certains chiens distingués ont même été ensevelis dans des cercueils sur mesure. On raconte qu'une lady fit enterrer son loulou de Poméranie dans un coffret verrouillé dont elle porta les clefs autour du cou jusqu'à ce qu'elle trouve à son tour sa sépulture. Cette nécropole bestiale reçut son dernier résident canin – dénommé lui aussi Prince – en 1967, année où l'on accorda exceptionnellement aux Royal Marines d'enterrer leur vieille mascotte de 11 ans dans le carré sud du cimetière. L'endroit fut qualifié par George Orwell de « plus horrible spectacle d'Angleterre ».

AUX ALENTOURS :

RENDEZ-VOUS AU 23/24 LEINSTER GARDENS... 10

Lorsqu'on prolongea la première ligne de métro de Londres en direction de l'ouest, il fallut inévitablement démolir certaines maisons. Les propriétaires des n° 23 et 24 de Leinster Gardens, dans le quartier de Bayswater, durent vendre leurs hôtels particuliers de cinq étages, mais les riverains demandèrent qu'on en reconstruise les façades pour sauver les apparences. Au premier coup d'œil, ces fausses façades se confondent parfaitement avec les autres, mais il suffit de s'en approcher pour se rendre compte que leurs 18 fenêtres sont obscurcies à la peinture grise. Quoiqu'il n'y ait aucune boîte aux lettres, l'adresse doit être, comme on s'en doute, bien connue des arnaqueurs.

LA NAVETTE SOLAIRE DE LA SERPENTINE 11

Serpentine Lake, Hyde Park, W2
Tél. : 0207 262 1330 • www.solarshuttle.co.uk
Aller simple : adultes £2,50, enfants £1, famille de quatre personnes £6
Retour : adultes £4,50, enfants £1,50, famille £10
Départs : toutes les heures de midi à 18h de la fontaine commémorative de la princesse de Galles, et de 12h30 à 17h30 de l'abri à bateaux. Week-end en hiver seulement

Une croisière écologique

Avec son climat déplorable, Londres est loin d'être l'endroit idéal pour innover en matière d'énergie solaire. Parmi les 110 pédalos et bateaux à rames qui parcourent la rivière Serpentine de Hyde Park, la *Solarshuttle* glisse néanmoins silencieusement d'un bout à l'autre du bassin central, propulsée uniquement par un moteur solaire. Cette navette en verre et en acier inoxydable, au profil aérodynamique, mesure 14,5 mètres de long et peut transporter jusqu'à 40 passagers et deux membres d'équipage. Il faut environ une demi-heure pour parcourir les quelque 800 mètres qui séparent la rive nord de la rive sud du bassin, la *Solarshuttle* ne pouvant dépasser la vitesse de 8 km/h. Une aventure prodigieusement apaisante. La silhouette de la navette est si élégante qu'elle fait davantage penser à un yacht qu'à un ferry-boat miniature. Le pont en bois est bordé de bancs en acier d'où l'on peut jouir d'une vue exceptionnelle sur le parc. Tous les détails de l'armature exaltent la lumière et la transparence. Des panneaux de verre amovibles protègent les passagers contre les intempéries en hiver. Au-dessus, 27 panneaux solaires attachés à un simple cadre en acier forment une espèce de baldaquin bombé qui scintille au soleil. Guère plus épaisses qu'une carte de crédit, ces cellules photoélectriques sont encastrées dans des tuiles de plexiglas disposées sous une membrane transparente. L'énergie solaire qu'elles produisent recharge des batteries alimentant deux moteurs électriques. Quand le bateau est amarré, l'excédent d'énergie généré par les panneaux solaires est reversé sur le réseau électrique national.

Curieusement, même lors de ces déprimantes journées maussades si familières aux Londoniens, il semble y avoir suffisamment de lumière pour faire avancer la *Solarshuttle*. Et s'il fait vraiment mauvais, les batteries fournissent assez d'énergie pour que la navette parcoure plus de 30 kilomètres dans une totale obscurité.

Solar Lab, la société britannique qui gère la *Solarshuttle*, affirme avoir pour mission d'inciter les gens, grâce à des modèles aux lignes sophistiquées, à adopter des technologies qui ne nuisent pas à l'environnement. Le créateur Christoph Behling est également l'auteur d'un des plus grands bateaux fonctionnant à l'énergie solaire, le *Hamburg Solarshuttle*.

ABRIS POUR CHAUFFEURS DE TAXI

13 emplacements au total : Chelsea Embankment (près de l'Albert Bridge) SW3; Embankment Place, Charing Cross WC2; Grosvenor Gardens, Victoria SW1; Hanover Square, Mayfair W1; Kensington Park Road, Notting Hill W11; Kensington Road (côté nord), South Kensington W8; Pont Street, Belgravia SW1; Russell Square (angle ouest), Bloomsbury WC1; St George's Square, Pimlico; Temple Place, Victoria Embankment WC2; Thurloe Place, South Kensington SW7; Clifton Gardens, Maida Vale W9; Wellington Place, St John's Wood NW8.

« *Des abris classés où acheter des plats à emporter*

La Société des fiacres londoniens (London Hackney Carriage Industry) fut instaurée par un acte d'Oliver Cromwell en juin 1654. Les célèbres taxis noirs qui en sont les fiers descendants, sont l'un des rares moyens de transport vraiment agréables à Londres : on a presque assez de place pour s'allonger de tout son long, les mains nouées derrière la tête, et regarder la ville défiler par la fenêtre.

Les chauffeurs de taxi londoniens ne sont pas moins étonnants en vertu de l'épreuve de connaissance (*The Knowledge*) qu'ils doivent tous passer depuis 1865 pour obtenir leur licence. Cet examen les oblige à connaître toutes les rues dans un rayon de neuf kilomètres autour de la gare de Charing Cross (le centre officiel de Londres). Trois ans sont parfois nécessaires pour y parvenir. Si vous y prenez garde, vous apercevrez de futurs chauffeurs en train d'étudier le *Knowledge* à tous les coins de rue : toute personne parcourant la ville à vélomoteur avec un bloc-notes à pinces et une carte sur le guidon est généralement un chauffeur potentiel qui révise ses itinéraires avant l'épreuve, laquelle implique qu'on soit capable d'indiquer sans erreur le chemin à suivre entre deux points choisis au hasard par la commission d'examen.

Sachant qu'ils avaient jadis interdiction de quitter leur véhicule une fois garé, le comte de Shaftesbury décida de fonder un établissement spécialement chargé de construire et d'entretenir des abris qui fourniraient aux chauffeurs « des repas sains et consistants à des prix raisonnables ».

La capitale fut dès lors parsemée d'abris verts en bois, mais situés sur la voie publique, ils ne dépassent pas la taille d'une voiture à cheval.

Il y avait 61 abris (*cab shelters*) à l'origine, mais on n'en compte à présent plus que 13, les chauffeurs ayant désormais le droit de sortir de leur véhicule. Ces derniers abris, souvent dans les quartiers les plus huppés de Londres, sont tous classés aujourd'hui. Fort heureusement, les chauffeurs sont encore nombreux à s'y retrouver pour leurs repas. Les places assises leur sont d'ailleurs réservées, mais l'on peut acheter des plats à emporter – sandwiches au bacon, sauces anglaises, thé, café, etc. – au guichet de la cuisine.

Les philanthropes qui eurent l'idée des cab *shelters* étaient des bienfaiteurs caractéristiques de l'époque victorienne : comme il y était strictement interdit de jouer de l'argent, de boire et de jurer, ces abris avaient surtout pour but d'éviter que les chauffeurs ne fussent tentés de fréquenter les pubs.

LEIGHTON HOUSE

12

12 Holland Park Road, W14
0207 371 2467
www.rbkc.gov.uk/leightonhousemuseum
Open 11am-5.30pm daily; closed Tues
Admission £3; concessions £1. Free guided tours 2.30pm Wed and Thurs
Transport High Street Kensington or Holland Park tube.

« On dirait une aile du palais d'Aladin qu'un aimable génie aurait abandonnée à Londres, puis oubliée. »

Nombre des hôtels particuliers de Holland Park furent construits par les artistes qui fréquentaient ce quartier à la fin du XIXe siècle. Lord Frederic Leighton (1830-1896), président de l'Académie royale, faisait ainsi partie du fameux « cercle de Holland Park ». Si l'extérieur a l'air plutôt modeste, à l'intérieur, tout a visiblement été conçu pour produire une vive impression sur les visiteurs. Selon Mary H. Krout, un Américain qui rendit visite à Leighton en 1899 : « On dirait une aile du palais d'Aladin qu'un aimable génie aurait abandonnée à Londres, puis oubliée. » Le hall d'entrée est revêtu de superbes carreaux bleu vert et un paon empaillé se dresse au bas du grand escalier. À gauche se trouve la salle arabe : un précieux carrelage islamique, des mosaïques et des inscriptions en arabe y font valoir, au centre de la pièce, une fontaine en marbre noir. Le reste de la demeure est décoré dans un style tout aussi somptueux : tapis orientaux et cheminées festonnées d'arabesques – une véritable orgie de motifs et de textures – vis-à-vis desquels les toiles préraphaélites de Leighton et de ses contemporains semblent bien sages. Sa riche collection comporte des œuvres d'Edward Burne-Jones, d'Albert Moore et de George Frederic Watts, lequel habitait au coin de la rue, dans Melbury Road.
Le grand atelier de Leighton est orné de frises qui semblent avoir été arrachées au Parthénon. C'est là que le maître de maison donnait chaque année des récitals, tradition qui n'a pas été perdue, des concerts de musique de chambre y étant toujours organisés par la Société musicale de Kensington et de Chelsea, en présence de personnalités du gratin londonien.

AUX ALENTOURS :

KENSINGTON ROOF GARDENS

13

Tout en haut de Kensington High Street, au sixième étage du grand magasin Braker, des jardins secrets datant des années 1930 s'étendent sur 6000 m^2. Un jardin espagnol, un jardin Tudor dont les passages voûtés sont couverts de glycines, et une forêt anglaise miniature, avec un étang verdâtre où nage un malheureux poisson rouge, et deux flamants roses qui se pavanent sous un saule pleureur. Richard Branson, le propriétaire, est parvenu à gâter ce cadre romantique en y installant de fâcheuses enseignes publicitaires pour Virgin et une discothèque. La vue est malheureusement masquée par de grands murs et l'on perçoit le vacarme de la circulation sous les gazouillis des oiseaux.

BRASSO
SIZE
D

MUSEUM OF BRANDS, PACKAGING AND ADVERTISING

14

Colville Mews, à deux pas de Lonsdale Road, W11
Tél. : 0207 908 0880
www.museumofbrands.com
Ouvert du mardi au samedi de 10h à 18h et le dimanche de 11h à 17h
Entrée : £5,80, enfants £2, tarif réduit £3,50
Accès : métro Notting Hill Gate

« Une extraordinaire histoire de tous les jours

Le Museum of Brands, Packaging and Advertising (musée des marques, des emballages et de la publicité) se cache au bout d'une charmante ruelle de Notting Hill, où la moitié des maisons ont été réquisitionnées par la styliste Alice Temperley. En le visitant, vous aurez l'impression de parcourir un livre illustré de l'histoire sociale de la Grande-Bretagne des deux derniers siècles. Collectionneur invétéré, Robert Opie a rassemblé un vaste assortiment d'objets quotidiens, raretés de l'époque victorienne (du « liquide de harnais » pour attelages aux « pilules éthérées » contre le mal de mer) jusqu'aux années 1980 (du ressort spatial au succès commercial de l'année). Jouets, produits de beauté, vêtements et détergents, tout est là, présenté intelligemment par décennies et parfois par thèmes. Ces pièces à conviction éclairent singulièrement l'évolution de la mode et du fétichisme effréné de la société britannique.

Autrefois, des produits aussi banals que du cirage et du sirop contre la toux étaient vendus dans de superbes flacons et des bocaux en verre richement ornés. Les gouvernantes s'approvisionnaient en poisons contre la vermine : « Les souris en raffolent et restent sur le carreau ! » Mais combien les temps ont changé depuis l'époque où l'encaustique était « la meilleure amie du domestique » jusqu'à l'invention du fléau des femmes de ménage : le tout premier aspirateur.

L'étonnant trésor de Robert Opie comporte également des souvenirs de l'exposition universelle de 1851 mais aussi des postes à galène, des gramophones, des cartes postales grivoises et une pièce entière dédiée aux revues. Le somptueux Art déco des années 1930 contraste vivement avec les cartes de rationnement et les logos aux couleurs du Royaume-Uni de la Seconde guerre mondiale, à l'époque où l'on encourageait les gens à manger des «sels naturels» à la place des fruits. Les années 1950 sont empreintes d'un optimisme assez kitsch, fait de formica bigarré, d'ustensiles de cuisine en plastique, de pin-up en bikini et de voitures décapotables pour vacances à la plage. La décennie 1960, elle, se résume à l'arrivée des radios portables, des téléviseurs et, bien entendu, des Beatles. Quant aux années 1970, elles se singularisent par le couronnement de la reine Élisabeth, La Planète des singes et les chaussures à semelles compensées...

Il arrive que Robert Opie soit présent le week-end pour vous montrer sa collection, laquelle est si riche qu'elle mérite plusieurs visites.

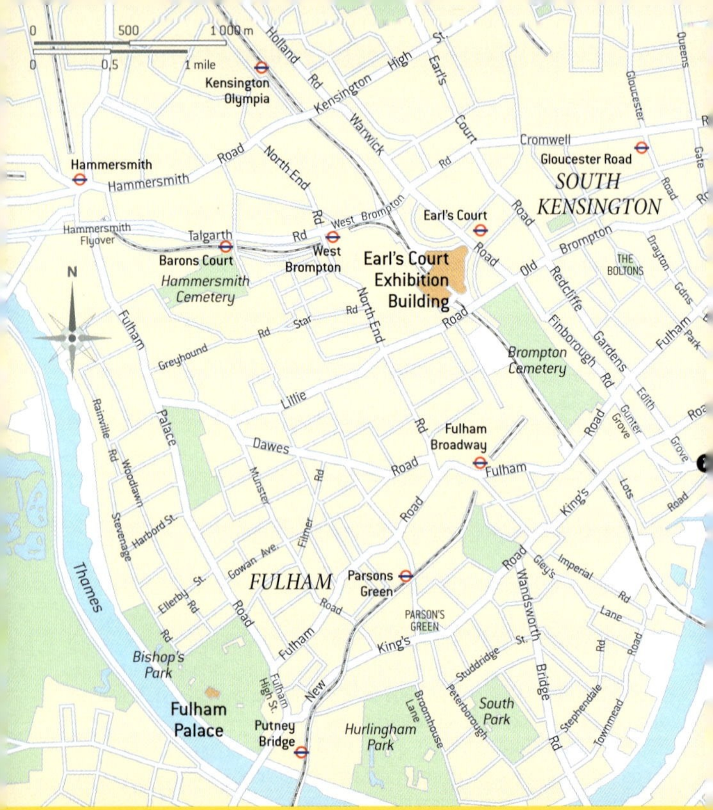

DE WESTMINSTER À HAMMERSMITH

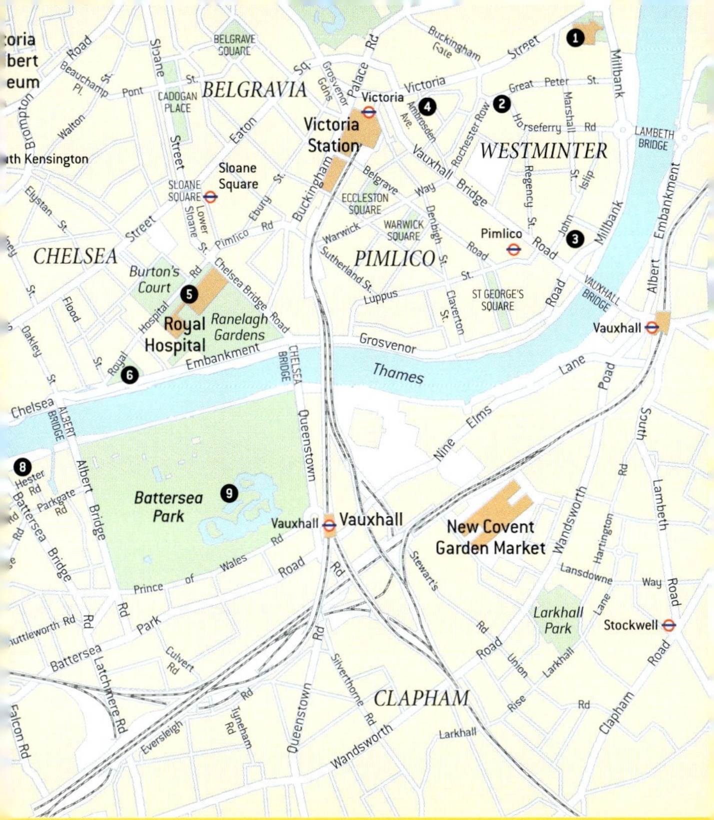
BELGRAVIA
Victoria Station
Victoria
WESTMINTER
Sloane Square
CHELSEA
PIMLICO
Pimlico
Burton's Court
Royal Hospital
Ranelagh Gardens
Thames
Vauxhall
Battersea Park
New Covent Garden Market
Larkhall Park
Stockwell
CLAPHAM
BELGRAVE SQUARE
CADOGAN PLACE
SLOANE SQUARE
ECCLESTON SQUARE
WARWICK SQUARE
ST GEORGE'S SQUARE
LAMBETH BRIDGE
VAUXHALL BRIDGE
CHELSEA BRIDGE
ALBERT BRIDGE
Buckingham Gate
Victoria Street
Great Peter St.
Horseferry Rd
Millbank
Vauxhall Bridge Road
Grosvenor Rd
Chelsea Bridge Road
Chelsea Embankment
Albert Embankment
Queenstown Rd
Nine Elms Lane
Wandsworth Road
Prince of Wales Road
Battersea Park Rd
Albert Bridge Rd
Battersea Bridge Rd
Lansdowne Way
South Lambeth Road
Clapham Road
Larkhall Rise
Silverthorne Rd
Latchmere Rd
Falcon Rd
1
2
3
4
5
6
8
9

CRYPTE DE LA WESTMINSTER ABBEY ❶

Westminster Abbey, SW1
Tél. : 0207 654 4900 • www.westminster-abbey.org
Heures d'ouverture en fonction des services religieux
Accès : métro Westminster
Entrée : £16, tarif réduit (moins de 16 ans, étudiants et plus de 60 ans) : £7, famille (quatre personnes) : £24

« Les sourcils en poil de chien d'Edouard III... »

Si vous acceptez de payer £16 pour accéder à une église, que vous vous armez de courage pour vous frayer un chemin parmi les hordes de touristes, et que vous parvenez à ignorer l'atmosphère constamment lugubre de l'abbaye, le musée de la crypte vaut vraiment la peine d'être visité. La plupart des touristes ne font que s'agglutiner devant les tombes et les monuments de l'abbaye, au point de conférer à l'église un air de maison fétiche pour l'Establishment.

Le cloître est attenant à l'église : la plupart des visiteurs l'ignorent, et il est souvent vide. À deux pas se trouve la crypte, au pied d'une volée de marches. On peut y voir une très curieuse collection d'effigies funéraires royales.

Jusqu'au Moyen Âge, les monarques britanniques étaient traditionnellement embaumés et leurs dépouilles exposées pendant un certain temps. On remplaçait ensuite le cadavre du défunt par un gisant en bois, vêtu de pied en cap avec les habits de la garde-robe royale et disposé sur le carrosse funèbre pour son dernier voyage. Les habits étant censés aller parfaitement aux effigies, la ressemblance de celles-ci devait être assez exacte. Leur petite dimension est pourtant étonnante : même le gros Henri VIII a l'air minuscule. Édouard III, lui, a un étrange regard sournois, qui rappelle visiblement l'apoplexie dont il fut victime à la fin de sa vie. À noter que ses sourcils sont constitués de poils de chien... La collection comprend également les effigies d'Edouard III, Henri VII, Élisabeth Ière, Charles II, Guillaume III, Marie II Stuart et de la reine Anne. Des effigies en cire leur furent ajoutées par la suite, dont celles de Nelson, de William Pitt et de plusieurs soldats que l'on nomma longtemps le « régiment dépenaillé » (the Ragged Regiment), à cause de leur décrépitude.

Parmi les autres reliques du même acabit, on remarquera la selle, le casque et le bouclier funèbres d'Henri V, le fauteuil du couronnement de Marie II et des copies de cadeaux de couronnement.

Le cloître est fort agréable : un endroit idéal où s'asseoir pour prendre un café.

L'abbaye de Westminster est une « singularité royale », à savoir une église qui dépend de la juridiction du monarque britannique, plutôt qu'au diocèse d'un évêque. Il est dès lors surprenant que la Couronne ne fasse rien pour alléger le prix du ticket. Mais peut-être n'est-ce pas, au fond, si surprenant ?

HEAD QUARTERS
LONDON SCOTTISH RIFLE VOLUNTEERS.
ERECTED A.D. MDCCCLXXXVI

LONDON SCOTTISH REGIMENTAL MUSEUM ❷

95 Horseferry Road, SW1
Tél. : 0207 630 1639
www.londonscottishregt.org/museum.cfm
Ouvert de 11h à 16h les mardi, mercredi et jeudi sur rendez-vous (avec le conservateur)
Entrée gratuite, mais les dons sont les bienvenus
Accès : métro Pimlico

« Le premier camouflage militaire

Derrière la morne façade du siège de l'armée des réservistes (Territorial Army), une grande salle d'armes évoque la singulière histoire du régiment écossais de Londres, un bataillon de volontaires constitué en 1859 qui a compté parmi ses membres Sir Alexander Fleming, l'écrivain voyageur Eric Newby et l'acteur de cinéma Basil Rathbone.
Sur rendez-vous, la visite des lieux se fait sous les ordres d'un archiviste zélé, lequel n'hésitera pas à vous réprimander si vous avez de grosses lacunes en histoire militaire. Si certains acronymes de l'armée peuvent sembler obscurs aux amateurs, il faut avoir un cœur de pierre pour rester insensible aux mémoriaux des centaines de soldats non formés qui moururent pendant la guerre d'Afrique du Sud (1900-1902) et les deux guerres mondiales.
Près des balcons de l'étage supérieur est exposé tout un assortiment de médailles, mitrailleuses, cornemuses, uniformes et photographies de « vieux soldats » qui partaient au combat vêtus de kilts, demi-guêtres aux pieds. On a même conservé une relique de la capote grise du lieutenant-colonel Lord Elcho, qui passe pour avoir été la première forme de camouflage : las d'entendre des soldats appartenant à des clans différents se chamailler au sujet de la couleur de leur kilt, Elcho décréta que le régiment porterait un drap grossier caractéristique de l'Écosse, le Hodden Grey.
Les mardis soirs, entre 19h et 21h, cette magnifique salle se change en terrain d'exercice, un spectacle qui vaudrait le détour si l'on était autorisé à y assister.

AUX ALENTOURS :

LE CONTREFORT ET LE TUNNEL DE MILLBANK ❸

En face de la Tate Britain se dresse une petite borne apparemment anodine où une petite plaque porte l'inscription rappelant l'existence de la prison de Millbank. Les repris de justice quittaient la prison par une série de passages souterrains. Une section du tunnel a été préservée dans les caves du Morpeth Arms, un pub voisin, destiné à l'origine aux gardiens de la prison, et que l'on dit hanté par le fantôme d'un ancien détenu. Première maison pénitentiaire de Grande-Bretagne, Millbank est une prison panoptique (construite de telle manière que d'un point de l'édifice l'on puisse en voir tout l'intérieur) en forme de pentagone, un dispositif révolutionnaire que le romancier Henry James jugea en disant qu'il participait d'« un acte d'une violence bien plus grave que tous ceux que sa construction était destinée à punir ». C'est sur cet emplacement que l'on construisit la Tate Gallery en 1897.

DOMINE·JESU·REX·ET·REDEMPTOR
PER·SANGUINEM·TUUM·SALVA·NOS

LE CLOCHER DE LA WESTMINSTER CATHEDRAL ❹

Ambrosden Avenue, Victoria, SW1
Tél. : 0207 798 9055 • www.westminstercathedral.org.uk
Ouvert tous les jours d'avril à novembre de 9h30 à 12h30 et de 13h à 17h, et de décembre à mars de 9h à 17h du jeudi au dimanche. Vêpres chantées à 17h du lundi au vendredi, à 10h30 le samedi, et à 10h30 et à 15h30 le dimanche
Entrée : £5, tarif réduit : £2,50
Accès : métro Victoria

« Dominez les toits de Londres »

Hormis les Catholiques fervents (dont Tony Blair, qui s'est récemment converti), rares sont les gens s'aventurant dans l'immense cathédrale de Westminster qui se confond avec les belles demeures victoriennes des ruelles avoisinantes. Réalisé entre 1895 et 1903, l'intérieur de la cathédrale n'a en effet jamais été achevé. Ses marbres précieux et ses mosaïques scintillent dans une pénombre tout imprégnée de mystère. À l'angle nord-ouest, caché derrière une boutique de souvenirs, un ascenseur payant vous conduira en quelques secondes au septième étage d'un clocher haut de 83 mètres. Autrefois, les visiteurs devaient gravir les 375 marches qui mènent à cette hauteur.

Des quatre côtés du belvédère, quelle que soit la vue, on est étonné de voir combien les immeubles modernes de bureaux ont éclipsé les grands monuments de l'Empire disparu. Si vous regardez attentivement, vous apercevrez l'Union Jack (le drapeau de la Grande-Bretagne) flotter sur le toit de Buckingham Palace, la coupole de St Paul et la haute silhouette dégarnie de Crystal Palace. Les proportions industrielles de la BT Tower, de Canary Wharf et de la centrale électrique de Battersea méritent plus d'un commentaire.

Ne paniquez pas si « Big Edward », la cloche de 2,5 tonnes baptisée ainsi en souvenir d'Édouard le Confesseur, se met soudain à sonner à toute volée. Lorsqu'on installa l'ascenseur en 1929, il fallut la transférer au-dessus du beffroi, ce qui explique pourquoi le son semble aujourd'hui légèrement étouffé.

Presque tous les soirs, la messe est chantée par un chœur de jeunes garçons appartenant à la chorale de la cathédrale de Westminster, dont l'école est à deux pas. Arrangez-vous pour que votre visite coïncide avec un de ces concerts gratuits dans un des décors les plus négligés de Londres.

À l'origine, l'endroit s'appelait Bulinga Fen (le marais de Bulinga). Les moines bénédictins qui construisirent l'abbaye de Westminster assainirent ce marécage. Le site fut tour à tour occupé par un marché, un champ de foire, un dédale de ruelles, une arène pour les combats de chiens et de taureaux et une prison pour enfants, avant que l'Église catholique n'achète le terrain en 1884.

Dans *Correspondant à l'étranger*, un film à suspense d'Alfred Hitchcock (1940), un assassin se jette du clocher de la cathédrale de Westminster alors qu'on exécute une messe de Requiem à l'intérieur de l'église. La messe de Requiem de Hitchcock lui-même eut lieu dans cette cathédrale après sa mort en 1980...

ROYAL HOSPITAL

5

Royal Hospital Road, Chelsea, SW3
www.chelsea-pensioners.co.uk
Ouvert tous les jours de 10h à midi et de 14h à 16h. Fermé le dimanche d'octobre à mars. Entrée gratuite
Accès : métro Sloane Square

La vie merveilleuse des pensionnaires du Royal Hospital

Si la location d'un petit appartement dans Chelsea's Royal Hospital Road coûte au bas mot £500 par semaine, les quelques300 vétérans de l'armée qui ont la chance d'habiter au Royal Hospital Chelsea ne paient, eux, que le montant de leur maigre retraite. Ils ont ainsi droit à un box-couchette de 3 m² dessiné par Christopher Wren, à trois repas par jour, à l'accès à un club-house, à une bibliothèque, à une salle de billard, à des terrains en gazon pour jouer aux boules ou au croquet, et à 33 hectares de jardins au bord de la Tamise. On ne leur demande en échange que de porter des uniformes extravagants : vestes rouges et tricornes pour les occasions spéciales, élégants blazers de la marine au quotidien…

C'est en 1682 que le roi Charles II fonda cet hospice baroque en briques rouges pour accueillir les vétérans invalides. Si l'on remonte au XVIIe siècle, époque à laquelle les recrues s'engageaient pour onze ou douze ans, un pensionnaire sur dix savait lire et écrire. Aujourd'hui, ces charmants vieux garçons sont ravis de montrer aux visiteurs leur petit musée, qui raconte et illustre le passé glorieux de l'Angleterre avec des peintures, des objets historiques et plus de 2000 médailles.

Les bâtiments résidentiels du Royal Hospital's forment trois quadrilatères impeccables. À 10h30, le dimanche matin, les retraités défilent en tenue d'apparat dans Figure Court. Seule une douzaine en ont encore l'envie et l'énergie. Tendez l'oreille, vous entendrez peut-être le maître de cérémonie marmonner : « *Shuffle about, boys* ! » (Rompez, messieurs !). Il existe aussi une infirmerie où les malades disposent d'une salle de bains dans leur chambre. Seul désagrément : ces chambres donnent sur l'ultime résidence, le cimetière.

Les repas sont servis dans le Great Hall : une salle grandiose, lambrissée, ornée d'anciens drapeaux, de portraits royaux et d'inscriptions détaillant tous les exploits militaires de la Grande-Bretagne depuis la fondation de l'établissement. Près de la porte se dresse une grande table sur laquelle la dépouille du duc de Wellington fut exposée en 1852. Elle supporte à présent deux black jacks de cinq gallons chacun, deux énormes bouteilles en cuir qu'on remplissait jadis de bière. Aujourd'hui, les résidents doivent se contenter de thé. Les vétérans de Chelsea doivent avoir plus de 65 ans, *a good military character* et n'avoir personne à charge. L'hospice n'est encore réservé qu'aux hommes, même si l'on prévoit d'y admettre des femmes dès que des salles de bains seront installées dans tous les bâtiments. Lorsqu'un retraité pose sa candidature, on l'invite à séjourner pendant quatre jours au Royal Hospital pour décider si l'endroit lui convient. Mais qui ne saisirait pas l'occasion de finir ses jours dans un environnement aussi somptueux.

CRASSULACEAE
RHODIOLA
ROSEA
EUROPE
CRASSULACEAE
SEDUM
ALBUM
EURASIA

CHELSEA PHYSIC GARDEN 6

66 Royal Hospital Road, SW3
Tél. : 0207 352 5646
www.chelseaphysicgarden.co.uk
Ouvert d'avril à octobre le mercredi de midi à 17h et le dimanche de midi à 18h
Entrée : £7, enfants et tarifs réduits £4
Accès : métro Sloane Square ou Victoria, puis autobus 239

> **« *Un micro-climat inespéré* »**

Le charmant Chelsea Physic Garden comporte près de 5000 espèces de plantes provenant du monde entier. La collection fut créé en 1673 par la Société des apothicaires afin d'étudier les propriétés médicinales des plantes. En 1712, le Dr Hans Sloane, un riche physicien, acheta l'ensemble du domaine seigneurial de Chelsea. Dix ans plus tard, il loua aux apothicaires environ deux hectares de terrain pour £5 livres par an à perpétuité : une affaire très avantageuse, même à l'époque. Dans une vitrine figure la raison d'être du jardin : que « les apprentis ou assimilés apprennent à distinguer le mieux possible les plantes saines et utiles de celles qui leur ressemblent mais qui sont venimeuses ». Situé sur les quais de la Tamise, le jardin bénéficie d'un microclimat grâce auquel les plantes exotiques survivent au rigoureux hiver britannique. On continue d'ailleurs d'y faire pousser des plantes tropicales en serre chaude. Au fil du temps, les expériences botaniques des apothicaires permirent notamment de développer l'industrie du coton en Amérique et le commerce du thé en Inde. Étant donné l'intérêt du XXIe siècle pour la médecine naturelle, les secteurs médicaux et pharmaceutiques du Garden of World étaient bien en avance sur leur temps. Ne manquez pas l'étrange jardin au bassin de pierre, en partie construit avec de la lave d'Islande et des fragments de la Tour de Londres. Le café est réputé pour ses gâteaux maison.

SLOANE L'INVENTEUR DU CHOCOLAT AU LAIT

Le Dr Hans Sloane, qui a donné son nom à Sloane Square, est l'inventeur du chocolat au lait. Après avoir découvert que les indigènes, en Jamaïque, buvaient du cacao mélangé à de l'eau, il eut l'idée d'améliorer la recette en remplaçant l'eau par du lait. De retour en Angleterre, il vendit sa formule comme un médicament jusqu'à ce que les frères Cadbury la reprennent à leur compte.

AUX ALENTOURS :

CHEYNE WALK'S BLUE PLAQUES 7

Cheyne Walk est l'une des rues les plus huppées de Londres, et soi-disant celle qui a le plus grand nombre de plaques bleues (indiquant qu'une personnalité a vécu dans tel ou tel immeuble). Récemment, cette rue distinguée est devenue le refuge de rock stars telles que Mick Jagger, Keith Richards, Kylie Minogue et Bob Geldof. La seule maison ouverte au public est celle de l'écrivain victorien Thomas Carlyle, au n° 24. Dickens, Tennyson et Browning fréquentaient assidûment ce sanctuaire littéraire, conservé en l'état, avec tous ses meubles d'origine, depuis 1895. On peut aussi visiter le bureau spécialement insonorisé de Carlyle (voir p. 53).

COUPER
COLLECTION
www.coupercollection.org.uk

THE COUPER COLLECTION

8

Riverside Walk, Hester Road, Battersea SW11
Tél. : 0207 738 1935
www.coupercollection.org.uk
Ouvert du mardi au jeudi de 10h à 16h. **Entrée** gratuite
Accès : autobus 19, 49, 239, 319, 345 ou métro jusqu'à Sloane Square ou South Kensington, puis à pied ou en autobus

Une galerie d'art flottante

Entre Battersea Bridge et Albert Bridge, le long des nouveaux immeubles étincelants qui dominent le fleuve, une flotte de péniches rouillées, amarrées aux quais, oscille au gré du courant.

Ces bateaux pourraient sembler abandonnés, mais une petite pancarte indique aux visiteurs qu'il s'agit de la Collection Couper, une galerie d'art aménagée dans les dernières péniches de la Tamise, attachées à leurs bittes d'amarrage d'origine (XVIIIe siècle).

On y accède par une série de pontons en bois qui relient les péniches entre elles. C'est une manière intéressante d'expérimenter la vie sur la Tamise, tout en découvrant les installations de Max Couper.

Cachées au fond des cales en acier, les étranges œuvres de cet artiste en résidence consistent en des cartes de navigation fictives, presque illisibles, ou en des dispositifs à grande échelle, inspirés par l'environnement aquatique.

On trouve aussi une péniche-jardin dont la coque rouillée est bordée de pots de fleurs géants, et un Museum of First Art (musée de l'art premier), qui rassemble des œuvres d'enfants très étonnantes.

Des ateliers écologiques ou pédagogiques sont d'ailleurs organisés à l'occasion, avec des « performances » en direct. Des embarcations de plus petite dimension tiennent lieu d'habitat pour la sauvegarde des plantes et des oiseaux de la Tamise, et deux petites péniches-opéras disposent de scènes spectaculaires pour les cantatrices en mal d'espace.

AUX ALENTOURS :

PUMP HOUSE GALLERY (gallerie de la maison de la pompe)

9

Battersea Park, SW11 • Tél. : 0208 871 7572 • www.wandsworth.gov.uk/gallery
Ouvert les mercredi, jeudi et dimanche de 11h à 17h, les vendredi et samedi de 11h à 16h • Entrée gratuite.

Cette maison longtemps abandonnée fut construite en 1861 pour alimenter en eau les étangs, les cascades et les parterres de Battersea Park dont on venait d'ouvrir les portes. Magnifiquement restauré, l'édifice abrite à présent une galerie de quatre étages où des expositions d'art contemporain troublantes et souvent politiques ont lieu, qu'il s'agisse des photomontages de Peter Kennard ou de Trading Places (lieux d'échange), un voyage au cœur des asiles et de l'immigration.

CIMETIÈRE MORAVE DE FETTER LANE

10

381 King's Road, Chelsea
Tél. : 0208 8831833
www.moravian.org.uk
Ouvert à des horaires variables, appelez l'église pour les détails
Entrée gratuite
Accès par autobus

> **Humbles restes d'une communauté religieuse**

À la faveur d'une haute muraille en briques, le cimetière de l'église évangélique morave se cache derrière les luxueuses boutiques de King's Road. Fondée en 1742, cette chapelle isolée a l'air, en réalité, d'un cottage transplanté au cœur de Chelsea, si ce n'est que le jardin comporte quelques tombes du XVIIIe siècle, signalées par de simples dalles blanches. Selon la tradition morave, les hommes et les femmes sont enterrés séparément, de chaque côté du cimetière, dans des sépultures très discrètes.

Originaires de Bohême et de Moravie (l'actuelle république tchèque), les Moraves commencèrent à s'installer en Grande-Bretagne dans les années 1730. En 1750, un aristocrate immensément riche, le comte Zinzendorf, qui chapeautait la communauté, acheta Lindsey House, une grande propriété de Chelsea construite par Thomas More, pour accueillir des missionnaires ainsi que les Moraves qui fuyaient les persécutions. Après une somptueuse rénovation, Lindsey House devint pendant deux ans le siège international de l'église morave. Mais la communauté ne prit jamais tout à fait pied à Londres. Après la mort du comte Zinzendorff, en 1760, les Moraves vendirent une grande partie de leurs terres. Lindsey House appartient aujourd'hui à un particulier et ne se visite qu'à l'occasion du week-end portes ouvertes. Certaines des peintures murales religieuses y sont toujours intactes. La chapelle de Fetter Lane était à l'origine à côté de la cathédrale St Paul, mais elle fut détruite pendant la Seconde guerre mondiale et la congrégation est restée sans résidence jusque dans les années 1960. On la réinstalla alors dans King's Road, du côté nord du cimetière, dans une partie du domaine qui appartenait à Thomas More.

Il existe d'autres églises moraves à Londres, dans les quartiers de Harlseden et Stoke Newington, ainsi qu'à Hornsey, dont la congrégation, originaire principalement des Antilles, a adapté l'orchestre de cuivres et de trombones de la musique traditionnelle morave en y ajoutant des instruments à percussion rudimentaires et un chœur de gospel lors du service dominical.

UN LION AU CIMETIÈRE

Au cours des années 1960, le cimetière morave a été le terrain de jeu de Christian, un lion apprivoisé appartenant à John Rendall, un antiquaire australien qui l'avait acheté tout petit chez Harrods, en contrebande - le magasin de meubles de Rendall, dans King's Road, s'appelait d'ailleurs, à juste titre, *Sophistocat*. On finit tout de même par renvoyer le lion en Afrique pour le réinsérer dans la brousse.

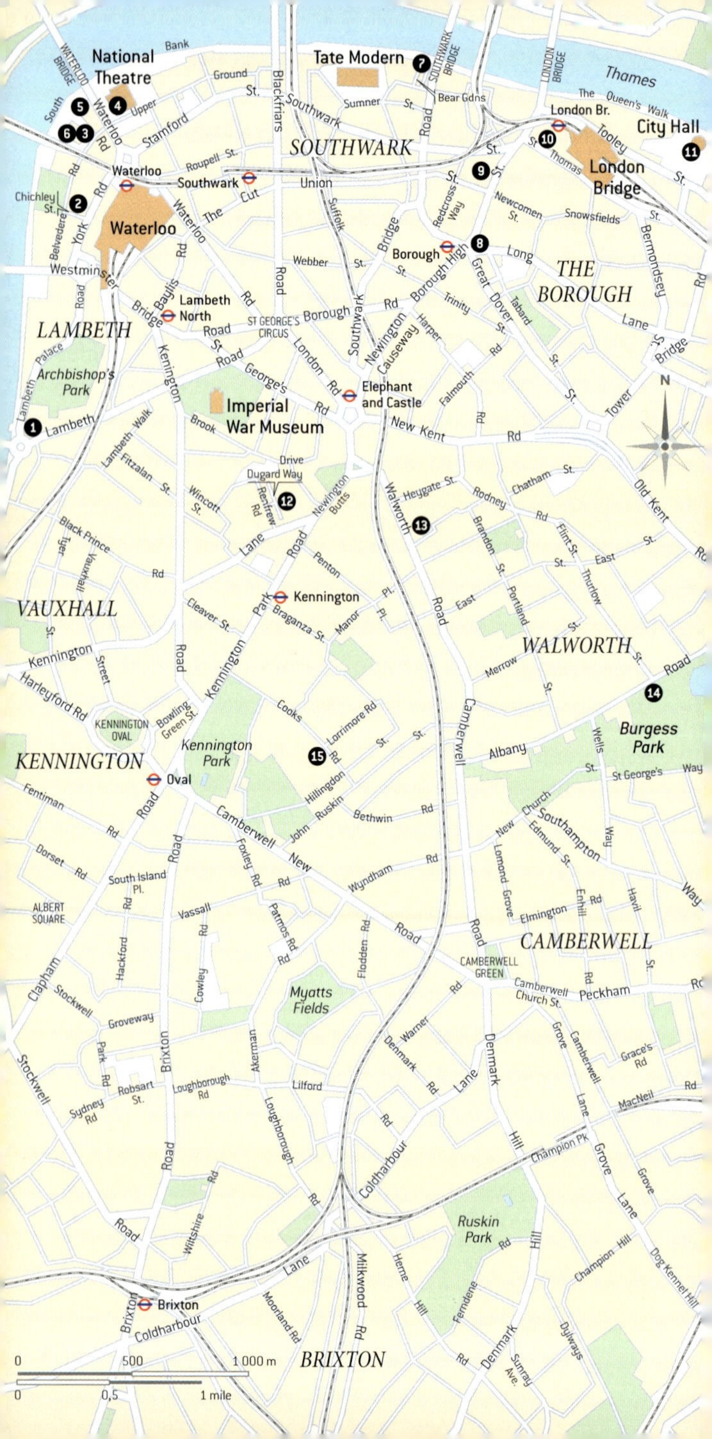

National Theatre
Tate Modern
Thames
City Hall
London Br.
London Bridge
SOUTHWARK
Waterloo
Southwark
Lambeth North
Borough
THE BOROUGH
LAMBETH
Archbishop's Park
Imperial War Museum
ST GEORGE'S CIRCUS
Elephant and Castle
VAUXHALL
Kennington
WALWORTH
Burgess Park
KENNINGTON OVAL
Kennington Park
KENNINGTON
Oval
ALBERT SQUARE
CAMBERWELL
CAMBERWELL GREEN
Myatts Fields
Ruskin Park
Brixton
BRIXTON
WATERLOO BRIDGE
SOUTHWARK BRIDGE
LONDON BRIDGE
Bank
Upper Ground
Stamford St.
Blackfriars Road
Southwark St.
Sumner St.
Bear Gdns
Tooley St.
St. Thomas St.
Union St.
Roupell St.
The Cut
Webber St.
Borough Rd
Borough High St.
Newcomen St.
Snowsfields
Long Lane
Great Dover St.
Westminster Bridge Rd
Baylis Rd
Kennington Road
St George's Road
London Rd
New Kent Rd
Lambeth Rd
Lambeth Walk
Brook Drive
Dugard Way
Old Kent Rd
Tower Bridge Rd
Kennington Lane
Kennington Park Road
Walworth Road
Camberwell Road
Albany Rd
St George's Way
Harleyford Rd
Camberwell New Road
Clapham Road
Brixton Road
Coldharbour Lane
Denmark Hill
Champion Pk
Champion Hill
Dog Kennel Hill
Herne Hill
Milkwood Rd
Loughborough Rd
Stockwell Rd
Peckham Rd
Camberwell Church St.
Grove Lane
0
500
1 000 m
0,5
1 mile
N

DE SOUTH BANK À BRIXTON

MUSEUM OF GARDEN HISTORY

1

Lambeth Palace Road, SE1
Tél. : 0207 401 8865 • www.museumofgardenhistory.org
Ouvert du mardi au dimanche de 10h30 à 17h
Des soirées de jazz sont parfois organisées dans le musée (voir www.museumgardenhistory.org/jazz pour les détails)
Droits d'entrée facultatifs : £3,50, tarif réduit : £2,50
Accès : métros Westminster ou Lambeth North

« Admirez un rare redresseur de concombres... »

Le Museum of Garden History (musée de l'histoire du jardin) est sans doute le musée le mieux situé de Londres, à l'intérieur de l'ancienne église de St Mary-at-Lambeth, elle-même au cœur de Lambeth Palace, résidence de l'archevêque de Canterbury depuis 1200. En face de Whitehall et de Westminster, sur l'autre rive de la Tamise, Lambeth Palace est le troisième sommet du triangle des sièges traditionnels du pouvoir britannique.
Le jardinage étant l'une des perversions les plus caractéristiques des Britanniques, il est logique que le premier musée du monde en la matière se trouve à Londres. Un nombre important de visiteurs ressemble d'ailleurs à des épouvantails...
Le musée a été créé par John et Rosemary Nicholson, après la découverte de la tombe des jardiniers royaux du XVIIe siècle, John Tradescant (père et fils), dans le cimetière.
Une grande partie de cette vaste collection est encore dans les réserves. Le reste est réparti en trois principales catégories : l'outillage, la documentation et la bibliothèque. La partie consacrée à la documentation est la plus intéressante : elle est constituée d'estampes, de photographies, de factures et de brochures. La collection d'outils dispose également de curieuses pièces comme un « redresseur de concombres » et un assortiment de nains de jardin.
Malgré sa petite dimension, le magnifique parc du musée comprend un jardin à motifs entrelacés à la manière du XVIIe. Ces compositions géométriques extrêmement soignées étaient généralement délimitées par des haies basses. On aperçoit aussi quelques tombes remarquables dans le cimetière, comme celle du capitaine tyrannique qui fomenta la mutinerie à bord du Bounty, « Breadfruit » Bligh.
À gauche du portail de l'église, une plaque commémore Brian Turbeville, un gentleman qui légua £100 à St Mary-at-Lambeth afin que chaque année deux garçons pauvres puissent faire leur apprentissage, à condition toutefois que l'église entretienne le monument, sinon cette somme serait confisquée. Il en était de même si l'argent revenait à « des ramoneurs, des bateliers, des pêcheurs ou, pis encore, des catholiques romains... »

LAMBETH PALACE GARDEN

Bien qu'il ait été divisé en deux afin de créer le parc attenant de l'archevêque en 1901, le jardin de Lambeth Palace demeure le deuxième jardin de Londres en superficie, après celui de Buckingham Palace. Lambeth Palace est ouvert au public à l'occasion de la fête annuelle de la paroisse et durant les journées portes ouvertes. Appelez le 0207 898 1191 pour connaître les heures d'ouverture.

DUCK TOURS
ESL·636

DUCK TOURS

2

Point de départ : Chicheley Street (SE1)
Bureau de réservation : 55 York Road, SE1, à une centaine de mètres du point de départ. Tél. : 0207 928 3132 • www.londonducktours.co.uk
Entrée : adultes £17,50, tarif réduit (jeunes de 13 à 15 ans, étudiants et retraités) £14, enfants (moins de 13 ans) £12, familles (deux adultes et deux enfants) £53
Accès : métro Waterloo

Excursions amphibies sur la Tamise

Non, hélas, il ne s'agit pas d'une visite de Londres guidée par un canard, ou à dos de canard – quel triomphe ce serait, si c'était possible ! Plus sobrement, mais de façon malgré tout très orginale, Duck Tours propose une excursion sur la Tamise à bord d'un véhicule amphibie nommé DUKW (d'où l'analogie avec l'anglais duck, canard) et conçu à l'origine pour le débarquement des troupes le 6 juin 1944.
L'excursion commence par le Parlement, Whitehall et Piccadilly avant de redescendre du côté de Buckingham Palace pour passer, le long des quais, devant l'abbaye de Westminster et la Tate Gallery. Le Duck traverse ensuite la Tamise à la hauteur de Vauxhall Bridge pour se diriger, au beau milieu du fleuve, le long du siège du Service de surveillance du territoire, avant de remonter vers l'aval en ronflant et en pétaradant jusqu'au cœur de Londres, et de rebrousser chemin. Une fois sur la terre ferme, les passagers sont rapidement débarqués devant Lambeth Palace et le véhicule regagne aussitôt le point de départ près du métro Waterloo.
À supposer que les tarifs d'une telle excursion ne vous affolent pas, c'est un excellent moyen de visiter le centre de Londres, surtout pour ceux qui ne sont jamais montés dans un véhicule amphibie. Les visiteurs de Londres, tout comme les autochtones, ne devraient en effet manquer aucune occasion de naviguer sur la Tamise, ne fût-ce que pour éprouver la force de ce « puissant dieu brun », comme l'appelle T.S. Eliot dans Quatre quatuors. En vérité, n'importe quel bateau peut faire l'affaire, mais l'avantage du Duck, c'est qu'en étant presque au ras de l'eau, on ressent davantage la force et la majesté de la Tamise.

MÉMOIRE DU SIÈCLE DE FELIKS TOPOLSKI 3

Hungerford Viaduct Arches 150-152, Royal Festival Hall,
Concert Hall Approach, SE1
Ouvert du lundi au samedi de 17h à 20h
Entrée gratuite
Accès : métro Waterloo

« Tu me fais froid dans le dos, tu es monstrueux, tu es sacrément génial. »

Feliks Topolski (1907-1989) était un peintre expressionniste polonais. Lorsqu'il arriva à Londres en 1935, il installa son atelier sous trois arcs d'une voie ferrée aérienne, derrière la South Bank, près de la station de métro Waterloo.

Onduleux comme un serpent, Mémoire du siècle a été ainsi peint le long d'un mur sur des panneaux de contreplaqué : c'est une espèce de chronique des événements qui, selon Topolski, ont marqué le XXe siècle, qu'il s'agisse de politique ou de vicissitudes personnelles (son père apparaît sur l'un des panneaux et le portrait idéalisé de sa mère est au centre d'un autre).

Cette série de tableaux s'étend sur 250 mètres. La gamme des sujets abordés n'est pas moins ambitieuse : du Blitz de la Seconde guerre mondiale à George Bernard Shaw, en passant par les Black Panthers et la famille royale. Topolski semble avoir rencontré et dessiné toutes les vedettes de son temps, grands hommes politiques comme le Mahatma Gandhi, Winston Churchill et Martin Luther King, ou acteurs de premier plan comme Alec Guinness et Laurence Olivier. Les panneaux s'élèvent jusqu'à la voûte humide des arceaux en briques, à plus de sept mètres, et cet espace évoque d'autant plus un cachot que d'étranges recoins et des ombres lugubres se reflètent dans l'œuvre. Comme l'a griffonné un admirateur dans cette galerie de graffiti en plein air : « Tu me fais froid dans le dos, tu es monstrueux, tu es sacrément génial. »

Le plus frappant dans cette œuvre est la prodigieuse qualité du dessin. Topolski était visiblement un de ces artistes qui dessinent sans arrêt et à toute vitesse. Certains portraits virent parfois à la caricature mais on ne peut qu'admirer la fluidité de son trait et la force qui se dégage de la dimension épique de l'ensemble.

L'atelier de l'artiste a été préservé in situ : ce qui a l'air d'un dépotoir dans un coin est sans doute le matériel qu'il utilisait pour réaliser son œuvre.

À sa mort, en 1989, Topolski légua son Mémoire du siècle à la nation. Malheureusement, dans cet environnement froid et humide, la peinture murale s'est vite détériorée : certains panneaux, non protégés, ont d'autre part été couverts çà et là d'inscriptions. Par bonheur, la Caisse de la loterie nationale a récemment accordé un million de livres sterlings pour sa conservation.

VISITE DES COULISSES DU NATIONAL THEATRE ❹

South Bank, SE1
Ouvert du lundi au samedi, à raison de plusieurs visites guidées par jour.
Appelez le 0207 452 3400 pour réserver • www.nationaltheatre.org.uk
Entrée : £5, tarifs réduits : £4 et £13 pour deux adultes
et deux enfants de moins de 18 ans • Durée de la visite : 1h15
30 personnes au maximum par visite
Accès : métros Waterloo ou Embankment

« Les secrets du National Theatre

Conçu en 1976 par l'architecte Denys Lasdun (qui n'avait jamais construit de théâtre auparavant), cette énorme structure en béton est autant aimée que détestée.
Lasdun a fait en sorte que le dessin horizontal du bâtiment s'intègre au pont de Waterloo, l'une des terrasses s'encastrant même dans le pont, afin qu'on ait l'impression qu'un cordon ombilical relie, par-delà le fleuve, les théâtres du West End à ce mastodonte moderne.
Les trois scènes du National Theatre accueillent chacune deux spectacles par saison et attirent toujours beaucoup de monde mais hormis les étudiants en art dramatique, rares sont les gens qui profitent des visites que l'on organise dans les coulisses plusieurs fois par jour.
Des guides pleins d'entrain conduisent ainsi les visiteurs derrière les scènes, au risque de devoir lutter contre les éclairagistes et les ingénieurs du son qui mettent au point la représentation du soir. Vous apprendrez l'histoire de cette institution controversée, dont le premier directeur artistique fut Laurence Olivier, tandis qu'on vous guidera dans le labyrinthe des coulisses, avec ses couloirs, ses ateliers et ses studios où quelque 900 employés exercent leurs talents. Peut-être apercevrez-vous un bout du décor qu'on est en train de peindre pour le prochain spectacle, ou des feuilletés en caoutchouc confectionnés par les accessoiristes, ou encore l'orchestre sur le point de répéter : au National Theatre, la musique est généralement exécutée en direct.
Le National se donne également le luxe de disposer d'un service entièrement consacré au matériel de scène : de la manufacture d'armes à la menuiserie en passant par les costumiers et les portraitistes. Les décorateurs travaillent sur des maquettes, comme des architectes.
Alors qu'ils étaient à la pointe de la technologie en 1976, certains accessoires de scène semblent aujourd'hui archaïques. Dans le Lyttleon Theatre, la traditionnelle « tour volante » que l'on utilise pour déplacer les décors, les éclairages et les microphones, est toujours manœuvrée par 75 opérateurs spéciaux plutôt que par un ordinateur.
L'accessoire scénique le plus extraordinaire est enfoui tout au fond du Olivier Theatre : haut de quatre étages, avec 15 mètres de diamètre, l'immense « tambour tournant ».

La forme du Olivier Theatre s'inspire de l'ancien théâtre grec d'Épidaure.

Au rez-de-chaussée, près du vestiaire, se trouve la première pierre des fondations. C'est la reine qui la posa en 1951 dans un chantier près du Festival Hall, même si la construction fut retardée jusqu'en 1969 à la suite d'une série de problèmes de financement.

MÉDIATHÈQUE DU BRITISH FILM INSTITUTE 5

South Bank
Tél. : 0207 928 3535
www.bfi.org.uk/mediatheque
Ouvert le mardi de 13h à 20h et du mercredi au dimanche de 11h à 20h
Entrée gratuite
Accès : métro Waterloo ou Embankment

> ***Un juke-box cinématographique sur la rive sud***

Cachée derrière le café et les cinémas de l'ancien National Film Theatre, la médiathèque du BFI (British Film Institute) est boudée par la plupart des visiteurs.
C'est l'architecte David Adjaye qui a conçu cette élégante salle de projection en acier où 14 écrans plats sont gratuitement à la disposition de tous ceux qui désirent consulter les archives numériques du BFI : plus de 230 000 pellicules, des centaines d'heures de film et 675 000 émissions télévisées. Jusqu'à présent, cette prodigieuse documentation ne pouvait être visionnée que sur demande ou à l'occasion de projections spéciales. Tous les mois, à mesure que les archives sont numérisées, de nouveaux documents enrichissent la médiathèque.
Des films de propagande de la Première guerre mondiale aux débuts de la pornographie (Strip! Strip! Hooray!!!, 1932), c'est une vue d'ensemble éclectique de l'histoire de la Grande-Bretagne que fournit cette médiathèque à travers des séquences filmées qui couvrent plus d'un siècle. La catégorie Essentially British va du soixantième anniversaire de la reine Victoria en 1897 à la manifestation des suffragettes à Trafalgar Square en 1913, et du Tea Making Tips de 1941 aux incidents de Carnaby Street dans les années 1960.
London Calling vous fera découvrir les charmes cachés de la capitale et ses splendeurs d'autrefois. Dans The London Nobody Knows, qui date de 1967, James Mason accompagne les spectateurs dans les lieux les plus ésotériques de la ville, pour la plupart disparus à jamais. L'un des documents les plus importants pour nombre de spectateurs britanniques est encore un rêve qui s'estompe déjà : la finale de la coupe du monde de football de 1966.
Pour accéder à la médiathèque, il suffit de réserver un créneau de deux heures. Vous pourrez rester davantage s'il n'y a pas de queue, mais il est rare qu'on se bouscule devant les écrans. Le BFI devra quitter la South Bank en 2013, dès que le tramway commencera à circuler sur le Waterloo Bridge. Profitez-en pendant qu'il est temps.

AUX ALENTOURS :

POETRY LIBRARY 6

Tél. : 0207 921 0943 www.poetrylibrary.org.uk •
Ouvert du mardi au dimanche de 11h à 20h • Entrée gratuite.

Autre collection sous-estimée de la South Bank, cette magnifique bibliothèque possède le catalogue le plus complet de poésie moderne en Grande-Bretagne, avec plus de 95 000 volumes, revues, affiches et cartes postales.

The Ferryman's Seat
The Ferryman's seat, located on previous buildings at this site, was constructed for the convenience of Bankside watermen, who operated ferrying services across the river. The seat's age is unknown, but it is thought to have ancient origins.
Historic Southwark

THE FERRYMAN'S SEAT 7

Bear Gardens, Bankside, SE1

> *Un petit siège pour une longue histoire*

Non loin du célèbre Globe Theatre de Shakespeare, dans le mur d'un boui boui grec, on remarque un petit morceau de silex encastré dans la pierre. Selon la plaque récente qui figure au-dessus, il s'agirait du tout dernier siège de passeur de la rive sud (South Bank). Jusqu'en 1750, le London Bridge était l'unique pont qui traversait la Tamise au centre de Londres. Des *wherrymen* transportaient donc des passagers sur l'autre rive dans d'étroits canots nommés *wherries*. La South Bank était alors bordée de bancs de pierre sur lesquels ces passeurs attendaient que leurs embarcations soient remplies d'une clientèle tapageuse provenant non seulement des Rose et Globe Theatres, mais aussi d'arènes où avaient lieu des combats d'ours et de chiens, voire des bordels (surnommés, non sans malice, *stews* – étuves – parce qu'on y trouvait également des bains de vapeur) dont s'enorgueillissait ce faubourg répugnant de Southwark. Les passeurs devaient être minces, le siège étant assez étroit. Outre ce manque de confort, l'endroit n'était d'ailleurs guère agréable : les odeurs fétides des égouts s'y mêlaient souvent à la puanteur des tanneries environnantes.

LES COMBATS D'OURS : « UN PLAISIR BESTIAL ET FORT PERVERS ».

La rue s'appelle encore « Bear Gardens » en souvenir du Davies Amphitheatre, les dernières arènes de Bankside réservées aux combats d'ours (qui furent interdits en 1642). Très prisés à l'époque des Tudors, ces spectacles sanglants plaisaient autant aux voyous qu'aux courtisans. Samuel Pepys, un spectateur très assidu de Bear Gardens, y trouvait un « plaisir bestial et fort pervers ».

AUX ALENTOURS : 8

THE BLACK-FACED CLOCK (l'horloge au visage noir)

Borough High Street, SE1. En face du métro Borough.

Le tout dernier mur de la prison de Marshalsea forme aujourd'hui la limite nord du cimetière de St George the Martyr, où Little Dorrit se marie à la fin du roman du même nom de Charles Dickens. À l'intérieur de l'église, derrière l'autel, du côté est, un vitrail la représente en train de prier à genoux.

Le clocher de St George comporte quatre horloges, mais l'une d'elle – vis-à-vis de Bermondsey – est noire et n'est pas éclairée la nuit. Selon la légende, ce serait parce que les paroissiens victoriens de Bermondsey refusèrent de participer financièrement à l'installation de cette horloge.

L'OSSUAIRE DE CROSSBONES

9

Redcross Way, SE1
Accès : métro Borough
Office des morts à 19h le 23 de chaque mois : rendez-vous devant les grilles

Un cimetière « pour femmes célibataires »

Cette petite portion de terrain vague, qui sert aujourd'hui de dépôt aux transports publics londoniens, dissimule les corps de plus de 15 000 personnes, même si rien ne témoigne de leur disparition, l'endroit n'ayant pas été consacré.

Les archives les plus anciennes font état d'un cimetière pour « femmes célibataires » – des prostituées, en réalité –, avant qu'on ne commence à y ensevelir les pauvres. Il est vrai qu'elles exerçaient non loin de là, dans les *stews* (étuves), les bordels d'un quartier surnommé *The Liberty of the Clink* (littéralement : « la licence de la taule »), à Southwark, au sud du London Bridge. Ce faubourg étant hors de la juridiction du shérif de Londres, les Londoniens pouvaient légalement s'encanailler au théâtre, assister à des combats d'ours et se délivrer de leur turpitude.

En 1161, l'évêque de Winchester fut investi du pouvoir d'autoriser la prostitution et les maisons closes dans le Liberty, ce qu'il fit pendant 500 ans, jusqu'à ce qu'Oliver Cromwell condamne le quartier. Les prostituées du Clink étaient surnommées *Winchester Geese* (oies de Winchester), un des douteux euphémismes que les Londoniens attribuaient jadis à leurs consœurs. On peut encore citer dans la même veine : *trulls* (truites), *buttered buns* (petits pains beurrés), *squirrels* (écureuils) et *punchable nuns* (religieuses ébranlables). On n'avait pas le droit de les enterrer dans la paroisse du quartier, St Saviour, leurs péchés les condamnant à reposer dans une terre profane. Après la fermeture du Liberty, Crossbones accueillit les dépouilles des pauvres, mais on dut fermer le cimetière à son tour en 1853, faute de place.

Le site est aujourd'hui assez lugubre. Les grilles, en face du pub Boot and Flogger, se sont inopinément changées en une espèce de mémorial et ont été affublées de rubans et d'autres colifichets à la mémoire des morts. Un semblant d'office funèbre a lieu à 19h le 23 de chaque mois (rendez-vous devant les grilles).

AU THÉÂTRE DANS UN PUB

Il ne reste plus grand-chose du Liberty of the Clink : le nouveau Globe Theatre, reconstruit à l'identique, en est le meilleur souvenir.

Ce n'est toutefois pas le seul théâtre à ciel ouvert du quartier : on montait également des pièces au George Inn, à deux pas de Borough High Street, un pub érigé sur les trois côtés d'une cour, dont les larges balcons à doubles gradins offraient un emplacement parfait pour regarder les spectacles.

MISERATIONE
MERCEDE
REGULATIONS
THEATRE

L'ANCIEN AMPHITHÉÂTRE DE DISSECTION ⑩

9a St Thomas Street, SE1
Tél. : 0207 188 2679
Entrée : adultes £4,95, enfants £2,95
Ouvert du lundi au samedi de 10h30 à 17h
Accès : métro London Bridge

> **"Pour assister à des opérations sans anesthésie jusqu'en 1847...**

L'ancien amphithéâtre de dissection (Old Operating Theater) fut redécouvert par hasard en 1957, lors de la réparation des avant-toits de l'église St Thomas, à Southwark, sur l'emplacement original du St Thomas' Hospital. C'est le plus vieil operating theatre d'Angleterre encore en état .

Le grenier tenait lieu de réserve pour les herbes médicinales dont se servait l'apothicaire de l'hôpital : l'endroit est aujourd'hui occupé par un musée où l'on peut`voir une effroyable collection d'instruments chirurgicaux rudimentaires : ventouses, bistouris ou trépans, ces derniers servant à pratiquer une ouverture dans la boîte crânienne afin de « réduire la douleur ».

Cette singulière salle d'opération fut construite en 1822 à la suite de la promulgation d'une loi de 1815 qui obligeait les apprentis apothicaires à assister à des opérations dans les hôpitaux publics.

Auparavant, celles-ci avaient lieu dans la salle où le patient était alité, une épreuve dont le spectacle, digne de l'abattoir, devait glacer d'horreur, d'autant que l'espace était restreint. L'Operating Theatre était rattaché au service chirurgical des femmes, de façon à ce que les patients puissent être directement transportés par le passage transformé depuis en sortie de secours. Les étudiants s'entassaient dans les tribunes pour assister à des opérations pratiquées sans anesthésie jusqu'en 1847.

Les patients, qui provenaient généralement des classes les plus pauvres de Londres, se soumettaient de leur plein gré à cette torture, car c'était pour eux le seul moyen de recevoir des soins qu'ils n'auraient jamais pu se permettre autrement. Les riches, eux, se faisaient opérer à domicile, dans une relative intimité.

OPÉRATION À CŒUR OUVERT

Le chirurgien John Flint South a décrit le chahut qui régnait pendant les opérations : « Les élèves se tenaient derrière une seconde cloison, serrés comme des harengs dans un tonneau, mais incapables de garder le silence, car ceux du fond ne cessaient de pousser ceux de devant, eux-mêmes luttant sans cesse contre cette pression, au point d'en ressortir complètement épuisés. Et l'on entendait constamment crier « Heads, Heads », les têtes des élèves les plus près de la table obstruant la vue. »

L'Operating Theatre semble avoir été aménagé sous les combles de l'église afin d'étouffer les hurlements de douleur, qui devaient être impressionnants, en dépit de l'alcool et des bâillons.

LONDON'S LIVING ROOM

11

City Hall, The Queen's Walk, SE1
Tél. : 0207 983 4100
www.london.gov.uk/gla/city_hall
Ouvert un week-end par mois habituellement
Consultez le site web pour les détails. Accès limité aux autres parties de l'hôtel de ville (City Hall) du lundi au vendredi de 8h à 20h
Entrée gratuite
Accès : métro Tower Bridge ou London Bridge

> ***Une superbe sphère de verre panoramique pour une administration transparente...***

Quoiqu'on l'appelle parfois, non sans affection, la « testicule du maire », l'hôtel de ville de Norman Foster, achevé en 2002, est un immeuble remarquable. Quel symbole fantastique que cette sphère de verre pour une administration transparente !

Afin d'entériner la notion d'ouverture politique, des secteurs confidentiels du siège de la plus grande institution londonienne sont accessibles au public certains week-ends.

Le hall d'accueil, derrière la rampe en verre, abrite un espace d'exposition : l'espèce de tapis vert et gris plus que douteux qui recouvre le sol est en réalité une vue aérienne du grand Londres. Cette image de 16 x 10 mètres est constituée de 200 000 photos prises depuis quatre avions différents, à 1800 mètres d'altitude, et imprimées les unes à côté des autres sur des carreaux. L'ensemble représente plus de 1500 kilomètres carrés de surface urbaine : une carte si détaillée qu'il est possible d'y indiquer les principaux monuments et même certaines maisons. Il fallut trois ans pour que ce projet arrive à terme, mais l'on peut désormais parcourir Londres d'un bout à l'autre en quelques minutes.

Le cœur de l'hôtel de ville est une rampe en spirale de cinq cents mètres de long, telle une version asymétrique de la rampe du musée Guggenheim de New York, permettant de monter jusqu'au neuvième étage.

Au deuxième étage, la salle du conseil municipal, avec sa décoration grise et violette et les 250 places réservées au public qui souhaite assister en direct à l'administration de la ville, donne étrangement l'impression de flotter au-dessus de la Tamise.

Le bureau du maire est au huitième étage. Au neuvième se trouve la salle de séjour de Londres (London's living room), un cadre extraordinaire pour les ventes de charité, les inaugurations et les galas, avec une vue panoramique de la capitale à 360°. La vue est particulièrement spectaculaire après la tombée du jour, lorsque les lumières de la ville se mettent soudain à scintiller.

L'hôtel de ville a été ingénieusement conçu pour consommer 25 % d'énergie en moins qu'un immeuble traditionnel de bureaux : la chaleur produite par l'éclairage et les ordinateurs est recyclée tandis qu'un système hydraulique puise directement l'eau nécessaire au refroidissement de l'immeuble dans la nappe phréatique londonienne.

PRICES OF ADMISSION
(INCLUDING TAX)
FULL
STANDING
1/3
1/9
SEATS
GENTS
COMING

CINEMA MUSEUM ET LES ARCHIVES DE RONALD GRANT

12

The Master's House, 2 Dugard Way, SE11
Tél. : 0207 840 2200
www.cinemamuseum.org.uk
Ouvert sur rendez-vous
Entrée gratuite
Accès : métro Kennington

Au royaume des stars...

Le Cinema Museum possède l'une des collections d'images et d'objets relatifs au septième art les plus importantes du monde. Le musée se trouve opportunément au fond d'une impasse de Kennington, dans l'ancienne maison de correction de Lambeth, où un petit garçon de neuf ans nommé Charlie Chaplin et son frère Sidney furent « corrigés » en 1896.

Aujourd'hui, le lieu est rempli de projecteurs manuels, de panneaux de cinéma Arts déco, de programmes d'époque, de piles de revues remontant jusqu'à 1911, et d'environ cinq kilomètres de pellicules cinématographiques.

C'est à Ronald Grant, un septuagénaire juvénile mais réservé, qui avait une connaissance encyclopédique de l'histoire du cinéma, que l'on doit cette fabuleuse collection. Une passion qui remonte à son plus jeune âge, lorsqu'il tenait lieu d'assistant à un cinéma de quartier d'Aberdeen. Grant a accumulé depuis lors plus d'un million d'images, affiches ou photographies, les plus anciennes datant de 1895, l'année où les frères Lumières projetèrent les toutes premières « actualités » à Paris. C'est cette colossale anthologie de clichés et de portraits de stars qui permet au musée de se maintenir à flot, la plupart des images étant louées aux médias. Les archives sont classées par thèmes, des abattoirs aux ventriloques.

Ce sont surtout les objets qui ressuscitent les débuts du cinéma : les partitions de musique des films muets notamment, avec les paroles des chansons que l'on projetait sur l'écran pour que le public puisse chanter tandis que le pianiste jouait pendant l'entracte. On trouve aussi une machine à tickets de 1917 qui distribuait des jetons en métal dont la forme dépendait du tarif, afin que les ouvreuses puissent sentir la différence dans le noir. Ces mêmes ouvreuses utilisaient des vaporisateurs d'essences florales « afin de camoufler l'odeur des cigarettes et de mille imperméables mouillés le samedi soir ». Si certaines salles de cinéma pouvaient être luxueusement décorées, le public n'en était pas moins tapageur. Un vieil écriteau met ainsi les spectateurs en garde : No shouting or whistling allowed – applaud with hands only. In the interests of public safety please do not spit. *

Le Cinema Museum menaçant d'être exproprié, ne tardez pas à vous y rendre.

* «Il est interdit de crier ou de siffler. N'applaudissez qu'avec les mains. Par souci de sécurité publique, prière de ne pas cracher.»

Tous les quinze jours, les amis et les sympathisants du musée se réunissent dans la petite salle de projection (dont les sièges défoncés ont été récupérés dans plusieurs cinémas) pour regarder les trésors que Grant a sauvegardés.

FINAL LISTING
✓1. A TINY BUBBLE OF COMPLEXITY (FROM THE SEVEN WONDERS)
✓2. SUPERCOLLIDER — LARGE 3x3 SWDRAWING
✓3. FEILD OF HEAVEN, LONGSHOT MAGNET (FROM THE SEVEN WONDERS)
✓4. ONE NIGHT IN 496,000,000 — LARGE 4x3 SWD.
✓5. YET UNTITLED GAME BOARD) FEEDBACK LOOP
NATURE (WINDOW ON AN INFINITE CELLULAR BLANKET)
SIDEWAYS
(CORY'S CAD MODELS)
DRAWING (3X3 MATRIX)
PLANNER
2. WINDOW

CUMING MUSEUM

13

Old Town Hall
151 Walworth Road, SE17
Tél. : 0207 525 2345
www.southwark.gov.uk/DiscoverSouthwark/Museums/TheCumingMuseum
Ouvert de 10h à 17h du mardi au samedi
Entrée gratuite
Accès : métro Elephant & Castle

> ***Une peau de chat, un cœur de vache, la dent du roi Alphonse VI du Portugal...***

Le Cuming Museum mérite à peine le nom de musée : il n'est constitué que d'une salle remplie des plus belles pièces de la collection Richard Cuming.

La collection est on ne peut plus hétéroclite : elle relève aussi bien de l'archéologie que de l'histoire sociale britannique et étrangère, en passant par les arts décoratifs, la géologie et l'histoire naturelle, sans compter que l'on peut aussi y voir des tissus, des estampes, des pièces de monnaie, de la céramique et des objets étrusques et de l'ancienne Égypte.

Les excentricités sont, comme souvent, les plus intéressantes : on découvre ainsi la dent du roi Alphonse VI du Portugal, une peau de chat, un cœur de vache, un poisson, une dent de lait (molaire) ayant appartenu à un éléphant (nommé Roger) du jardin zoologique du Surrey, ainsi qu'une coiffe de dentiste, ornée de force canines et incisives. Tous ces articles furent achetés à Londres, Cuming n'ayant jamais voyagé à l'étranger.

Cuming était riche : sa fortune et son temps passaient entièrement dans cette collection qui n'avait pour lui rien de futile. Certaines pièces sont d'ailleurs fort belles, comme les bibelots égyptiens, parmi les premiers qu'on ramena en Angleterre, ce qui cautionne tout au moins leur provenance, mais l'ensemble tient nettement du bric-à-brac, sinon du cabinet de curiosité. La presse de l'époque le décrit comme un « British Museum en miniature », mais la collection est trop singulière et trop excentrique pour soutenir encore la comparaison.

S'il y avait environ 100 000 objets à l'origine, 700 seulement sont exposés. Presque tout le reste a été prêté à des musées. On remarquera enfin une superbe série de « Billys et Charleys », articles votifs médiévaux contrefaits au XIXe siècle que Richard Cuming acheta tout en sachant qu'ils étaient faux. Est également exposé le crâne qui passe pour le dernier objet qu'il aurait touché avant de mourir.

Une autre partie de l'immeuble où loge le Cuming Museum est réservée au musée de Southwark, lequel relate l'histoire de ce district qui mérite d'être exploré. Southwark est historiquement la première banlieue de Londres : Guillaume le conquérant la pilla en 1066 avant d'entrer dans la ville proprement dite, mais elle a toujours eu la réputation d'être misérable et décadente. Au-delà de l'enceinte fortifiée, Southwark était ainsi le lieu où se trouvaient les théâtres et les bordels et où les immigrés affluèrent.

CHUMLEIGH GARDENS 14

Burgess Park, à côté d'Albany Road, Camberwell, SE5
Tél. : 0207 525 1054 (parc) et 0207 525 1070 (café)
www.chumleighgardens.co.uk
Ouvert de 8h à 17h du lundi au vendredi, et de 10h à 17h le samedi et le dimanche. Le café ferme à 16h en hiver
Entrée gratuite • **Accès** : métro Elephant & Castle, puis autobus P3, 12, 42, 63, 68, 171 ou 343

« Un microclimat pour un jardin multiculturel »

Burgess Park est une étendue assez indéfinissable de pelouses luxuriantes, non loin des terrains vagues de Camberwell's Walworth Road. Enfoui derrière un complexe en L d'hospices couverts de lierre se trouve néanmoins un charmant « jardin multiculturel » qui rend hommage aux minorités ethniques du quartier.

Ce petit jardin clos, entouré de haies, constitue un microclimat favorable au développement d'une grande variété d'herbes aromatiques, de plantes à fleurs et d'arbres fruitiers provenant d'Orient, d'Afrique, des Caraïbes, d'Australie et des pays méditerranéens.

Au centre, comme un joyau dans un écrin, un jardin islamique a été conçu autour d'un bassin surélevé, pavé de carreaux bleus, au milieu duquel se déploie mollement un palmier.

L'endroit est sans prétention, fort paisible et extrêmement convivial : idéal, en somme, pour lire les journaux du dimanche tandis que vos enfants se précipitent sur les plantes vénéneuses.

Un café merveilleusement kitsch, dont les murs aux couleurs acides jurent avec des nappes ornées de fleurs et de fruits, des bouquets en plastique et des guirlandes d'étoiles électriques, donne sur le jardin. Affublée de lunettes rouges, un foulard à motifs autour de la tête, la non moins pittoresque Gill Manly sert toute la journée des petits déjeuners à l'anglaise, du pain à la banane fait maison et de délicieuses crèmes glacées.

Manly est par ailleurs une formidable chanteuse : les gens du quartier les mieux informés viennent écouter ses récitals de jazz dans le jardin le dimanche à 13h (si le temps le permet).

AUX ALENTOURS :

FIGURE N°3 ALLONGÉE EN DEUX MORCEAUX (sculpture d'Henry Moore) 15

Brandon's Estate, Cooks Road, SE11

Seuls les irréductibles admirateurs d'Henry Moore sont priés de s'aventurer dans le domaine de Brandon, à Kennington, un haut lieu du vandalisme. À l'abandon, au sommet d'une petite colline herbue, se dresse une sculpture d'Henry Moore que les résidents de Brandon Estate reçurent en guise d'hommage en 1961. Cette sculpture abandonnée dans un cadre si déconcertant, voire un tantinet sinistre, n'est pas sans charme, surtout au crépuscule, quand les lumières commencent à s'allumer dans les immeubles alentour.

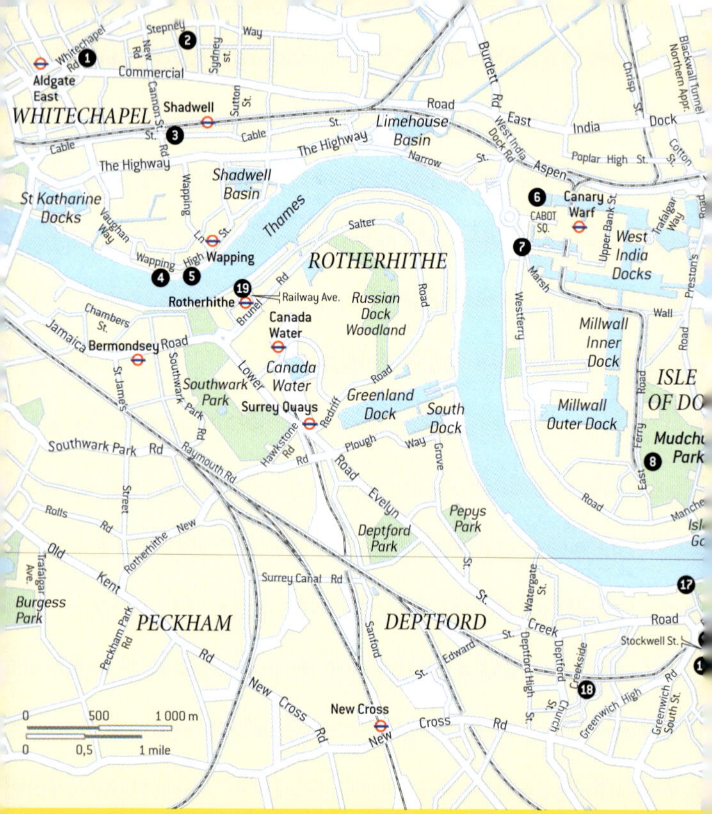

DE WHITECHAPEL À WOOLWICH

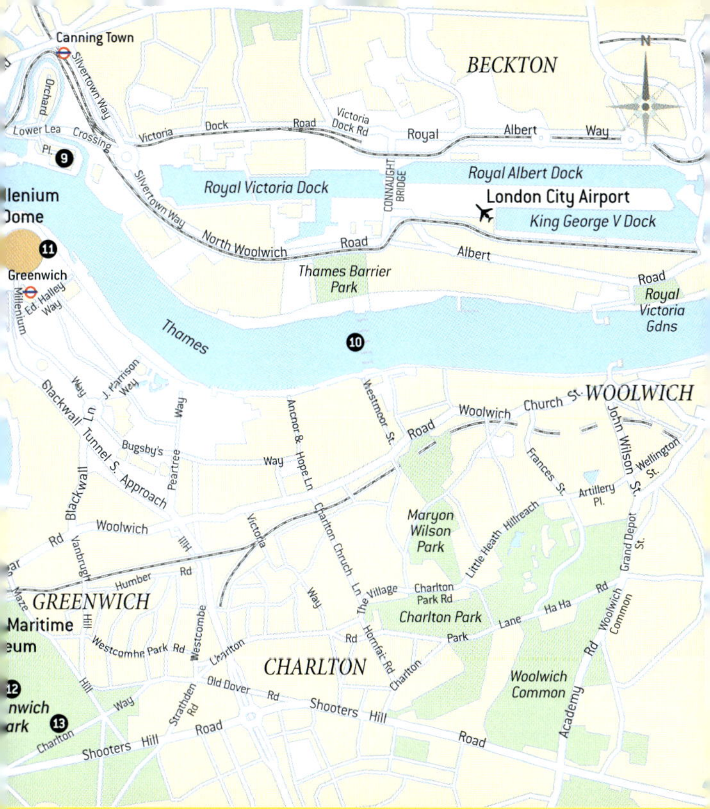
Canning Town
BECKTON
N
Silvertown Way
Orchard
Lower Lea Crossing
Pl.
9
Victoria Dock Road
Victoria Dock Rd
Royal Albert Way
Royal Victoria Dock
CONNAUGHT BRIDGE
Royal Albert Dock
London City Airport
King George V Dock
Silvertown Way
North Woolwich Road
Albert Road
Royal Victoria Gdns
Thames Barrier Park
11
Greenwich
Millenium
Ed. Halley Way
Thames
10
J. Harrison Way
Blackwall Tunnel S. Approach
Bugsby's Way
Peartree Way
Anchor & Hope Ln
Westmoor St.
Woolwich Church St.
WOOLWICH
John Wilson St.
Wellington St.
Frances St.
Artillery Pl.
Blackwall
Woolwich Rd
Vanbrugh
Humber Rd
Victoria Way
Charlton Chruch Ln
Maryon Wilson Park
Little Heath
Hillreach
Grand Depot St.
GREENWICH
Maritime
Westcombe Park Rd
Westcombe
The Village
Charlton Park Rd
Charlton Park
Charlton Park Lane
Ha Ha Rd
Woolwich Common
Hornfair Rd
CHARLTON
Old Dover Rd
Shooters Hill Road
Woolwich Common
Academy Rd
12
13
Strathden Rd
Charlton Way
Shooters Hill Road

LA FONDERIE DE CLOCHES DE WHITECHAPEL ❶

32-34 Whitechapel Road, E1
Tél. : 0207 247 2599 • www.whitechapelbellfoundry.co.uk
Boutique et musée ouverts du lundi au vendredi de 9h à 16h15
Visites guidées certains samedis à 10h et à 14h (les retardataires ne sont pas admis, ni les enfants de moins de 14 ans). Il est conseillé d'arriver un quart d'heure avant le début de la visite. Réservation à l'avance obligatoire ; attendez-vous à une liste d'attente
Entrée : £10
Accès : métro Whitechapel ou Aldgate East

« *Les plus vieux fabricants de Grande-Bretagne* »

La fonderie de cloches de Whitechapel (la plus vieille manufacture de Grande-Bretagne, en activité sans interruption depuis 1570) se trouve sur l'emplacement d'un ancien relais, The Old Artichoke, depuis 1738. Les pièces donnant sur la rue évoquent toujours un vieux pub, et les bureaux de l'entreprise occupent la plus belle d'entre elles.

Pour des questions de santé et de sécurité (on y travaille le métal en fusion), il n'est pas possible de visiter ces locaux lorsque la fonderie est en marche : les visites guidées n'ont lieu que certains samedis. On peut alors découvrir la fonderie dans l'état où l'ont laissée les ouvriers le vendredi soir. C'est en général le maître de forges qui accompagne les visiteurs, assurant ainsi une introduction détaillée aux arcanes de la fabrication des cloches.

Une fois par mois, quand la forge fond de grosses cloches (on ne fabrique le reste du temps que des clochettes et des carillons), l'odeur inquiétante du métal brûlant se répand dans tout l'édifice. Au plus fort de l'été, les ouvriers ouvrent parfois les volets du côté de Plumbers Row et l'on peut jeter un coup d'œil furtif à l'intérieur.

C'est en 1858 que la fonderie de Whitechapel fondit sa plus grosse et plus célèbre cloche, « Big Ben », qui pesait 13 tonnes et demie avant son érection.

« ET LA GARANTIE ? »

Il existe aussi une copie de la « Liberty Bell », fondue pour les colonies américaines en 1751, dont les fêlures sont célèbres. En 1976, l'année du bicentenaire des États-Unis, des membres de la Procrastinators Society of America manifestèrent devant la fonderie en brandissant des écriteaux où l'on pouvait lire : *What about the warranty ?* (Et la garantie ?). L'entreprise leur répondit qu'elle serait ravie de remplacer la cloche pourvu qu'on la lui rapporte dans son emballage d'origine.

AUX ALENTOURS :

L'EXPOSITION SUR ELEPHANT MAN AU ROYAL HOSPITAL MUSEUM ❷

Newark Street. Tél. : 0207 377 7608
www.bartsandthelondon.org.uk/aboutus/royallondonhospitalmuseum.asp
Ouvert du lundi au vendredi de 10h à 16h30. Entrée gratuite.

Le Royal Hospital fut la dernière résidence de Joseph Merrick, « Elephant Man », qui y mourut en 1890. L'hôpital dispose d'un petit musée avec une exposition sur Merrick, ainsi qu'une section consacrée à la médecine légale où l'on peut notamment voir des documents d'époque sur Jack l'éventreur, le Dr. Crippen et les meurtres de Christie.

13

AUX ALENTOURS :

LA PEINTURE MURALE DE CABLE STREET 3

Cable Street E1, au nord du cimetière de St George-in-the-East.
Accès : métro Shadwell ou gare de Shadwell par la DLR [Docklands Light Railway]

Au premier coup d'œil, la très belle composition murale de Cable Street évoque la peinture sociale du grand artiste mexicain Diego Rivera. Elle commémore la bataille de Cable Street de 1936. Vêtu d'une veste militaire noire, d'une culotte de cheval grise, chaussé de bottes, coiffé d'un chapeau noir à visière et muni d'un brassard rouge, Oswald Mosley était alors à la tête de l'expédition punitive que la British Union of Fascists (Union britannique des fascistes ou BUF) se proposait de mener dans le quartier de East End, où se concentrait la communauté juive de Londres. S'étant assuré la protection de la police, la BUF se sentait en sécurité, mais un grand nombre d'antifascistes, juifs, Irlandais, socialistes et communistes, se rendirent sur place en signe de protestation. Des barricades furent construites et l'on se traita de tous les noms, mais il n'y eut pas, à proprement parler, de combat de rue. La BUF dut néanmoins battre en retraite. Certains prétendent que cette protestation encouragea l'antisémitisme dans le quartier : le fameux pogrom de Mile End, qui visa bien plus violemment les juifs et leurs propriétés, eut lieu une semaine plus tard. Il n'en reste pas moins que cette peinture murale est superbe. Commencée en 1976, elle est l'œuvre de plusieurs artistes locaux qui l'achevèrent en 1993, non sans avoir eu longtemps maille à partir avec le vandalisme et les graffitis. Le dessin est très animé et transmet puissamment la brusquerie avec laquelle peut déferler une manifestation à grande échelle. En haut à droite, une hélice tournoyante fait écho aux autres tourbillons de la mise en scène : un homme lançant des tracts en l'air, des costauds s'élançant contre les barricades et des chevaux se retournant sur eux-mêmes dans un espace restreint. Un personnage en slip, qui ressemble fort à Hitler, est assez comiquement emporté dans les airs, loin de l'action.

VISITE DES GRAFFITIS LONDONIENS

Banksy est l'artiste dont les œuvres murales sont les plus visibles hors des galeries. Vous pourrez voir les plus beaux graffitis de la ville grâce aux excursions organisées par http://shellshock.bulldoghome.com.

AUTRES PEINTURES MURALES DES ENVIRONS DE LONDRES

Parmi toutes les œuvres murales de la capitale, Cable Street est sans doute la plus politique, encore que l'*Aube nucléaire* de Coldharbour Lane, à Brixton, où la Mort sème des bombes sur le monde, ne lui cède en rien, ou presque. Brixton est d'ailleurs riche en trompe-l'œil : que ce soient les enfants géants peints à l'arrière de l'Académie de musique [Stockwell Park Road], le marché sur un mur de la gare, ou encore les fleuves un tantinet nostalgiques que l'on peut voir au coin de Strathleven Road et Glenelg Road. Une autre peinture murale tout à fait remarquable se trouve à l'extérieur de la station de métro Stockwell, où un portrait de l'héroïque résistante française, Violette Szabo, domine l'aérateur de la bouche de métro. À Soho, vous découvrirez de drôles d'arbres à l'angle de Poland Street et de Noel Street, et des portraits de célèbres habitants du quartier au coin de Carnaby Street et de Broadwick Street.

EXECUTION DOCK

4

Wapping Old Stairs (près de Wapping High Street), Wapping.
Accès : gare de Shadwell par la DLR (Docklands Light Railway), puis 15 minutes de marche

> **« Une corde trop courte, afin que la victime « danse » en s'étranglant... »**

Considérée comme l'un des plus grands ports du monde, celui de Londres avait son lot de pirates en tout genre. S'ils ne mouraient pas de mort violente ou d'une maladie pittoresque (*vomito negro, gale*, scorbut ou hépatite), ils finissaient le plus souvent à Execution Dock (le quai des exécutions). Pendant 400 ans, des pirates furent en effet exécutés au bord de la Tamise, dans le quartier de Wapping, à un endroit suffisamment éloigné de la rive pour être toujours au-delà du niveau de la plus basse mer. Généralement, les condamnés étaient exécutés en public après avoir été conduits de la Marshalsea Prison à la tour de Londres en passant par le London Bridge. Ces pendaisons en masse avaient ceci de particulier que la corde était trop courte pour que les vertèbres cervicales fussent brisées par la chute, de sorte que la victime « dansait » en s'étranglant. Ensuite, on laissait les corps sur place jusqu'à ce que trois marées successives les aient recouverts. Les cadavres les plus célèbres étaient alors enduits de goudron et suspendus dans des cages le long de l'estuaire de la Tamise afin d'inviter les autres marins à se comporter décemment. Captain Kidd, qui a inspiré le personnage de Long John Silver dans *L'Île au trésor*, termina ainsi sa carrière. George Davis et William Watts furent les deux derniers pirates à être pendus sur les docks le 16 décembre 1830.

Le site originel est d'autant plus controversé aujourd'hui que le gibet a disparu depuis longtemps. Trois pubs, dans Wapping High Street, le revendiquent néanmoins pour attirer la clientèle : le Captain Kidd et The Prospect of Whitby – le plus vieux pub de Londres au bord du fleuve, anciennement *Devil's Tavern* –, mais il semble plus probable que les exécutions aient eu lieu derrière le *Town of Ramsgate*. En prenant la ruelle sur le côté, descendez les Wapping Old Steps : vous vous retrouverez face au lit du fleuve (attendez évidemment la marée basse).

ÊTES-VOUS AMATEUR DE MUDLARKING ?

Le *mudlarking* désigne l'activité consistant à récupérer des objets échoués sur les rives de la Tamise (d'après le nom d'un oiseau, *mudlark*, littéralement : « alouette de limon »).

L'ouverture annuelle de la plage en face de la tour de Londres est le moment fort du *mudlarking*, d'autant qu'elle coïncide avec la semaine nationale de l'archéologie. Sinon, on ira sur les quais de l'Embankment ou aux Pelican Stairs, ou rive sud, où l'accès est plus facile.

POLICE
STATION
20

THAMES RIVER POLICE MUSEUM

5

Wapping Police Station, 98 Wapping High Street, E1W
Tél. : 0207 275 4421
www.thamespolicemuseum.org.uk
Visite sur demande écrite au poste de police
Entrée gratuite
Accès : gare de Wapping par la DLR (Docklands Light Railway)

La première brigade de police du monde

C'est à Londres que l'on créa la première brigade de police du monde. Constituée en 1798, la police de la Tamise fut mise en place à l'instigation des comités de marchands et de planteurs des Indes occidentales afin de protéger leurs cargaisons contre les pirates.
À l'origine, la brigade comptait environ 50 membres : des marins, qui manœuvraient les bateaux à la rame, des experts, qui contrôlaient les cargaisons, et des inspecteurs, qui vérifiaient le déchargement des navires. Armés de couteaux, de pistolets et de matraques, ils devaient surveiller 33 000 ouvriers le long de la Tamise, dont un tiers étaient des malfaiteurs.
La police fluviale fut incorporée à la police métropolitaine de Londres en 1839. Elle est connue aujourd'hui sous le nom de *Marine Support Unit*, mais des vedettes ont remplacé les embarcations à rames et les inspecteurs luttent davantage contre le terrorisme que contre la délinquance. Un détachement de 78 agents continue néanmoins d'opérer depuis le poste de police original, dans Wapping High Street.
Le hangar où les bateaux étaient réparés a été réaménagé en un musée en 1974. Les visiteurs y ont droit aux commentaires avisés de Robert Jeffries, le conservateur, un policier fluvial à la retraite devenu guide officiel de la City.
Les vedettes à moteur furent introduites en 1878, après la catastrophe du *Princess Alice*, qui causa la mort de 640 personnes à la suite de la collision entre deux bateaux. La Tamise est aujourd'hui l'un des fleuves les plus propres d'Europe, mais à l'époque, la plupart des passagers moururent après avoir ingurgité des eaux d'égout. Le pavillon en lambeaux du navire est désormais exposé dans le musée, un cadeau du fils du capitaine, qui s'enrôla peu après dans la police fluviale.
Un des objets les plus remarquables de la collection est un registre manuscrit du XVIIIe siècle où sont décrits les crimes et les peines au jour le jour. À la première page de son carnet de 1894, un inspecteur relate la découverte d'une tête de bébé coupée dans la Tamise.

D'OÙ VIENT L'EXPRESSION POLICE STATION ?

L'expression *police station* viendrait de la position des bateaux de police : ceux-ci étaient ancrés (*on station*) à différents endroits le long de la Tamise. Quant à l'expression *on the beat* (en faction), elle viendrait du battement des avirons des bateaux de police.

ST. PETER
Yale

LA PÉNICHE DE ST PETER

6

West India Quay, du côté de Hertsmere Road, E14
Tél. : 0207 093 1212 • www.stpetersbarge.org
Offices le mercredi et le jeudi à 12h15 et à 13h15 et le dimanche à 18h. Ouverture occasionnelle les autres jours
Entrée gratuite
Accès : métros Canary Wharf et West India Quay ou gare de Canary Wharf par la DLR (Docklands Light Railway)

« L'unique église flottante de Londres »

Au sein de l'univers un peu particulier des bureaux de Canary Wharf, une institution solitaire s'efforce de convaincre tous ces employés survoltés de sacrifier à un autre autel que celui de l'opulence. « Nous sommes là pour le salut de milliers de nouveaux résidents à l'aise matériellement mais en faillite spirituelle », affirme le site web de St Peter's Barge (la péniche de St Peter), la seule église flottante de Londres. Amarrée au West India Quay, en face du musée des Docklands, cette ancienne péniche de transport a été achetée aux Pays-Bas par une association de marchands chrétiens en 2003. Une fois réarmée, on lui fit traverser la mer du Nord jusqu'à son emplacement actuel, l'un des derniers coins pittoresques de cet environnement urbain condamné à la modernité.

Alors que le nombre de résidents augmentait à Canary Wharf après le réaménagement du quartier en 1991, les associations chrétiennes se sont rendu compte qu'il y avait là une occasion de faire de nouveaux adeptes. Simple groupe d'étude de la Bible à l'origine, la congrégation est devenue de plus en plus importante : elle s'est d'abord installée dans un pub avant de se réunir dans une salle de prière œcuménique, jusqu'à ce qu'elle jette l'ancre sur ce quai en 2003.

Bien que cette église professe la foi évangéliste, elle est d'autant plus encline au prosélytisme qu'elle ne comporte que 110 fidèles. Résolument moderne, elle possède son propre blog, ainsi qu'un quiz radiophonique nocturne. La péniche est d'ailleurs aménagée comme un café, avec des guéridons et du café gratuit à volonté. On y célèbre un office à l'heure du déjeuner le mercredi et le jeudi, et à 18h le dimanche.

L'ORIGINE DU NOM DE CANARY WHARF

Jusqu'au milieu des années 1960, Canary Wharf était le centre d'un des ports les plus grands et les plus animés du monde. Au premier étage du centre commercial de Jubilee Place, une série de mosaïques réalisées par Emma Biggs illustre les importations exotiques que l'on stockait jadis dans les entrepôts du secteur. Tous ces produits – chapeaux en castor, peaux de python, tapis, café, plumes, cordages, tissus, carapaces de tortues, alcools et coquillages – reflètent l'évolution de la mode londonienne en fonction des destinations commerciales. Canary Wharf (le « quai des Canaries ») doit son nom aux fruits et aux tomates juteuses que l'on importait naguère des îles Canaries.

ISLE OF DOGS

UN ARBRE À FEUX ROUGES 7

Rond-point de Heron Quays, E14
Accès : métro Canary Wharf ou gare de Heron Quays par la DLR (Docklands Light Railway)

Quand l'art contemporain rend les automobilistes dingues

Dès la sortie de la station de métro Canary Wharf, si vous descendez le Heron Quay en direction de l'Isle of Dogs (l'île des chiens), vous distinguerez peut-être, à l'horizon, des lumières vertes, rouges et oranges qui scintillent dans la mer d'acier des façades en verre poli. Au milieu d'un rond-point tout à fait quelconque, au carrefour de Heron Quay Bank, Marsh Wall et Westferry Road, se dresse une structure de 80 mètres de haut où s'enchevêtrent 75 feux de signalisation qui clignotent au hasard.
C'est un artiste français, Pierre Vivant, qui a installé cet arbre à feux de signalisation en 1998, à la place d'un des trois platanes du rond-point que la circulation permanente avait fini par étouffer. En forme d'arbre, cette sculpture est un entrelacs de branches aux lumières clignotantes. Selon l'artiste, « le dessin mouvant des feux reflète le rythme ininterrompu des activités domestiques, financières et commerciales environnantes ». Ce dispositif peut affoler les automobilistes, mais pour les piétons qui prennent le temps de s'arrêter pour l'observer, son jeu rythmique de lumières est curieusement apaisant en regard de l'agitation qui secoue le secteur.

L'Isle of Dogs s'ouvrait directement sur la campagne jusqu'en 1800. Au XVIIe siècle, plusieurs centaines de marins chinois épousèrent des autochtones, donnant ainsi naissance au premier quartier chinois de Londres dans un secteur délimité par Limehouse, Pennyfields et West India Dock Road. Avec ses fumeries d'opium et ses maisons closes, il devint vite un quartier chaud où les Londoniens respectables n'osaient plus s'aventurer. Dans les années 1920, las de vivre dans des taudis, les résidents fermèrent définitivement les voies d'accès à l'Isle of Dogs en signe de protestation et se déclarèrent indépendants du reste de Londres.

AUX ALENTOURS :

LA FERME DE MUDCHUTE 8

Ouvert tous les jours de 9h30 à 16h30 • www.mudchute.org.
Accès : gares DLR de Mudchute ou d'Island Gardens.

La plus grande ferme urbaine de Londres se trouve au milieu d'un parc boisé de 15 hectares qui recouvre un ancien terrain vague attenant aux docks de Millwall. Les enfants pourront y prendre des leçons d'équitation, mais aussi faire connaissance avec des douzaines d'animaux de la ferme et une famille plus exotique de lamas. Le café sert de délicieux petits déjeuners à l'anglaise et des citrons pressés maison.

LONGPLAYER

9

Trinity Buoy Wharf, 64 Orchard Place, E14
www.longplayer.org / www.trinitybuoywharf.com
Ouvert de 11h à 16h le premier week-end de chaque mois
Entrée gratuite
Accès : par la DLR (Docklands Light Railway) jusqu'à la gare de East India Dock, puis dix minutes à pied ou bus 277

“ *Un dispositif musical destiné à durer un millénaire*

Longplayer est sans doute l'endroit où la célébration du millénaire s'est le plus prolongée. Situé dans l'unique phare de Londres, ce dispositif musical a été inauguré le 1er janvier 2000. Il diffuse des compositions exécutées par des sphères sonores et des gongs tibétains, que l'on a remixés numériquement afin que la même séquence de sons ne soit jamais répétée pendant mille ans. Le 31 décembre 2999, Longplayer reviendra donc à son point de départ, avant de recommencer. Et ainsi de suite, aussi longtemps que la technologie qui le fait fonctionner survivra ou évoluera, ou que des musiciens dévoués auront envie d'interpréter cette partition sans fin. C'est Jem Finer, un des membres fondateurs des Pogues, qui en eut l'idée. Il songe à présent à construire six platines de deux à quatre mètres de diamètre, munies de deux bras de lecture qui se lèveront et s'abaisseront automatiquement.

L'écoute de cette étrange musique envoûtante dans un phare désaffecté, d'où l'on peut voir les docks et le Millennium Dome au-delà de la Tamise, est un moment à ne pas rater. Le phare fut construit en 1864 afin de développer le système d'éclairage de Trinity House, une association fondée en 1514 pour la défense de la navigation et des marins. Le siège de l'association se trouve toujours dans la City (www.trinityhouse.co.uk).

CONTAINER CITY

Célèbre autrefois pour ses performances au-delà des limites de la technologie maritime, Trinity Buoy Wharf est aujourd'hui un centre de création expérimentale. Container City consiste en deux assemblages de conteneurs recyclés, dont les couleurs brillantes, les hublots et les parois en tôle ondulée dissimulent des résidences bon marché pour une communauté d'artistes et de designers. La plupart montrent leurs ateliers à l'occasion du week-end portes ouvertes. Quelques autres conteneurs insonorisés peuvent être loués comme studios d'enregistrement.

WAGON-RESTAURANT FAT BOY

Ouvert du lundi au vendredi de 10h à 17h et le samedi de 11h à 15h.
Tél. : 0207 987 4334
Souvent photographié pour Vogue, ce wagon-restaurant rouge chromé a été construit dans le New Jersey en 1941. Installez-vous sur un tabouret, sélectionnez quelques tubes dans le juke-box et attaquez-vous à un *fatburger* recouvert de moutarde et d'oignons frits. Comme le promet le menu : « coup de foudre assuré dès la première bouchée » (*love at first bite*).

8

LE BARRAGE DE LA TAMISE

10

Cette écluse est parfois fermée pour cause d'entretien
Appelez le 0208 305 4188 pour connaître les heures d'ouverture
Accès : métro Canning Town ou, par train,
de la gare Charing Cross jusqu'à Charlton

> **Quand les eaux commencent à gronder, réfugiez-vous sur les collines**

À une douzaine de kilomètres en aval de Tower Bridge se trouve le barrage de la Tamise, une rangée de dix portes mobiles destinées à protéger Londres lorsque le fleuve est en crue. Ces portes métalliques fonctionnent comme des ailerons ou des nageoires à contre-courant. Quand il fait beau, si on le considère du fleuve ou des berges, c'est un dispositif agréable à la vue dans cette partie de Londres par ailleurs décrépite. Large de 520 mètres, le barrage consiste en une série de portes à demi cylindriques, fixées au lit du fleuve, qui pivotent vers l'amont afin d'empêcher le trafic fluvial. Lorsqu'elles sont fermées, les quatre portes les plus grandes sont aussi hautes qu'un immeuble de cinq étages.
La nécessité de cette barrière semble échapper à la plupart des Londoniens qui préfèrent ne pas penser aux implications de sa construction. Il n'en reste pas moins qu'on a dû la faire fonctionner 90 fois depuis 1982, et il est prouvé que cette fréquence est en hausse. Le réchauffement de la planète et la montée du niveau des mers sont en partie responsables de la montée annuelle de la Tamise de six centimètres, alors que le déplacement des plaques tectoniques au milieu de l'Atlantique fait sombrer le sud-est de la Grande-Bretagne de 30 centimètres par siècle dans la mer, pendant que l'Écosse et le nord-ouest s'élèvent d'autant. L'ample embouchure de la Tamise et sa position à l'entrée de la mer du Nord rendent le fleuve vulnérable tout en déclenchant des marées. La construction d'une digue, *The Embankment,* a davantage entravé le fleuve en crue, comme en témoigne le niveau de la Tamise à marée haute, à la hauteur du pont de Blackfriars. Quand les eaux commencent à gronder, réfugiez-vous sur les collines.

Sur la rive sud, le Centre d'informations didactiques dispose d'une maquette animée du barrage, ainsi que de panneaux illustrant sa construction et la Tamise.

Il n'est guère aisé d'accéder au barrage. La plus belle vue que l'on puisse en avoir est le long de la Tamise, laquelle s'étend sur près de 300 kilomètres à partir de sa source dans le Gloucestershire. Rejoignez le chemin par le Cutty Sark à Greenwich et marchez le long du fleuve, dans le sens du courant, jusqu'au barrage, après le Millennium Dome. Continuez ensuite en direction de Woolwich, traversez le fleuve en prenant un bac ou un tunnel pour piétons : vous arriverez à la gare de North Woolwich, où vous pourrez regagner le centre de Londres.

SLICE OF REALITY ET QUANTUM CLOUD

11

Thames Path, à proximité du Millennium Dome
Entrée gratuite
Accès : métro North Greenwich

Sculptures déroutantes au bord du fleuve

Outre le désormais célèbre Millennium Dome, le gouvernement a débloqué des fonds pour encourager des artistes à développer l'art urbain dans le quartier. Deux des plus grandes réussites en la matière se trouvent juste au bord de fleuve : on peut les contempler à son aise depuis le Thames Path (ce chemin est plus facilement accessible de Greenwich même, moyennant un bref détour à pied parmi de nombreuses constructions industrielles en état de délabrement.)
Slice of Reality (tranche de réalité) est l'œuvre de Richard Wilson, un sculpteur ayant une prédilection pour les matériaux industriels. Son installation la plus célèbre s'intitule *20:50* et consiste en une pièce remplie à moitié d'huile de vidange, ce qui, au prime abord, peut paraître dérisoire, mais s'avère tout à fait déconcertant : on a tout simplement l'impression de s'enfoncer dans un miroir obscur et liquide. *Slice of Reality* est tout aussi ambitieux et troublant : l'œuvre est une coupe transversale d'un dragueur de 600 tonnes et de vingt mètres de haut, ancré dans le lit du fleuve. À marée basse, on jurerait que la sculpture va chavirer, car elle repose sur un tout petit socle. De près, l'effet est d'autant plus déroutant que cette « tranche » ne représente que 15 % du bateau. Un admirable mémorial du passé maritime de Londres.
La seconde sculpture, *Quantum Cloud* (nuage quantique), est l'œuvre d'Anthony Gormley, le créateur d'art urbain le plus en vue en Grande-Bretagne en ce moment. On croit d'abord que cette œuvre géante (30 mètres de long) représente un nuage formé de milliers de pièces creuses et carrées en acier. Mais dès que l'on fixe son regard sur le centre du nuage, le contour d'une forme humaine commence à apparaître. Le fleuve, comme toile de fond, est tout à fait judicieux : les cris des mouettes résonnent dans la sculpture, et ces échos, associés aux reflets et aux ombres de la Tamise, l'animent prodigieusement.

LE DOME : LA STRUCTURE À TOIT PLAT LA PLUS GRANDE DU MONDE

Le Dome vaut le détour, non seulement parce qu'il témoigne de la démesure de la vanité politique, mais aussi à cause de sa forme contemporaine. Conçu par Lord Richard Rogers, la « reine mère » de l'architecture britannique, il demeure la structure à toit plat la plus grande du monde. La station de métro qui le dessert, North Greenwich, avec son carrelage bleu, son décor vernissé et ses colonnes inclinées en béton, a été construite par Will Alsop ; elle mérite à elle seule d'être visitée.

CONTEMPLER LES ÉTOILES AU GREENWICH OBSERVATORY

12

Greenwich Royal Observatory, Blackheath Avenue, Greenwich Park, SE10
Tél. : 0208 312 6565 • www.nmm.ac.uk • Séances spéciales d'observation certains soirs tout au long de l'année. Réservation des places à l'avance, mais attention, les séances sont souvent vite complètes • Entrée : £15, tarif réduit £11 • Accès : gare de Cutty Sark par la DLR (Docklands Light Railway) ou gare ferroviaire de Greenwich

« Les secrets des étoiles »

Après un examen télescopique du ciel étoilé dans un planétarium ultramoderne, les visiteurs du Greenwich Observatory sont invités à grimper en haut d'une tour couronnée d'un dôme à bulbe. Comme l'écrivit E. Walter Maunder en 1900 : « Ce dôme, que l'on a comparé, d'après les stricts canons de l'école d'esthétique (…) au Taj Mahal d'Agra, à un ballon captif ou à une gigantesque échalote, abrite le plus grand télescope d'Angleterre, le "Sud-est équatorial" d'une ouverture de 71 cm. »

Cette œuvre astronomique de l'époque victorienne est aujourd'hui le septième télescope du monde. Conçu par Sir Howard Grubb en 1893, il fallut huit ans pour l'achever. Il pèse 1,4 tonne (l'objectif pèse à lui seul 102 kilos). Le télescope est incliné parallèlement à l'axe de rotation de la Terre de sorte que l'on puisse suivre les étoiles d'est en ouest rien qu'en faisant pivoter le support. Mais ce dispositif est moins ingénieux qu'il n'en a l'air, le support n'entrant pas à l'intérieur du dôme. En dépit de l'adjonction d'un système GPS, le télescope ne pivote qu'au prix de pénibles manœuvres des volets coulissants et d'acrobaties sur le plancher. Les premiers astronomes devaient ainsi souvent se coucher par terre pour regarder à travers l'objectif.

Le spectacle dépend évidemment de la saison et du temps, mais l'expérience en vaut la peine même si le ciel est couvert car deux astronomes enthousiastes, Tony et Greg, vous expliqueront les mystères du système solaire et astral en évoquant des noms qui font rêver, d'Aspidiske à Zubenelgenubi.

Pour passer une soirée en compagnie des astres, réservez sans faute votre place à l'une des *Evenings with* the Stars (soirées avec les étoiles) organisées par le Greenwich Observatory. Vous pourrez en outre profiter de la magnifique vue nocturne sur les tours de Canary Wharf et le London Eye, au loin, le parc de Greenwich fermant au crépuscule pour le commun des mortels,

LONGPLAYER : UN MORCEAU DE MUSIQUE QUI DURE 1000 ANS

En l'absence de visiteurs, on joue *Longplayer* dans le dôme, l'œuvre de Jem Finer (voir p. 253), un dispositif musical destiné à durer mille ans. Cette musique a été conçue pour dilater l'horizon temporel, de même que les télescopes éloignent l'horizon spatial.

LE LASER DU MÉRIDIEN

Point de départ officiel du nouveau millénaire, un rayon laser de couleur verte a été allumé au Royal Observatory en décembre 1999, afin de marquer le passage du premier méridien dans le ciel de Londres. Si la nuit est claire, on l'aperçoit à plus de 15 km.

LA BAIGNOIRE DE PRINCESS CAROLINE 13

Greenwich Park, près de la roseraie. Entrée du côté de Charlton Way
Accès : gare ferroviaire de Greenwich ou de Blackheath.

Une baignoire royale au passé scandaleux

En 1795, la princesse Caroline de Brunswick épousa son cousin Prinny, le prince régent (qui devint plus tard George IV).
Ce ne fut pas un mariage heureux. Prinny, qui avait épousé Caroline pour son immense fortune, était beaucoup plus intéressé par sa maîtresse, Maria Fitzherbert.
Le prince coureur de jupons commença donc à calomnier Caroline en prétendant que ses mœurs laissaient à désirer : elle ne faisait soi-disant que le tromper, ne se lavait jamais, changeait rarement de sous-vêtements et avait mauvaise haleine, mangeant ail cru et oignons à longueur de journée.
Après avoir mis une fille au monde, Caroline fut vite reléguée à Montague House, à Greenwich, où elle se consola en organisant des soirées échangistes et en prenant des amants.
Quand, lasse de la Grande-Bretagne, Caroline s'exila d'elle-même en 1814, Prinny fit démolir Montague House dans un accès de dépit.
L'emplacement de l'édifice fait aujourd'hui partie de Greenwich Park.
Entre le pavillon du garde forestier et la roseraie, il reste encore un petit vestige du palais de plaisance de Caroline : une baignoire encastrée, munie d'un escalier.

AUX ALENTOURS :

ANCIENNES ANCRES AU MARITIME MUSEUM 14

Au coin nord-est du musée maritime se trouve une collection d'anciennes ancres, chacune portant une petite plaque où est relatée leur provenance. S'y trouve notamment l'ancre datée de 1805 en provenance de la bataille de Trafalgar.

UNE PLAISANTERIE POUR INITIÉS 15

Hormis sa façade rose, E.M. Sabo, une vieille maison de la presse au n° 3 de Stockwell Street, n'a rien de remarquable. Néanmoins, en regardant de près les annonces écrites à la main exposées dans la vitrine, mêlées aux véritables annonces, on aperçoit quelques annonces fantaisistes pour un œuf au plat, un trophée usagé, un parachute « utilisé une seule fois, non ouvert » et une annonce couverte de taches d'encre pour un « stylo à plume flambant neuf », une affaire à £8.

THE FAN MUSEUM

16

12 Crooms Hill, Greenwich, SE10
Tél. : 0208 305 1441 • www.fan-museum.org
Ouvert du mardi au samedi de 11h à 17h et le dimanche de midi à 17h
Entrée : £4, tarif réduit £3. Gratuit pour les enfants de moins de sept ans, et le mardi, après 14h, pour les retraités et les handicapés
Accès : gare ferroviaire ou DLR (Docklands Light Railway) de Greenwich

Art miniature

Le Fan Museum (musée de l'éventail) de Greenwich est l'un des nombreux musées spécifiques de Londres qui reflètent la manie de collectionner des Anglais. Même si l'équivalent existe à Paris, il se flatte d'être le seul musée au monde entièrement consacré à tous les aspects de l'éventail, et notamment à sa fabrication, pour la bonne et simple raison que la forme de cet instrument est assez limitée. Il reste qu'on le présente ici comme un objet d'art miniature et que le bâtiment mérite à lui seul le détour.

Aménagée dans deux édifices classés de la période géorgienne (1721) que l'on a scrupuleusement restaurés selon les critères d'origine, la collection comprend plus de 3500 éventails provenant du monde entier. Anciens pour la plupart (du XIe siècle à aujourd'hui), ils datent surtout des XVIIIe et XIXe siècles, époque à laquelle on les fabriquait en très grande quantité, leur usage s'étant répandu dans toutes les couches de la société, au point que les fabricants d'éventails constituaient une corporation.

Elle existe toujours, même si ses membres représentent aujourd'hui l'industrie du chauffage central et de l'air conditionné, la demande d'éventails étant en nette diminution…

Outre leur aspect pratique, les éventails permettaient aussi de donner libre cours aux plus hautes formes d'expression décorative. Certains font référence à des allégories ou à des événements historiques : les victoires de Nelson sont l'un des thèmes les plus populaires des modèles fabriqués en série. Ils pouvaient aussi tenir lieu de panneaux publicitaires avant l'heure. À la demande du marché, les artistes les plus en vogue décorèrent des éventails : le musée en possède un décoré par Walter Sickert.

Le musée dispose d'une orangerie et d'un jardin japonais secret. On peut y prendre le thé les mardis et les dimanches à partir de 15h.

LE LANGAGE DES ÉVENTAILS

L'éventail n'a pas besoin de mode d'emploi. Au plus fort de sa gloire, c'est-à-dire au tournant du XIXe siècle, son usage était néanmoins régi par un code, dont témoigne la peinture de l'époque. Appuyer un éventail contre ses lèvres signifiait par exemple : « Je me méfie de vous. » Contre son cœur : « Je vous aime à en mourir. » S'abriter du soleil : « Vous êtes trop laid. » L'agiter de la main gauche : « Ne faites pas la cour à cette femme. » Allez donc visiter le musée, achetez un éventail et rétablissez cette belle pratique oubliée !

LE TUNNEL PIÉTONNIER DE GREENWICH 17

Cutty Sark Gardens, Greenwich / Island Gardens, Isle of Dogs
Ouvert 24h/24
Entrée gratuite
Accès : gares DLR d'Island Gardens ou de Cutty Sark

Un tunnel piétonnier surréaliste sous la Tamise

Le Greenwich Foot Tunnel (tunnel piétonnier de Greenwich), un passage piétonnier reliant les Cutty Sark Gardens de Greenwich aux Island Gardens de l'Isle of Dogs, compte parmi les prouesses du génie civil londonien du XIXe siècle.

Recouvert de 200 000 carreaux lisses et blancs, qui lui valent, hélas !, une acoustique et une atmosphère de toilettes publiques, ce tunnel est accessible depuis 1902. Conçu par Sir Alexander Binnie, il avait pour objectif de soulager le service de ferry-boats utilisé par les banlieusards qui travaillaient sur les docks de l'Isle of Dogs.

Cette île marécageuse, guère peuplée autrefois, se développa en même temps que l'Empire colonial. A la fin du XIXe siècle, elle comptait 21 000 habitants. Des bateaux provenant du monde entier affluaient dans le nouveau bassin portuaire qui s'étendait alors du Tower Bridge aux quais de Barking, faisant de Londres le plus grand port du monde. Tout cela a disparu depuis fort longtemps. L'Isle of Dogs a toujours la réputation d'être une des zones les plus difficiles de la capitale, mais les « Docklands » sont aujourd'hui synonymes de résidences pour cadres au service de la City à l'ouest et de Canary Wharf à l'est.

À chaque extrémité du tunnel, les entrées sont surmontées de coupoles vitrées. Des ascenseurs (fermés la nuit) et des escaliers en colimaçon permettent d'accéder à cette galerie souterraine de 370 mètres de long pour un diamètre interne de trois mètres environ. Les murs carrelés font résonner le tunnel d'une manière assez inquiétante, surtout si vous vous y glissez au beau milieu de la nuit (en tant que voie publique, il doit être ouvert 24h/24).

TRAVERSEZ GRATUITEMENT LA TAMISE EN FERRY

Greenwich Tunnel est en réalité le troisième tunnel construit sous la Tamise. Lorsque le Thames Tunnel, dessiné par Brunel, fut inauguré en 1843, on l'acclama comme la huitième merveille du monde.

Les rames de la East London Line l'empruntent aujourd'hui, mais il a longtemps été le lieu de prédilection de prostituées et de malfaiteurs qui se cachaient derrière ses arcades pour agresser les passants.

À environ cinq kilomètres en aval, le Greenwich Tunnel se dédouble au carrefour de Woolwich, entre Silvertown et Woolwich.

CREEKSIDE CENTRE

18

14 Creekside, Deptford, SE8
Tél. : 0208 692 9922
www.creeksidecentre.org.uk
Ouvert sur rendez-vous uniquement
Accès : gare ferroviaire de Deptford, ligne de Greenwich, gare de la DLR (Docklands Light Railway)

Un refuge marécageux pour les oiseaux et les bateaux

Le centre d'instruction de Creekside semble avoir échoué sur les berges de la Tamise avec le bois mort qu'emporte le courant. Juste à côté de Ha'penny Hatch, au bord de Deptford Creek, cette vitrine d'architecture fluviale renouvelable a été créée afin que l'opinion publique prenne conscience de l'environnement exceptionnel dont dispose ce bras mort du fleuve. Deptford Creek est en effet le lieu d'arrivée des marées du Ravensbourne, un des affluents de la Tamise, et l'un des derniers qui n'aient pas été aménagés au bénéfice de l'expansion urbaine : le Fleet est canalisé par un égout sous Farringdon Road, le Westbourne passe par un aqueduc sous les quais de la station de métro de Sloane Square, et l'Effra se jette dans la Tamise par un conduit d'évacuation pluviale à proximité du quartier général du service britannique de surveillance du territoire.

Deptford Creek est à découvert, et chaque jour revivifié par la brusque montée de la marée : c'est grâce à cela, et à son emplacement au cœur d'un paysage industriel à l'abandon, qu'un véritable habitat naturel a pu s'y développer. Des cuissardes sont fournies aux visiteurs : à marée haute, le lit de la rivière se change en un chemin de boue noire de plus d'un kilomètre, où s'enfoncent des épaves et des carcasses de bassins de carénages. Des excursions y sont organisées par le personnel du centre, qui vous parlera à la fois de la vie sauvage et de l'histoire de l'affluent, passant ainsi du coq à l'âne, c'est-à-dire de l'épopée des tsars au cycle de reproduction des anguilles.

Une agréable atmosphère de décrépitude émane de la rivière, mais ce n'est qu'une impression car le secteur est envahi d'artistes qui occupent, selon les estimations, une centaine d'ateliers. Comme la plupart des quartiers de la rive sud, Deptford a toujours attiré les esprits les plus aventureux du monde de l'art, l'endroit étant bon marché et à l'abri des regards indiscrets. Il existe d'autre part une colonie de péniches aménagées, qui ont beaucoup plus l'air de bateaux de pirates que la flotte qui mouille à Chelsea.

Creekside regorge de vestiges et tout y semble possible.

On peut apercevoir, dans les parages, un des oiseaux marécageux les plus rares de la région, le *black redstart*. Les usines et les entreprises qui jalonnent l'affluent de la Tamise fournissent un environnement paradisiaque à cet oiseau qui aime faire son nid dans les centrales électriques, les réservoirs, les terrains vagues, les voies ferrées et les quais désaffectés.

THE BRUNEL MUSEUM

19

Railway Avenue, Rotherhithe, SE16
Tél. : 0207 231 3840
www.brunelmuseum.org.uk
Visites de nuit en métro : site
www.brunelenginehouse.org.uk/tours.asp
Accès : métro Rotherhithe

Visiter de nuit le tunnel sous la Tamise en métro

Isambard Kingdom Brunel, à qui l'on doit le Saltash Bridge - le pont suspendu de Clifton, à Bristol - et le Great Western Railway, est sans conteste l'une des plus imposantes légendes du génie civil. Le Brunel Museum est toutefois dédié à un autre Brunel – son père, Marc Isambard Brunel.

Brunel *senior* naquit en Normandie, et sembla tout d'abord destiné à entrer dans les ordres, avant d'intégrer l'école navale. En 1793, fuyant la Révolution française, il s'embarqua pour les États-Unis, où il devint l'ingénieur en chef de New York. Il s'installa en Grande-Bretagne en 1799, dans l'espoir de tirer parti des débouchés qu'offrait la révolution industrielle. Ce musée a été conçu autour de sa plus célèbre réalisation, le tunnel sous la Tamise.

La construction de ce tunnel de 406 mètres de long fut entreprise en 1825. Lorsqu'on en vint à bout dix-huit ans plus tard, on le célébra comme la huitième merveille du monde. Son élaboration est en effet d'une prodigieuse ingéniosité : on érigea tout d'abord une tour en brique, sous laquelle on creusa le sol, de sorte qu'elle s'enfonce de tout son poids et tienne lieu de doublure au conduit. Isambard dessina ensuite un bouclier de protection que l'on fit entrer de force sous la glaise du fleuve afin de réduire les risques d'effondrement.

Bien que le tunnel fût conçu à l'origine pour être utilisé par des chevaux, les rampes requises ne furent jamais construites par la compagnie, faute d'argent. Après un grand succès initial, le tunnel fut peu à peu boudé par le public et devint un des lieux les plus mal famés de Londres. On le reconvertit par la suite pour le métro : la East London Line l'emprunte toujours pour traverser la Tamise.

Des excursions en métro sont régulièrement organisées le long du tunnel. L'éclairage y est alors étudié pour que les voyageurs puissent voir clairement ses colonnes et ses chapiteaux doriques, qui comptent parmi les références incontournables de toute l'architecture londonienne du XIXe siècle.

Même si Marc Brunel fut anobli pour sa contribution au génie civil en 1841, c'est Brunel *junior* qui tient la vedette. Ses ouvrages ne sont guère nombreux à Londres, mais l'un de ses ponts en fer a été récemment découvert à l'intérieur d'un pont routier en brique qui enjambe le Grand Union Canal près de la gare de Paddington.

GREATER LONDON (NORD)

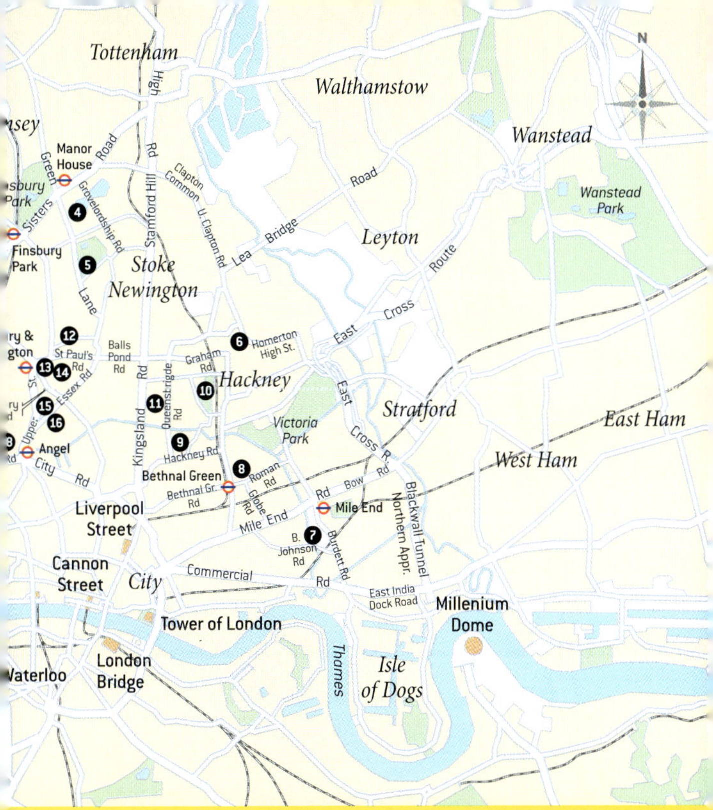
N
Tottenham
Walthamstow
Wanstead
Wanstead Park
Manor House
Green Road
Finsbury Park
Sisters
Gravelordship Rd
Stamford Hill
High Rd
Clapton Common
U. Clapton Rd
Lea Bridge Road
Leyton
Route
Stoke Newington
Lane
East Cross
Homerton High St.
Balls Pond Rd
St Paul's Rd
Essex Rd
Graham Rd
Hackney
Kingsland Rd
Queensbridge Rd
Victoria Park
East Cross R.
Stratford
East Ham
West Ham
Angel
City Rd
Hackney Rd
Bethnal Green
Bethnal Gr. Rd
Roman Rd
Bow Rd
Mile End
Globe Rd
Mile End
Liverpool Street
B. Johnson Rd
Burdett Rd
Blackwall Tunnel Northern Appr.
Cannon Street
City
Commercial Rd
East India Dock Road
Millenium Dome
Tower of London
Thames
Isle of Dogs
London Bridge
Waterloo

BURGH HOUSE

HAMPSTEAD MUSEUM

1

Burgh House
New End Square, NW3
Tél. : 0207 431 0144
www.burghhouse.org.uk
Ouvert les mercredi, jeudi, vendredi et dimanche de midi à 17h
Entrée gratuite
Accès : métro Hampstead

À la gloire du nord de Londres

Érigée en 1703, Burgh House est l'une des maisons les plus anciennes de Hampstead Town, un quartier périphérique de Londres très agréable.

Au XVIIe siècle, la station thermale de Hampstead Wells, alors au sommet de sa gloire, était réputée pour ses eaux nauséabondes mais riches en fer, qu'on disait idéales pour soigner certaines maladies mentales comme l'hystérie et la névrose, aussi répandues alors qu'elles le sont aujourd'hui.

Le Dr. William Gibbons, le médecin de la station thermale, habitait la Burgh House. Ses initiales sont gravées sur le portail en fer forgé, quoique la maison reçût le nom du révérend Allatson Burgh, un pasteur très impopulaire qui l'acheta en 1822.

Lorsqu'il en avait l'usufruit, Burgh négligeait sa maison au point de la laisser tomber en ruines. On la restaura dans les années 1970, avant de la louer au Burgh House Trust qui y créa un petit musée, à l'étage, où l'on peut approfondir l'histoire de Hampstead.

Quoique passablement encombré, il ne manque pas de charme et dispose notamment du premier film muet sur Londres et de meubles du Bauhaus provenant des appartements iconiques de l'Isokon. On y rend aussi hommage à des vedettes locales : John Constable, qui peignit la lande de Hampstead avant que des maisons ne commencent à cacher la vue, et John Keats, dont les odes sentimentales furent inspirées par les paysages sauvages des environs.

Au sous-sol de la Burgh House, un salon de thé a été aménagé. En été, on installe des tables dans le jardin.

À deux pas de là, dans Wells Passage, se trouve la source où l'on puisait la célèbre eau ferrugineuse de Hampstead Wells. La toponymie locale a gardé le souvenir de cette époque : l'eau malodorante était mise en bouteille dans Flask Walk (la promenade de la bouteille), et le passage le plus proche du bois s'appelle the Vale of Health (la vallée de la Santé).

AUX ALENTOURS :

NEW END THEATRE 27 New End • tél. : 0207 794 0022 2

Ken Russell, Steven Berkoff et Emma Thomson ont tous fait honneur à la scène de ce théâtre confidentiel qui encourage de nouvelles formes d'écriture. Construit en 1890, ce bâtiment était à l'origine la morgue de l'hôpital de New End, juste en face : un tunnel souterrain permettait de transporter discrètement les cadavres de l'autre côté de la rue.

2 WILLOW ROAD

❸

2 Willow Road, Hampstead NW3
Tél. : 0207435 6166
www.nationaltrust.org.uk
Horaires d'ouverture variables : consultez les derniers détails sur le site web
Entrée : £4,90, enfants £ 2,50, famille £12,30
Accès : métro ou train à la gare de Hampstead

« Les Esquimaux et les Zoulous sont les seuls à bâtir des maisons autres que rectangulaires »

Surtout connu comme l'architecte de la Trellick Tower, une tour de logements sociaux -aujourd'hui classée - datant des années 1960 à l'ouest de Londres, , Erno Goldfinger, un émigré transylvanien, a construit son tout premier édifice à Hampstead. Il vécut avec les siens pendant près de cinquante ans dans cette maison basse et discrète.

Tout y est encore exactement tel que Goldfinger l'a conçu en 1939, et tel qu'il l'a laissé à sa mort en 1987 : des prototypes de poignées de porte sur son bureau aux haricots blancs à la sauce tomate de sa femme Ursula dans la cuisine. L'agencement astucieux et audacieux de l'endroit est d'autant plus fascinant qu'il permet d'accéder à la vie et à l'œuvre de l'architecte. Sa collection de peintures n'est pas moins impressionnante : des œuvres de Bridget Riley, Max Ernst et Marcel Duchamp ornent les murs à côté des toiles surréalistes d'Ursula.

Dans les années 1930, la banlieue rurale de Hampstead s'était substituée à Chelsea pour devenir l'épicentre d'une scène artistique de gauche très active. Lee Miller, Roland Penrose et Henry Moore allaient aux somptueuses parties de Goldfinger.

Des bénévoles enthousiastes proposent plusieurs visites par jour qui commencent par la projection d'une vidéo dans le garage. Un élégant escalier en colimaçon mène à un étage laqué de rouge. La palette cubiste de la maison – bleu nuit, tomate, moutarde, ocre brun – est curieusement apaisante, et le mobilier, dessiné par Goldfinger et certains de ses associés comme Ove Arup, semble toujours moderne. Quand elle fut érigée, la maison eut de très nombreux détracteurs. Goldfinger rétorqua que « seuls les Esquimaux et les Zoulous ne bâtissent que des maisons autres que rectangulaires », mais il dut recouvrir l'armature en béton d'un revêtement de briques pour qu'elle se fonde parmi les maisons géorgiennes du voisinage. Un des principaux opposants était le ministre de l'Intérieur, le conservateur Henry Brooke. L'ironie est que son fils, Peter Brooke, ministre de l'Environnement, prit ensuite possession des lieux au nom de la commission nationale des sites et monuments historiques, les enfants de Goldfinger ne pouvant payer les droits de succession.

JAMES BOND, IAN FLEMING ET ERNO GOLDFINGER...

Le fringant Goldfinger était manifestement insupportable, en dépit de son charisme et de sa générosité. L'antisémite Ian Fleming, le père de James Bond, le prit tellement en grippe qu'il nomma Goldfinger un de ses plus odieux personnages.

WEST RESERVOIR

4

Green Lanes, Stoke Newington N4
Ouvert tous les jours de 9h à 17h, et de 9h à 21h pendant l'été
Entrée gratuite. Les tarifs des cours de sports nautiques varient, consultez le site : http://homepages.rya-online.net/nlsail/ pour les détails
Accès : métro Manor House, ou autobus 141, 341 et 106

“ Faire du bateau à voile en pleine ville

Bien que Londres passe pour l'une des villes les plus humides du monde, le niveau des précipitations y est plus faible qu'à Madrid, Rome ou Dallas, ce qui n'empêche pas chaque résident d'utiliser en moyenne 155 litres d'eau par jour. Au XIXe siècle, la plupart des Londoniens ne disposaient que d'une fontaine municipale qui crachait un filet d'eau saumâtre pendant quelques heures par jour. Après plusieurs épidémies de choléra, de 1831 à 1833, on construisit à Stoke Newington les réservoirs est et ouest, qui firent également office de station d'épuration.

Des pierres du London Bridge que l'on a récemment démoli furent utilisées pour soutenir les fondations de ces réservoirs.

Curieusement, rares sont les habitants du quartier qui connaissent cet endroit idyllique au cœur d'une zone résidentielle assez banale de Hackney. Un sentier boueux entouré de prairies circonscrit le réservoir ouest où des cygnes et des mouettes descendent en piqué parmi des voiliers de toutes les couleurs. En 2001, à l'issue d'une longue campagne de défense des réservoirs contre les promoteurs immobiliers, on ouvrit dans l'ancienne station de pompage un centre de sports nautiques et d'éducation à l'environnement.

UN NOUVEL AFFLUENT PAS SI NOUVEAU QUE CELA

Dès le début du XVIIe siècle, lorsque le New River (le nouvel affluent) traversait le quartier, Stoke Newington a contribué à la fourniture d'eau potable à Londres. Techniquement, ce nouvel affluent vieux de près de 400 ans n'est pas une rivière, mais un aqueduc artificiel destiné à transporter de l'eau de source du Hertfordshire jusqu'à Londres (on l'utilise encore aujourd'hui). Les bons marcheurs pourront suivre son cours le long d'un chemin de 45 kilomètres, de Clerkenwell à la campagne.

AUX ALENTOURS :

LE CENTRE D'ESCALADE DU CHÂTEAU

5

Ouvert du lundi au vendredi de 14h à 22h, et les week-ends de 10h à 19h.
www.castle-climbing.co.uk • Tél. : 0208 211 7000.

Comme le suggère son nom, Green Lanes était autrefois une retraite rurale luxuriante. Lorsqu'on construisit la station de pompage de Stoke Newington, en 1856, il y avait très peu de maisons dans les environs. Les promoteurs immobiliers parvinrent à amadouer les résidents en conférant à l'immeuble principal l'apparence d'une forteresse médiévale.

Entrance this way

SUTTON HOUSE

6

2 & 4 Homerton High Street, Hackney, E9
Tél. : 0208 986 2264
www.nationaltrust.org.uk
Ouvert de 12h30 à 16h30 du jeudi au dimanche
Entrée : £2,80, enfants £0,70, familles £6,30
Accès : par le train jusqu'à Hackney Central ou Hackney Down, puis autobus

« La plus vieille maison de Hackney »

Avec ses sinistres HLM, ses grandes surfaces et ses innombrables fast-foods, Homerton n'attire toujours personne, en dépit de la spéculation immobilière dont est victime la capitale. C'est la partie la plus sombre de Hackney.

À l'époque des Tudors, Homerton était pourtant un quartier si prisé que des douzaines d'aristocrates y firent construire leur maison de campagne. Même Thomas Sutton, qui passait pour le roturier le plus riche de Grande-Bretagne, et qui fonda une chartreuse (voir p. 77), habitait à Homerton. Par erreur, cet édifice appartenant au patrimoine des monuments historiques porte le nom de Sutton : il habitait en réalité à côté, dans un hôtel particulier, démoli depuis.

Cette confusion est à l'image de Sutton House, dont le mélange de styles architecturaux reflète la succession hétéroclite des différents résidents depuis 1535. Le premier propriétaire, Sir Ralph Sadleir, secrétaire d'État de Henri VIII, possédait quinze hectares de jardins et de vergers attenants à « Bryk Place », comme on l'appelait alors, car c'était le seul édifice en briques d'un village qui ne comprenait que des maisons à colombages. L'endroit fut successivement occupé par un sénéchal, un marchand de soie, une école de filles (baptisée, non sans coquetterie, « Ladies' University of Female Arts ») et un club de loisirs pour hommes (surnommé, par euphémisme, « St John's Church Institute »), avant que la commission nationale des sites et monuments historiques ne l'achète en 1938. Malgré une période de squat par des punks dans les années 1980, la plupart des décorations de style Tudor ont survécu : pièces recouvertes de panneaux en chêne, cheminées sculptées, et une magnifique cour secrète. Le salon est la pièce la plus étonnante, avec ses murs lambrissés de 204 panneaux sculptés à la main il y a plus de quatre cents ans. Ces lambris disparurent à la fin des années 1980, mais furent revendus par la suite à la commission nationale des sites et monuments historiques.

Au début des années 1990, la commission a intelligemment restauré Sutton House de telle sorte qu'on puisse voir les différentes strates de son étrange histoire. Les fresques du XVIIe siècle peintes en trompe-l'œil sont nettement plus réussies que les peintures murales des punks, mais le contraste est rafraîchissant. La visite est également interactive : on peut soulever une latte du plancher pour découvrir des traces du passé, porter de fausses barbes et des costumes d'époque… Des artistes londoniens exposent régulièrement dans les salles tandis que la « Sutton House Music Society » y organise des concerts, qui vont de la musique de chambre aux percussions africaines.

RAGGED SCHOOL MUSEUM

7

46-50 Copperfield Road, E3
Tél. : 0208 980 6405 • www.raggedschoolmuseum.org
Ouvert de 10h à 17h les mercredi et jeudi, et de 14h à 17h le premier dimanche de chaque mois. Leçon victorienne à 14h15 et 15h30.
Entrée gratuite. Contribution conseillée pour la leçon victorienne : £2
Accès : métro Mile End ou gare de Limehouse par la DLR (Docklands Light Railway)

Un musée de l'école populaire

Si Tower Hamlets est de nos jours l'un des districts les plus pauvres de la capitale, à l'époque victorienne, la pauvreté s'étendait à perte de vue dans la banlieue est : des familles étaient entassées dans des appartements d'une seule pièce, et des gamins analphabètes couraient pieds nus dans les ruelles aux murs noircis par le charbon. Sur trois personnes que l'on enterrait, il y avait toujours un enfant de moins de cinq ans.

Quand Thomas Barnardo arriva à Londres en 1866 pour devenir missionnaire, une épidémie de choléra venait de ravager les quartiers de l'est. Il décida alors de fonder des écoles populaires afin d'assurer gratuitement l'éducation des enfants les plus pauvres.

Le musée consacré à ces écoles, le Ragged School Museum (musée de l'école populaire) est un vestige du temps de Dickens situé judicieusement dans Copperfield Road, au cœur de Mile End. Les enfants gâtés du XXIe siècle pourront s'y déguiser en Oliver Twist.

De 1887 à 1908, des dizaines de milliers d'enfants furent formés dans cette école, aménagée dans un ancien entrepôt, à côté de Regents Canal.

Aujourd'hui, le premier dimanche de chaque mois, une actrice vêtue d'un costume d'époque donne un cours « à la mode victorienne » dans une des classes d'origine. Des pupitres couverts de graffitis, munis d'un encrier, des ardoises et des bonnets d'âne participent à la reconstitution de cette leçon historique.

Au rez-de-chaussée, le petit musée de Tower Hamlets donne un bref aperçu historique des principaux monuments du quartier, comme la fabrique d'allumettes Bryant & May réaménagée en appartements de luxe, le Working Lads Institute, dont la mission était d'apprendre à de jeunes ouvriers à lire et à écrire, ou le Factory Girls Club, dirigé par des « chrétiennes raffinées » qui enseignaient aux jeunes filles les vertus de la femme au foyer pour en faire des domestiques. Des souvenirs du Blitz y sont également exposés, notamment des partitions dont les titres guillerets (In the Blackout Last Night par exemple) étaient destinés à remonter le moral des Anglais pendant la guerre.

Les repas gratuits étaient à l'origine du surencombrement des écoles populaires, même si la nourriture n'était guère ragoûtante : « Au petit déjeuner, pain et chocolat, tandis qu'au déjeuner, il fallait se contenter d'une soupe aux lentilles ou aux petits pois, agrémentée, à l'occasion, de riz, de pruneaux ou de haricots. » Menacé d'être démoli au début des années 1980, l'immeuble a été transformé en un musée à la suite d'une campagne de protestation des résidents du quartier. Barnardo est toujours l'une des plus importantes organisations caritatives de Grande-Bretagne.

LA CHAMBRE DE RESPIRATION DU CENTRE BOUDDHISTE DE LONDRES 8

51 Roman Road, Bethnal Green E2
Tél. : 0845 458 4716
www.lbc.org.uk
Entrée : tarifs et horaires variables, consultez le site web pour les détails
Cours de méditation du lundi au vendredi de 12h à 13h. Tarif : £1
Accès : métro Bethnal Green

Un village bouddhiste à Bethnal Green

Lorsque, à la fin des années 1970, une bande de hippies parvint à convaincre le grand conseil municipal de Londres (aujourd'hui disparu) de les laisser aménager une caserne de pompiers victorienne à l'abandon en un centre bouddhiste, les habitants du quartiers faillirent prendre les armes. Depuis, les agents immobiliers ont surnommé ce bâtiment en briques rouges (et ses diverses activités) le « village bouddhiste de Bethnal Green ».

Presque rien ne signale toutefois au passant que ce bel immeuble de cinq étages abrite deux communautés bouddhistes, une librairie et plusieurs salles de méditation. C'est seulement lorsque l'on s'engage dans Globe Road, au coin de la rue, que l'on aperçoit la fleur de lotus en métal richement ornée et la roue de la vie au-dessus de l'entrée latérale qui annoncent l'objectif du lieu : une forme de méditation et de plénitude spirituelle adaptée aux dures réalités de la vie urbaine du XXIe siècle.

Trente ans après son ouverture en 1978, le centre doit subir aujourd'hui d'importants travaux de rénovation. Lorsque ces travaux arriveront à leur terme, le centre disposera notamment d'un nouveau *breathing space* (chambre de respiration) : cette cellule destinée aux personnes en état de dépression ou de dépendance est une innovation que l'on doit au Dr Paramabandhu Groves, le psychiatre qui dirige le centre. « Nous souhaitons donner aux gens les moyens de traiter eux-mêmes leur santé mentale », explique Tim Segaller, responsable du *breathing space*. Le centre met également des ateliers à la disposition des écoles et des personnes ayant un parent handicapé ou un malade à charge, de quoi calmer les adolescents indisciplinés de Tower Hamlets. Bien que la plupart des adhérents appartiennent à la classe moyenne occidentale, le centre attire des gens de tous âges et de toutes provenances sociales qui aspirent tant bien que mal à trouver la paix. Les cours de méditation ne coûtent que £1 à l'heure du déjeuner (de midi à 13h, du lundi au vendredi). « Certaines personnes ne se représentent plus, d'autres passent régulièrement, mais rares sont ceux qui vont jusqu'au bout et deviennent bouddhistes à part entière », nous dit Tim Segaller. Si vous vous convertissez pour de bon, vous pourrez faire une retraite dans le Suffolk.

Juste à côté, The Wild Cherry, un café végétarien (241-245 Globe Road, tél. : 0208 980 6678), est en réalité une coopérative bouddhiste gérée par des femmes qui préparent d'excellents petits déjeuners le samedi à n'importe quelle heure de la journée.

Rhubarb.
makes lovely crumble!
~ yummy ~

W.C.s
CALVES

LA FERME DE HACKNEY CITY 9

1a Goldsmiths Row, E2
Tél. : 0207 729 6381
www.hackneycityfarm.co.uk
Ouvert du mardi au dimanche de 10h à 16h30
Entrée gratuite
Accès : autobus 26, 48, 55

« Ma famille et autres animaux »

Parmi les H.L.M. de Hackney Road, il existe un étonnant havre de paix à l'abri des pubs sinistres et des bouis-bouis aux odeurs de kebab : une exploitation agricole gérée principalement par des résidents bénévoles.
Alimentée en partie par un chauffage solaire et un combustible organique (à base d'huile de cuisine recyclée provenant du café et d'autres commerces des environs), Hackney City Farm (la ferme de Hackney City) est une entreprise écologique modèle. Même le café, Frizzante, ne distribue que des produits biologiques.
Dans la ferme, on peut prendre des cours d'agriculture et de jardinage, et il existe toute une gamme d'ateliers de botanique et d'artisanat. Tous les animaux de la ferme y sont réunis : moutons, chèvres, cochons, vaches et volaille. Larry, l'ânesse, a un énorme succès avec ses petits. C'est à 16h qu'il faut visiter la ferme, quand on donne à manger aux animaux.
On peut aussi adopter un animal : ce parrainage permettra de le nourrir pendant un an et vous autorisera à lui rendre quatre visites annuelles. Si vous n'avez pas les moyens de parrainer la bête entière, il est possible de n'en financer que la croupe ou le museau.
Au début du XIXe siècle, avant que la West's Brewery ne la rachète, cette zone était occupée par des agriculteurs et des maraîchers qui vendaient leurs produits à la City.

FERMES URBAINES

Il y a quinze fermes urbaines à Londres. La première, Kentish Town City Farm (www.ktcityfarm.org.uk), existe depuis 1972 et l'on y organise toujours des promenades à poney réputées. Signalons également la plus grande ferme urbaine de Londres, Mudchute (voir p. 251), sur l'Isle of Dogs ; Surrey Docks Farm (www.surreydocksfarm.org.uk), sur les quais de la Tamise, à Rotherhithe, avec son joli jardin d'herbes aromatiques et un forgeron à domicile ; Freightliners Farm (www.freightlinersfarm.org.uk), où l'on donne des cours d'apiculture ; et Brooks Farm (www.walthamforest.gov.uk/brooks-farm-leyton.htm), dont le cheptel comporte notamment un lama nommé Merlin.

AUX ALENTOURS :

MATCHES DE CRICKET À LONDON FIELDS 10

On joue au cricket à Londres depuis 1802. L'été, pendant le week-end, des rencontres d'amateurs débutent à 14h. Au cas où, par miracle, le temps ne serait pas couvert, les spectateurs peuvent s'abriter à l'ombre des platanes qui bordent le terrain, tandis que le Pub on the Park pourvoit aux rafraîchissements.

GALERIE ET MUSÉE DES CLOWNS

11

Holy Trinity Church, Beechwood Road Dalston, E8
Tél. : 0870 128 4336
www.clowns-international.co.uk
Ouvert de midi à 17h le premier vendredi de chaque mois
Entrée gratuite
Accès : autobus 243, 38, 149, 236

« Un musée dans l'église des Clowns

Depuis 1959, la Sainte-Trinité (Holy Trinity) est l'église londonienne des clowns. À l'intérieur, deux clowns affables (en civil) commentent pour les curieux la petite exposition permanente sur fond de musique guillerette de parc d'attractions.
La pièce rare du musée est un vitrail où sont décrites des scènes de la vie de Joseph Grimaldi (1778-1837), le roi des bouffons. Parmi les timbres, les dessins humoristiques et autres hommages aux clowns, se trouvent quelques références religieuses aux Holy Fools (pitres sacrés), une tapisserie où l'on peut lire notamment « Here we are fools for Christ» (nous sommes ici-bas des bouffons aux yeux du Christ), et la prière du clown. Ne manquez pas non plus la collection de portraits de clowns peints sur des œufs en porcelaine. Selon une tradition qui remonte aux années 1950, ces œufs sont de fidèles représentations des grimages personnels de chacun des clowns : une manière aussi amusante qu'opportune de breveter leur maquillage.
La majeure partie de la collection – qui devint trop imposante pour l'église – a été transférée au printemps 2008 dans un nouveau musée dans le Somerset.

UNE MESSE POUR LES CLOWNS

L'extraordinaire messe des clowns a lieu le premier dimanche de février. Parmi les fidèles endimanchés de la paroisse, des douzaines de clowns vêtus de toutes les couleurs, certains sur des échasses, se distribuent des claques et chahutent entre les prie-Dieu à coups de bulles de savon et de klaxon. Un des cantiques les plus prisés a les paroles suivantes : « *S'il advenait que, par orgueil, les sommets vertigineux du péché nous tentent, glissez sous nos pieds, Seigneur, une peau de banane bien gluante...* »

D'OÙ VIENT LE MOT MARIONNETTE ?

Au Moyen Âge, on utilisait des marionnettes dans les églises pour représenter à des fidèles analphabètes des scènes de la *Bible*. C'est de là que vient le mot *marionnette*, qui désigne une statuette de la Vierge, ou « petite Marie ».

QUI EST JOSEPH GRIMALDI ?

Joseph Grimaldi a été le premier à mettre au point plusieurs techniques de l'art clownesque moderne. Une plaque figure sur son ancienne maison, au n° 56 d'Exmouth Market, dans le quartier de Clerkenwell. Sa tombe est à l'abandon dans le petit parc sordide qui porte son nom à Islington. Suspendu aux grilles, un masque rend piteusement hommage à l'idole des clowns. Chaque année, en juin, on organise dans ce parc un festival très animé en son honneur.

NEW RIVER WALK

12

Canonbury, N1
Tél. : 0207 527 4953
Ouvert tous les jours de 8h au crépuscule
Entrée gratuite
Accès : gare d'Essex Road, métro Highbury & Islington

> ***Derniers vestiges de la source d'eau minérale de Londres***

Sans doute parce qu'il ne s'est développé qu'au début du XIXe, le charmant quartier résidentiel de Canonbury semble avoir conservé les agréments d'un havre champêtre, mais cossu. Dissimulé par des arbustes touffus et des saules pleureurs, un ruisseau continue de s'écouler entre les demeures exceptionnelles de Canonbury Grove.

Ce petit cours d'eau somnolent est l'une des dernières sections de Hugh Myddelton's New River, un aqueduc construit en 1613 pour diriger l'eau de source du Hertfordshire vers un réservoir de Myddelton Square, près des Sadler's Wells (voir p. 277 West Reservoir).

Bien que cet aqueduc fournisse encore 8 % des réserves d'eau potable de Londres, la plus grande partie du canal a été recouverte par l'expansion immobilière. Tracé en 1954 et entretenu depuis par des riverains bénévoles, New River Walk longe toujours le cours d'eau dans lequel on pompe en amont pour donner l'illusion d'un courant. Des hérons affamés et des canards dodus se laissent aller à la dérive sur ces eaux moussues et peu profondes qui serpentent sur près d'un kilomètre à travers des jardins odoriférants reliés par des passerelles en bois. Le cachet de la New River Compagny, est estampillé çà et là le long du chemin.

AUX ALENTOURS :

ESTORICK COLLECTION

13

39a Canonbury Square, N1 • Tél. : 0207 704 9522. www.estorickcollection.com
Ouvert du mercredi au samedi de 11h à 18h et le dimanche de midi à 17h.
Entrée £3,50, tarif réduit £2,50, gratuit pour les étudiants et les enfants. Accès : métro Highbury & Islington.

Entièrement consacré à l'art italien du XXe siècle, ce musée doit son nom au collectionneur américain Eric Estorick (1913-1993). Juste après la Seconde guerre mondiale, il s'installa en Angleterre où il commença à récolter des dessins de Picasso, Gris, Léger et Braque. C'est en 1947, pendant sa lune de miel en Suisse et en Italie, qu'il fit la découverte du futurisme : le mouvement le fascina tellement qu'il acheta presque toutes les œuvres de Mario Sironi. Peu avant sa mort, Estorick légua 80 œuvres d'art à une fondation d'utilité publique. Répartie dans les six galeries d'une maison de la période géorgienne, la collection comprend des œuvres d'Amedeo Modigliani, Giorgio de Chirico et Zoran Music.

CANONBURY TOWER

14

Canonbury Place, N1
Tél. : 0207 226 6256
www.canonbury.ac.uk
Ouvert à l'occasion de conférences ou sur rendez-vous
Entrée : tarif variable
Accès : métro Highbury & Islington

« Une bien curieuse résidence

Construite entre 1509 et 1532, la tour de Canonbury est le plus vieil édifice d'Islington. Son tout premier résident, William Bolton, le prieur de Saint Bartholomew, devait y avoir une vue imprenable sur Londres et les champs alentour. Érigée, dit-on, sur un chemin médiéval, cette tour de style Tudor domine toujours la ville jusqu'à la cathédrale St Paul et Alexandra Palace, mais ce sont les membres du Centre de recherche maçonnique de Canonbury (CMRC) qui profitent à présent de la vue, depuis qu'ils y ont élu domicile en 1998. Avec ses atours redoutables et sa prodigieuse histoire, elle convient parfaitement à cette organisation qui se consacre à « l'étude des traditions mystiques et ésotériques, et notamment de la franc-maçonnerie ».
On ne peut visiter la tour de Canonbury que si l'on assiste à l'une des conférences du CMRC sur la franc-maçonnerie et le mysticisme, mais Carole McGilvery, la sémillante directrice du centre, organise volontiers sur rendez-vous des visites passionnantes de l'édifice. Elle est intarissable sur l'histoire des anciens résidents, comme Thomas Cromwell, à qui Henry VIII offrit le manoir de Canonbury en 1539 pour avoir imaginé la dissolution des monastères, avant de le faire décapiter un an plus tard. Sir John Spencer, le très riche lord-maire de Londres, occupa Canonbury Tower de 1570 à 1610 : c'est lui qui commanda les boiseries qui recouvrent les salles Spencer et Compton du deuxième étage. Sir Francis Bacon, franc-maçon notoire, vécut pendant neuf ans dans la tour et il semble qu'il ait planté le mûrier dans le jardin de derrière.
Parmi les autres résidents célèbres citons encore Ephraim Chambers, qui rédigea la première encyclopédie en 1728, et l'écrivain et joueur Oliver Goldsmith, qui espérait échapper à ses créanciers dans la banlieue d'Islington.

Washington Irving, l'auteur de *Rip Van Winkle*, fut l'un des locataires de la tour. Il ne tarda pas à quitter les lieux quand il se rendit compte que sa propriétaire invitait des admirateurs surexcités à regarder par le trou de la serrure de sa chambre.

Au n° 6 de Canonbury Place et au n° 4 d'Alwyne Villas, qui appartenaient jadis au vaste domaine de Canonbury House, on peut encore voir le rébus de Bolton (voir p. 105 St Bartholomew the Greater) qui consiste en un éclair en forme de flèche (*bolt*) transperçant un tonneau (*tun*).

LITTLE ANGEL THEATRE

15

14 Dagmar Passage, Islington N1
Tél. : 0207 226 1787
www.littleangeltheatre.com
Ouvert à des horaires variables, selon les spectacles et les ateliers
Entrée : tarifs variables
Accès : métro Angel ou Highbury

« Un théâtre dont on tire les ficelles

Caché au fond d'une ruelle, derrière les cafés et les boutiques de mode de la très animée Upper Street, ce charmant petit théâtre en briques, avec sa porte toute bleue, a été spécialement aménagé à l'intérieur d'un ancien cercle culturel. On y monte des spectacles de marionnettes depuis 1961. Des adaptations de pièces de Shakespeare aux opérettes miniatures, il y en a pour tous les goûts, et aussi bien pour les adultes que pour les enfants, qui constituent la majorité du public. Des bancs d'église font face à une scène dont l'intimité vous plonge dans un univers fabuleux. Le théâtre dispose également d'une petite école où les enfants peuvent apprendre à fabriquer des marionnettes et les adultes à les animer sur scène.

THÉÂTRE FLOTTANT

Il existe, à Londres, un endroit encore plus insolite où l'on se consacre exclusivement aux marionnettes. Parmi les embarcations pittoresques de Regents Canal, vous n'aurez aucun mal à distinguer une péniche munie d'un auvent aux rayures rouges et jaunes. Fondée en 1982, la Puppet Theatre Barge est aujourd'hui le siège de la Moving Theatre Company qui, comme son nom l'indique, se déplace pendant l'été d'un quai à l'autre, le long de la Tamise, y compris à Richmond et à Kingston. De novembre à juin, cette péniche-théâtre est amarrée en face des n° 35 à 40 de Blomfield Road, dans Little Venice, W9. Tél. : 0207 249 6876 www.puppetbarge.com

AUX ALENTOURS :

LE MAGASIN GET STUFFED

16

105 Essex Road • Tél. : 0207 226 1364 • www.thegetstuffed.co.uk

La taxidermie – un mot d'origine grecque qui signifie littéralement « arrangement de la peau » – n'a plus la même cote qu'autrefois. C'est à l'époque victorienne que se répandit la mode des animaux empaillés, la Grande-Bretagne étant alors anxieuse de classifier le monde naturel tout en affichant les dépouilles de ses colonies exotiques. Cette minuscule échoppe d'Essex Road est bourrée à craquer d'animaux naturalisés dans les postures les plus singulières : de l'ours polaire géant sur le point de bondir à la tête de léopard, les babines retroussées sur des crocs menaçants. Les clients peuvent apporter leurs spécimens personnels (morts) pour les faire empailler, ou bien faire leur choix parmi un assortiment macabre de crânes, squelettes, insectes, trophées de chasse, poissons encadrés ou descentes de lit en peau de bêtes féroces. Fascinant, mais nous conseillons aux cœurs sensibles de s'abstenir.

DAY AND SONS
HEALTH FOR THE DUMB
REGISTERED
TRADE MARK
PURIFIED DRIFFIELD OILS.
ORIGINAL
UNIVERSAL MEDICINE
CHEST Price £2-4.
AWARDED NEARLY
100 GOLD AND
SILVER MEDALS.
FOR DISORDERS OF
HORSES, CATTLE
AND SHEEP.
DAY & SONS, CREWE, Ltd CREWE.

LES PUITS DE GLACE DE CANAL MUSEUM 17

12/13 New Wharf Road, N1
Tél. : 0207 7130836
www.canalmuseum.org.uk
Ouvert de 10h à 16h du mardi au samedi
Entrée : adultes £3, tarif réduit £2, enfants £1,50
Accès : métro ou gare de King's Cross

« L'histoire des voies navigables londoniennes

Jusqu'au grand gel de 1963, des péniches transportant toutes sortes de cargaisons parcouraient les canaux de Londres : avant l'avènement du chemin de fer, la navigation fluviale était le moyen le plus économique de transporter des marchandises sur de longues distances. Regent's Canal a ainsi été creusé au début du XIXe siècle pour relier le Grand Junction Canal de Paddington aux Docklands. À l'origine, les chalands étaient tirés par des chevaux, lesquels furent remplacés par un remorqueur à vapeur en 1826. Dans les années 1840, il fut question de transformer le canal en une voie ferrée, mais heureusement ce projet ne fut jamais mené à terme.
Aménagé dans une ancienne glacière où l'on stockait de la glace importée de Norvège avant la mise au point de la réfrigération, le Canal Museum est un petit musée à la fois original et désuet qui s'efforce de sauvegarder cette époque révolue. Hormis quelques curiosités plutôt ringardes – un faux cheval, des mannequins costumés –, on peut y voir une barge restaurée, décorée des traditionnels motifs «roses & castels», et jeter un coup d'œil au fond des prodigieux puits où l'on stockait jadis des centaines de tonnes de glace. De la terrasse au bord du canal, ne manquez pas la vue sur les grues et les passerelles où des tonneaux de Guinness étaient déchargés, de l'autre côté du bassin de Battlebridge, devant une usine d'embouteillage transformée depuis en immeubles de bureaux du dernier cri.

AUX ALENTOURS :

VISITES GUIDÉES DU TUNNEL D'ISLINGTON À BORD D'UNE PÉNICHE 18

Le Canal Museum organise de temps en temps des visites guidées du tunnel d'Islington, dans Regent's Canal. Long d'un kilomètre environ, cet inquiétant passage souterrain ne pouvait être parcouru qu'en s'aidant des pieds contre les parois boueuses, une technique de navigation surnommée legging. Les chaussures à clous des marins résonnaient tout au long du tunnel comme des applaudissements. Une lanterne, à la proue, éclairait cette manœuvre délicate.
La construction du tunnel d'Islington coûta près de £40.000 et il fallut recourir à des explosifs et à des chevaux. Après avoir inspecté le tunnel en 1818, le célèbre ingénieur Thomas Telford déclara : «Excellent travail, excellents matériaux, cette galerie souterraine est parfaitement droite.» Le tunnel d'Islington fut inauguré en 1820, lorsqu'on acheva Regent's Canal.

RUDOLF STEINER HOUSE

19

35 Park Road, NW1
Tél. : 0207 723 4400
www.rsh.anth.org.uk
Ouvert du lundi au vendredi de 10h à 18h
Entrée gratuite à la bibliothèque et au café, tarifs variables pour les conférences et les performances
Accès : métro Baker Street

« Le seul exemple d'architecture expressionniste à Londres

Avec sa façade grise, la maison de Rudolf Steiner, près de Regent's Park, semble à première vue être un immeuble de bureaux des années 1920. On distingue pourtant une porte et des fenêtres aux formes arrondies qui évoquent davantage une habitation troglodytique.

À l'intérieur, l'élément le plus spectaculaire est un escalier curviligne recouvert d'une peinture aux nuances pastel. Ses courbes sculpturales sinuent comme une artère jusqu'au cœur du bâtiment. C'est l'unique exemple d'architecture expressionniste à Londres, une architecture inspirée par la nature, dont les lignes fluides et convulsives sont censées produire un effet de mouvement et de métamorphose. Le philosophe Rudolf Steiner était l'un des premiers représentants de l'expressionnisme. Cet immeuble est dédié à ses enseignements. Réalisée par Montague Wheeler, président de la British Anthroposophical Society de 1935 à 1937, cette maison possède une petite bibliothèque, ouverte au public. Les surfaces sont recouvertes de lazure, une technique de laquage à base de pigments botaniques translucides. Outre des ateliers et des conférences sur le développement spirituel, des performances d'eurythmie ont lieu dans un théâtre spécialement conçu à cet effet. Dérivant d'un mot grec qui signifie « rythme harmonieux », l'eurythmie s'efforce d'interpréter le langage et la musique au moyen de gestes et de couleurs.

Lors de la rénovation de l'immeuble en 2008, on ajouta un café biodynamique. Bien avant que les fermes écologiques ne deviennent à la mode, Steiner fut en effet l'un des pionniers de l'agriculture biodynamique. Les poutres apparentes du café font penser au Goetheanum, l'extraordinaire maison-mère de l'anthroposophie, réalisée en Suisse par Steiner en 1914. Conçu à l'origine en bois, le Goetheanum brûla en 1922 et fut reconstruit en béton cellulaire.

QUI ÉTAIT RUDOLF STEINER ?

Rudolf Steiner (1861-1925) fit des études scientifiques et philosophiques à Vienne. Spécialiste de Goethe et de Nietzsche, il développa la science spirituelle de l'anthroposophie ou « sagesse de l'être humain ». Fondée en 1913, l'Anthroposophical Society examinait les affinités de la science avec la nature et de la matière avec l'esprit. Auteur de plus de 300 livres, Steiner appliqua sa discipline spirituelle à tous les sujets, de l'éducation à l'agriculture, la médecine et l'architecture. Aujourd'hui, son enseignement se perpétue dans les nombreuses écoles Steiner du monde entier.

BAPS SHRI SWAMINARAYAN MANDIR

20

105-119 Brentfield Road, Neasden, NW10 8LD
Tél.: 0208 965 2651 • www.mandir.org
Ouverture du temple : tous les jours de 9h à 18h
Principaux sanctuaires fermés de 12h15 à 16h les jours de semaine et de 12h30 à 15h30 le week-end
Entrée gratuite • **Accès** : métro Neasde

> ***Le plus grand temple hindou traditionnel en dehors de l'Inde***

Même si, au premier coup d'œil, on a du mal à le croire, cet édifice spectaculaire, à quelques mètres seulement de la triste et sinistre North Circular – la route périphérique qui fait le tour des banlieues nord de Londres –, est le plus grand temple hindou en dehors de l'Inde.
Inauguré en août 1995 par Sa Sainteté Pramukh Swami Maharaj, il a nécessité 5000 tonnes de roche calcaire bulgare et de marbre indien et italien, soit 26 300 pierres ciselées en Inde à la main par 1526 artisans qualifiés, puis transportées par bateau à Londres et érigées en moins de trois ans. Le temple comporte sept *shikhars* (ou pinacles), six coupoles, 193 colonnes et 55 types de dessins aux plafonds. Les divinités et les motifs illustrant la foi hindouiste recouvrent les murs, les plafonds et les fenêtres. Le cœur du *mandir*, ou temple, est constitué par les *murtis*, les images sacrées des divinités, que l'on révère comme des dieux vivants. Il y a 11 sanctuaires au total, et 17 *murtis*, dont Ganesh, Hanuman et Swaminarayan, à qui le temple est consacré. Les divinités sont rituellement honorées par des *sadhus* (moines) qui vivent dans le temple. Avant le lever du soleil, les *murtis* sont réveillées par les *sadhus* et les portes du sanctuaire s'ouvrent pour la première des cinq *artis* (prières) quotidiennes. Tout au long de la journée, on procède ensuite aux ablutions et à l'alimentation des *murtis*.

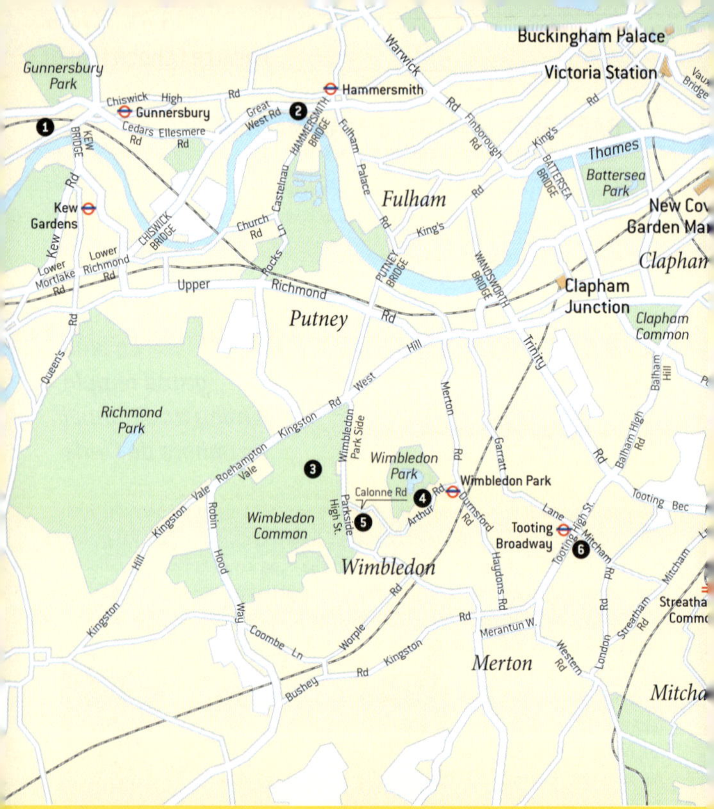

GREATER LONDON (SUD)

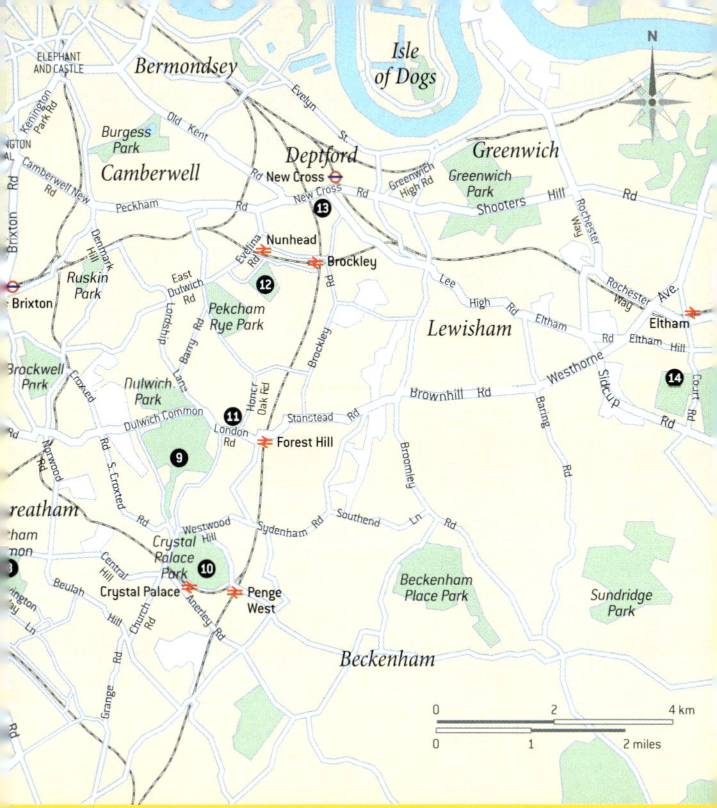
ELEPHANT AND CASTLE
Bermondsey
Isle of Dogs
N
Evelyn St.
Old Kent Rd
Burgess Park
Camberwell
Camberwell New Rd
Kennington Park Rd
Deptford
New Cross
New Cross Rd
Greenwich
Greenwich High Rd
Greenwich Park
Shooters Hill Rd
Rochester Way
Peckham Rd
Nunhead
Evelina Rd
Brockley
Brockley Rd
Brixton Rd
Brixton
Denmark Hill
Ruskin Park
East Dulwich Rd
Pekcham Rye Park
Lordship Lane
Barry Rd
Lee High Rd
Eltham Rd
Lewisham
Rochester Way
Eltham
Eltham Hill
Westhorne Ave.
Sidcup Rd
Court Rd
Brockwell Park
Croxted Rd
Dulwich Park
Dulwich Common
Honor Oak Rd
Stanstead Rd
Brownhill Rd
Baring Rd
London Rd
Forest Hill
Bromley Rd
Norwood Rd
S. Croxted Rd
Westwood Hill
Sydenham Rd
Southend Ln
Crystal Palace Park
Central Hill
Beulah Hill
Crystal Palace
Church Rd
Anerley Rd
Penge West
Beckenham Place Park
Sundridge Park
Beckenham
Grange Rd
0 2 4 km
0 1 2 miles
9
10
11
12
13
14

KEW BRIDGE STEAM MUSEUM
ENTRANCE GREEN DRAGON LANE

KEW BRIDGE STEAM MUSEUM

1

Green Dragon Lane, Brentford, TW8 • Tél. : 0208 568 4757 • www.kbsm.org
Ouvert de 11h à 17h du mardi au dimanche. Fermé le lundi, sauf les jours fériés.
Entrée : week-ends de la machine à vapeur « Cornish » : plein tarif £8, tarif réduit £7 ; week-ends de la machine à vapeur rotative : plein tarif £7, tarif réduit £6. Jours de semaine (les machines ne fonctionnent pas) : plein tarif £5, tarif réduit £4
Accès : gare de Kew Bridge (par la ligne South West, de la gare de Waterloo via Clapham Junction)

« Prouesses technologiques victoriennes »

Le musée de la vapeur, qui possède la plus grande collection au monde de machines de pompage, se trouve juste en face de Kew Gardens, de l'autre côté du fleuve. L'édifice abritait jadis la pompe de Kew Bridge : inaugurée en 1838, elle fonctionnait essentiellement à la vapeur et faisait partie d'un système qui alimentait l'ouest de Londres en eau potable.

Comme dans la plupart des musées industriels, les objets sont exposés d'une manière délibérément pédagogique et dans la première partie de l'exposition, le visiteur traverse des pièces où est détaillée l'histoire de l'approvisionnement en eau de Londres.

Les pièces consacrées aux machines à vapeur sont les plus intéressantes. La machine dénommée *la fin du danseur* (en l'honneur du domaine de Rothschild, dans le Hertfordshire, d'où elle provient) est revêtue d'une livrée rouge vif, tandis que la machine de Waddon est d'un beau brun chocolat.

La véritable vedette de la collection est la machine à vapeur *Grand Junction 90-inch Cornish*. Construite en 1846, ses proportions sont monumentales : le balancier pèse à lui seul 52 tonnes. À chaque poussée de piston, la pompe déplaçait 2142 litres d'eau. La machine en tant que telle est magnifique et le musée montre combien le goût victorien prônait l'introduction de formes antiques dans la technologie. La machine est soutenue par des colonnes doriques cannelées qui font écho à la forme des cylindres et de la soupape d'échappement. Le bâtiment lui-même a été peint en brun foncé, genre acajou, ce qui, joint à l'influence grecque, lui confère un air de temple : on voit de semblables boiseries à l'intérieur de nombreuses églises anglaises, notamment sur les tombes et dans les tribunes d'orgues.

Cette impression de grandeur arrive à son comble lorsque les machines fonctionnent : on se laisse aisément hypnotiser par la beauté de leur mouvement. Assurez-vous néanmoins des horaires d'activité sur le site web. Nous vous recommandons les week-ends de la machine à vapeur « Cornish » : non seulement la *Grand Junction* fonctionne, mais vous pourrez aussi monter dans la tour de la cheminée d'équilibre. C'est, du reste, grâce à elle que vous repérerez le musée au loin. Inspirée, semble-t-il, d'un clocher florentin (autre exemple de dessin industriel assimilant des formes anciennes), elle offre une très belle vue sur Londres.

KELMSCOTT HOUSE

2

26 Upper Mall, Hammersmith, W6
Tél. : 0208 741 3735
www.morrissociety.org/Kelmscott_House.html
Ouvert le jeudi et le samedi de 14h à 17h
Entrée gratuite
Accès : métro Ravenscourt Park

« La résidence de William Morris au bord de la Tamise

Le charme du petit musée qui fait office de siège social à la William Morris Society tient surtout à la beauté de l'édifice et à sa remarquable situation, dans une courbe de la Tamise, là où on commence à se croire à la campagne. Morris croyait fermement qu'au sommet de l'art, il ne pouvait y avoir qu'une belle maison, un beau livre illustré venant juste après dans la hiérarchie de la création. À Kelmscott House, où il passa les dernières années de sa vie et monta une maison d'édition (Kelmscott Press), ses deux passions furent réunies.
Kelmscott House est aujourd'hui une propriété privée. Seuls le sous-sol et la dépendance sont accessibles au public. Y sont exposés de nombreux dessins de Morris destinés à ses célèbres papiers peints, sa presse typographique et un très beau mobilier. On peut aussi y voir plusieurs photos de l'artiste. Des reproductions d'estampes de Morris sont vendues dans la boutique du musée.
Morris était un homme hors du commun – il mourut, dit-on, après avoir accompli plus de travaux que dix hommes réunis – et ces trois pièces rayonnent encore de l'enthousiasme qu'il mettait à être à la fois décorateur, artiste, artisan, écrivain et socialiste, en donnant à chacune de ses activités un cachet très personnel.
De l'autre côté du chemin se trouve The Dove, le plus petit pub d'Angleterre (1,5 x 2,5 mètres environ), avec une terrasse au bord de l'eau.

AUTRES LIEUX CONSACRÉS À MORRIS À LONDRES

La *William Morris Gallery*, (Lloyd Park, Forest Road, Walthamstow), située dans une des autres étonnantes demeures géorgiennes de l'artiste, dispose d'une collection bien plus importante de tapis imprimés, moquettes, papiers peints, meubles, vitraux et carreaux dont Morris réalisa les motifs, mais aussi d'œuvres d'Edward Burne-Jones, Philip Webb, Dante Gabriel Rossetti et Ford Madox Brown – bref, tous les préraphaélites. Les hommes (ou les femmes) de gauche pourront admirer la sacoche dans laquelle Morris transportait ses tracts socialistes. Le sommet de l'esthétique de Morris est *The Red House*, à Bexleyheath, une maison qu'il fit construire par son ami Philip Webb en 1859. Administrée aujourd'hui par la commission nationale des sites et monuments historiques, elle est agrémentée de merveilleux jardins où il fait bon pique-niquer. (Ouvert de 9h30 à 13h30 du mardi au samedi. Pour s'inscrire à une visite guidée, téléphoner au 0208 304 9878.)

WIMBLEDON WINDMILL MUSEUM 3

Windmill Road, Wimbledon Common, SW19
Tél. : 0208 947 2825 • www.wimbledonwindmillmuseum.org.uk
Ouvert de la fin de mars à la fin d'octobre, le samedi de 14h à 17h et le dimanche et les jours fériés de 11h à 17h
Entrée : adultes £1, enfants et tarif réduit 50p
Accès : métro ou gare de Wimbledon, gare de Putney ou métro East Putney, puis autobus 93

Un moulin où habita Baden-Powell

Comme la plupart des terrains communaux (commons) de Londres, ceux de Wimbledon étaient à l'origine destinés à l'agriculture. Le dernier vestige qui en témoigne est un moulin situé au coin nord-est.

Bien que les moulins à eau fussent nombreux au bord de la rivière Wandle, la communauté locale souhaitait produire sa propre farine. C'est pourquoi, en 1817, on donna à Charles March l'autorisation de construire un moulin à vent « à condition qu'il fonde et dirige une minoterie au bénéfice du voisinage ». Les meuniers étaient également censés surveiller les amateurs de duel, qui croisaient volontiers le fer sur le terrain communal.

On ferma le moulin en 1864 lorsque le comte Spencer décida d'y faire construire sa nouvelle demeure et de clôturer Wimbledon Common pour en faire son jardin privé. Naturellement, les habitants du quartier protestèrent. Le projet du comte fut suspendu grâce à la promulgation d'une loi, le Wimbledon & Putney Commons Act de 1871, qui restitua le terrain communal aux résidents. Le moulin fut réaménagé pour abriter six familles. Parmi les résidents se trouvait Lord Baden-Powell, le fondateur du scoutisme.

Le moulin a été depuis transformé en un petit musée. La grande roue à dents droites, qui permettait de le mettre en œuvre, se dresse dans le hall d'entrée. On y trouve aussi de très nombreuses maquettes de moulins et des dispositifs interactifs sur les opérations de meunerie. Les enfants peuvent s'exercer à moudre le blé, à soulever des sacs de farine ou à changer la voilure des ailes d'un moulin. Une échelle conduit à la tour d'où l'on peut voir le mécanisme fonctionner les jours de grand vent.

AUX ALENTOURS :

LE PUITS ARTÉSIEN D'ARTHUR ROAD 4

En 1763, le comte Spencer fit forer un puits artésien dans Arthur Road afin d'alimenter sa demeure en eau. Un mécanisme actionné par des chevaux pompait l'eau jusqu'à un réservoir situé au-dessus de la coupole. Le comte décida d'approfondir le puits en 1798, mais il fallut plus d'un an pour trouver une nouvelle nappe d'eau, et elle jaillit si violemment que les ouvriers faillirent mourir noyés. Cependant, le puits s'assécha vite et, en 1975, la tour fut transformée en une résidence privée.

BUDDHAPADIPA TEMPLE : L'UNIQUE TEMPLE THAÏLANDAIS D'EUROPE 5

14 Calonne Road, SW19 • www.buddhapadipa.org
Visites guidées le week-end de 9h à 18h.

CINÉMA GRANADA/GALA BINGO HALL 6

50 Mitcham Road, Tooting, SW17
Tél. : 0208 672 5717
Ouvert du lundi au samedi de 10h30 à 23h, et le samedi de midi à 23h
Entrée : réservée aux membres, mais l'adhésion est gratuite pour toute personne de plus de 18 ans. Téléphoner au Granada pour en savoir plus
Accès : métro Tooting Broadway

> ***La cathédrale de Chartres telle que l'aurait sûrement conçue l'architecte Liberace...***

Ce hall où l'on joue aujourd'hui, hélas !, au loto a été la première salle de cinéma de Grande-Bretagne à être classée en première catégorie : le niveau de conservation le plus rigoureux que puisse obtenir un bâtiment.
Si l'extérieur n'a rien de particulier, l'intérieur, en revanche, fait penser à la cathédrale de Chartres telle que l'aurait sûrement conçue l'architecte Liberace. Ouverte au public depuis 1931, la salle fut commandée par Sidney Bernstein, un Russe blanc exilé qui créa par la suite la chaîne de télévision Granada. Elle est l'œuvre de Fyodor Fyodorovich Kommisarzhevsky, un décorateur et metteur en scène russe qui fut brièvement marié à l'actrice Peggy Ashcroft.
Outre ses dorures massives, le foyer est bordé de miroirs gothiques et de fausses fenêtres à petits carreaux, avec de part et d'autre des escaliers circulaires en marbre. Tout cela est assez sobre par rapport à la salle de spectacle.
Sous un plafond à caissons, la scène est entourée d'arcades de cathédrale, de symboles héraldiques et de lustres en verre, en partie dissimulés à présent par les écrans et l'éclairage du loto. La décoration augmente à mesure que l'on approche de la rampe. Tout autour de la salle, les voûtes sont couvertes de peintures de style médiéval ; les fanatiques du loto n'en sont pas moins à leur affaire, les yeux rivés sur leurs cartes. On a l'impression qu'un casino de Las Vegas a été implanté au fin fond du sud-ouest londonien.
Le Granada était jadis le seul cinéma périphérique de Londres à avoir son propre orchestre de vingt instruments. Coiffées d'un haut-de-forme, une cape bleue à l'épaule, les sémillantes ouvreuses portaient des chemisiers en soie dorée, des pantalons bleus et des gants blancs, alors que les portiers étaient affublés d'un uniforme bleu à boutons de cuivre, avec des épaulettes dorées et une casquette à visière. Pour leur anniversaire, le cinéma offrait à tous ses clients une tranche d'un gâteau qui pesait plus d'une tonne. Les soirs de première, on pouvait refuser jusqu'à 2000 personnes, mais plus de trois millions de spectateurs étaient reçus chaque année. L'avènement de la télévision fit toutefois chuter leur nombre à toute vitesse, et le cinéma ferma ses portes en 1973. Il les rouvrit en 1991 pour accueillir les actuels joueurs de loto.

Frank Sinatra, les Beatles et les Rolling Stones ont tous chanté au Granada. L'orgue Wurlitzer d'origine est toujours là, mais ses tuyaux sont enfouis sous la scène.

BRIXTON WINDMILL

7

Un lopin de terre à Blenheim Gardens, SW12
Ouvert à l'occasion du week-end portes ouvertes et de la fête de l'association des amis du moulin (voir http://www.brixtonwindmill.org/events.htm)
Accès : métro Brixton, puis n'importe quel bus conduisant à Brixton Hill

> ***Vestige du Londres champêtre à proximité d'une prison tristement célèbre***

À l'ombre de la maison d'arrêt de Brixton, l'une des plus effroyables de Londres, une minoterie fut érigée en 1816, avant que la colline ne soit progressivement urbanisée au milieu du XIXe siècle. Le moulin à vent en tant que tel est purement utilitaire, mais le plus étonnant est qu'il se dresse au cœur de l'une des zones les plus peuplées de la capitale. À l'origine, ce n'était pourtant qu'un moulin en plein champ parmi d'autres : on a détecté jusqu'à douze emplacements dans les environs, avec la preuve que le grain y était déjà moulu au Moyen Âge. À mesure que la ville se développa autour de lui, les maisons firent obstacle aux vents dont il avait besoin pour fonctionner.

Il est difficile d'imaginer aujourd'hui Brixton comme une étendue de terres cultivées, même si la littérature moderne n'est pas dépourvue de références agricoles au secteur : dans la nouvelle de Conan Doyle *l'Escarboucle bleue,* Sherlock Holmes suit la trace du criminel jusqu'à une ferme où l'on élève des oies sur la colline de Brixton.

En 1862, les propriétaires transférèrent leur minoterie à Mitcham. On utilisa le moulin comme entrepôt jusqu'en 1902, avant de l'équiper d'une machine à vapeur qui lui permit de moudre encore le grain jusqu'en 1934. Il se trouve aujourd'hui au milieu d'un petit parc, non loin de la rue principale de Brixton Hill. Le visiteur s'aventure ainsi prudemment dans de petites rues résidentielles quand soudain, au détour de l'une d'entre elles, le moulin apparaît.

Londres continue aujourd'hui de s'étendre vers le sud-est de l'Angleterre – l'agglomération urbaine a de nos jours une superficie d'environ 1600 km^2 –, et il reste de moins en moins de traces du passé agricole de Londres.

La prison de Brixton est juste de l'autre côté du mur d'enceinte. C'est la plus vieille maison de correction de Grande-Bretagne (elle ouvrit ses portes blindées en 1820), mais aussi l'une des premières où l'on introduisit un régime de discipline en 1821. Réservée aux femmes à l'origine, ce fut ensuite un pénitencier militaire, avant de devenir un centre de détention provisoire.

Si vous êtes dans les parages, profitez-en pour jeter un coup d'œil au Windmill pub, non pas pour sa beauté (inexistante), mais pour ses concerts de rock alternatif. Ce pub a en effet depuis longtemps la réputation de mettre en scène des groupes sur le point de percer.

THE ROOKERY

8

Streatham Common South, SW16

Ouvert de 9h à 16h45 • Entrée gratuite • Accès : ligne ferroviaire de Streatham (20 minutes de London Bridge ou de Blackfriars). En sortant de la gare de Streatham, tournez tout de suite à droite et continuez tout droit jusqu'à Streatham Common. Montez au sommet de la colline : on aperçoit les murs de The Rookery du côté sud du terrain communal

« Des jardins à la française dans la jungle périphérique »

Il est peu probable que Streatham figure dans les guides. Bien qu'une grande variété de talents y ait vu le jour – à commencer par Bill Wyman, le bassiste des Rolling Stones, la top model Naomi Campbell, le méphistophélique Aleister Crowley (Streatham peut tout à fait vous rendre sadique), et William Mildin, comte de Streatham, 14e du nom, qui aurait été le modèle de Tarzan, ce n'est pas un endroit très agréable, alors qu'au XVIIIe siècle, Streatham était un havre de paix à proximité de la ville, où les belles maisons de campagne étaient légion.
The Rookery (littéralement « la colonie de corneilles »,) est un ensemble de jardins publics attenants au terrain communal de Streatham. Ouverts au public depuis 1913, ils faisaient autrefois partie d'une immense propriété qui fut démolie au début du XXe siècle.

Ces jardins - on ne peut plus classiques - « jurent », c'est le moins que l'on puisse dire, avec la banlieue environnante. Une série d'allées, dont une surmontée d'une pergola couverte de glycines, rayonnent des parterres centraux. Cette segmentation offre de nombreuses possibilités pour s'isoler : l'endroit idéal, en somme, pour une bonne partie de cache-cache. Les jardins descendent en pente douce d'une colline d'où la vue est remarquable, quoique gâtée par le sinistre centre-ville de Norbury.

Parmi ces jardins, on en trouve un dont toutes les fleurs sont blanches ; vous pourrez y pique-niquer à votre aise sur des tables (très rares dans les parcs de Londres) et vous asseoir sur un petit puits fermé. Le jardin s'inspire du parc de Vita Sackville-West, à Sissinghurst.

LES SOURCES DE STREATHAM

Le puits est tout ce qu'il reste des sources d'eau minérale qui attirèrent tant de monde à Streatham aux XVIIe et XVIIIe siècles : il était fréquent que des voitures remplies de parieurs assoiffés fassent la queue sur plus d'un kilomètre le long de la Streatham High Road. La reine Victoria, elle, ne devait certes pas attendre s'il lui venait l'envie de boire.

C'est en 1659 que l'on découvrit les pouvoirs salutaires de ces eaux, des ouvriers agricoles ayant fait l'expérience de leurs « effets purificateurs » : elles avaient la réputation de guérir toutes sortes de maladies, et notamment les rhumatismes, la goutte, la jaunisse, les crises de foie et la cécité.

SYDENHAM HILL WOODS

9

Accès : par train de la gare Victoria à Sydenham Hill (15 minutes)

Forêt, vie sauvage et maîtres anciens

Voici une balade qui vaut vraiment le détour ! En sortant de la gare de Sydenham Hill du côté de College Road, traversez la route et remontez le grand chemin jusqu'au sommet de la colline, où vous pourrez prendre une excellente collation à la Dulwich Wood House Inn. Une fois à la grille, prenez à gauche et marchez sur environ 500 mètres le long de Crescent Hill Road jusqu'à l'entrée de la forêt de Sydenham Hill. En bifurquant à gauche, vous descendrez en direction de la ligne désaffectée du chemin de fer du High Level que l'on construisit en 1865 afin de desservir le Crystal Palace (ou *Screaming Alice* dans l'argot rimé des Cockneys). En suivant la voie de chemin de fer à l'abandon sur environ un kilomètre, un détour par les bois environnants vous permettra de découvrir, selon la saison, des installations d'art contemporain en plein air et une chapelle en ruine. Un banc en travers du chemin indique des marches en bois sur votre gauche. Une clôture en métal sépare la forêt d'un terrain de golf où seuls les membres peuvent profiter de vues panoramiques sur la ville.

Suivez le chemin jusqu'à une vieille passerelle, franchissez la barrière en métal sur la gauche et descendez la Cox's Walk jusqu'au terrain communal de Dulwich. Tournez à gauche et, au bout d'un kilomètre, apparaît le portail en pierre de Dulwich Park. Un agréable café existe au milieu du parc. Continuez ensuite vers College Road pour visiter la très belle Dulwich Picture Gallery.

Vous pouvez soit revenir sur vos pas le long de College Road jusqu'à la gare de Sydenham Hill ou prendre Gallery Road sur la gauche jusqu'à l'entrée de Belair Park, et traverser le parc jusqu'à la gare de West Dulwich ou Thurlow Park Road.

LA DULWICH PICTURE GALLERY : LE PREMIER ÉDIFICE AU MONDE CONÇU DÉLIBÉRÉMENT POUR ABRITER UNE GALERIE D'ART

Construite par John Soane, la Dulwich Picture Gallery fut le premier édifice au monde conçu délibérément pour abriter une galerie d'art. On peut y voir une importante collection d'œuvres de Poussin, Claude, Rubens, Murillo, Van Dyck, Rembrandt, Watteau et Gainsborough, qui furent réunies à la hâte pour le roi de Pologne en 1790 en guise de collection nationale. Lorsque la Pologne fut effacée de la carte en 1795 à l'issue d'une série de guerres catastrophiques, la collection du roi redevint disponible et elle finit par trouver refuge à Dulwich en 1811.

LES DINOSAURES DU CRYSTAL PALACE

10

Sydenham Hill
Crystal Palace Park, SE19
Ouvert au public à partir de 9h30 jusqu'à une heure avant la fermeture du parc au crépuscule
Accès : en train de London Bridge jusqu'à Penge West ou de Victoria Station à Crystal Palace

> **Dinosaures grandeur nature apprivoisés autour d'une mare aux canards**

Œuvres du sculpteur Benjamin Waterhouse Hawkins, les dinosaures en ciment grandeur nature de Sydenham Hill sont l'un des témoignages les plus singuliers de la période victorienne à Londres. Ils furent construits en 1853, autour d'un étang, dans le parc de Crystal Palace.Conçus pour instruire le prolétariat britannique, les dinosaures annonçaient le darwinisme et indignèrent l'aristocratie, la haute bourgeoisie et l'Église anglicane. L'étude des dinosaures en était à ses prémices : le mot « dinosaure » ne fut en effet formé qu'en 1842 par Richard Owen, conservateur du Hunterian Museum, qui tint lieu de conseiller à Hawkins. Ce qui dut passer alors pour une fusion géniale de l'art dans la science semble un peu ridicule aujourd'hui – notamment l'idée que l'on ait pu apprivoiser ces animaux autour d'une mare aux canards. Ils ont d'ailleurs un air grumeleux assez improbable, même si, à la décharge de Hawkins, il ne devait être guère facile de modeler le ciment. Des années plus tard, et jusqu'en 2003, les dinosaures furent en partie envahis par la végétation : lorsqu'on se promenait autour de l'étang, on voyait ainsi soudain surgir des têtes en ciment de l'obscurité. L'installation a été complètement restaurée depuis lors, et on a repeint les animaux en respectant le plus possible leurs couleurs originelles. On a même ajouté deux nouveaux ptérodactyles à l'ensemble.

DÎNER DANS LE VENTRE D'UN IGUANODON

Le 31 décembre 1853, l'inauguration des dinosaures fut célébrée par un dîner dans le ventre d'un iguanodon encore en chantier, et l'on leva son verre en déclarant : « Ô sauriens et ptérodactyles, auriez-vous pu imaginer, durant vos réjouissances primitives, qu'une race allait venir habiter sur vos tombes… et dîner sur vos fantômes… »

Crystal Palace Park, à Sydenham Hill, fut spécialement conçu pour abriter le Crystal Palace, pièce majeure de la Grande Exposition de 1851 à Hyde Park, qui avait pour objectif de démontrer la supériorité industrielle, militaire et économique de la Grande-Bretagne. Trente millions de litres d'eau étaient déversés toutes les heures à travers le parc, certains jets d'eau dépassant même la colonne de Nelson. C'est également dans ce parc que l'inventeur John Logie Baird mit au point la télévision et que la première coupe de la British Football Association (FA) fut jouée en 1872. Lorsque le Crystal Palace brûla en 1936, la popularité du parc déclina mais les fantômes de son glorieux passé ne cessèrent de le hanter.

THE HORNIMAN MUSEUM ⓫

100 London Road, Forest Hill, SE23
Tél. : 0208 699 1872 • http://www.horniman.ac.uk/
Entrée gratuite sauf pour les expositions temporaires d'une certaine importance
Ouvert tous les jours de 10h30 à 17h30. Jardins ouverts du lundi au samedi de 7h30 au crépuscule, et le dimanche de 8h au crépuscule
Accès : 5 minutes à pied de la gare ferroviaire de Forest Hill ou 13 minutes de London Bridge

> ***Une sirène empaillée au milieu des instruments de musique...***

Ouvert depuis 1901, cet immeuble a été construit sur commande pour abriter la collection de Frederick John Horniman, un marchand de thé. Animaux empaillés, curiosités anthropologiques et instruments de musique : comme la plupart des collections de l'époque victorienne, cet assemblage en apparence excentrique n'est pas le fruit du hasard. Certains objets sont si insolites qu'ils méritent un détour au fin fond de Forest Hill.

Le morse empaillé est sans doute la pièce la plus célèbre du musée Horniman. C'est à partir de sa peau que les naturalistes reconstituèrent cet animal sans avoir la moindre idée de ce à quoi pouvait ressembler un morse. Et comme ils ignoraient que ce mammifère marin est très ridé, ils le bourrèrent tellement de paille qu'ils en firent une espèce de ballon affublé de défenses, dont les proportions sont celles d'une petite voiture. Heureusement, le musée n'a jamais corrigé cette bévue.

Les véritables trésors de la collection appartiennent toutefois à la section ethnographique, qui passe pour une des plus importantes de Grande-Bretagne, juste après celles du British Museum et de la collection Pitt Rivers à Oxford. Parmi les nombreuses et admirables statues africaines – plus de 22 000 pièces, une partie seulement étant exposée –, on remarquera, entre autres, les collections inventoriées de la Sua zaïroise et de la Hadza tanzanienne.

La plus belle section reste celle de la musique, complètement rénovée de 1999 à 2002. La pièce est tapissée de vitrines contenant des instruments du monde entier. Des panneaux interactifs permettent aussi d'écouter des enregistrements de chacun d'entre eux. Parmi les autres curiosités, signalons notamment une sirène empaillée (le croisement d'un singe et d'un poisson, œuvre d'un naturaliste pervers), une ruche en verre et une étonnante statue grandeur nature de Kali, la déesse de la Mort, qui piétine des têtes en pâmoison. Mieux vaut éviter le café, mais la boutique est pleine de petits cadeaux originaux.

Attention, le week-end, les Londoniens aiment y venir avec leurs enfants souvent bruyants…

UN CADRAN SOLAIRE ANALEMMATIQUE

Le musée s'étend sur huit hectares de jardins d'où l'on voit parfaitement Londres. Ce parc est orné d'une collection éclectique de dix cadrans solaires, dont l'un en forme de papillon, un autre constitué de vitraux et un gnomon analemmatique qui vous permettra de lire l'heure avec votre ombre. Arrangez-vous pour venir un jour ensoleillé.

NUNHEAD CEMETERY

12

Linden Grove, SE15
Ouvert tous les jours du 1er avril au 30 septembre, de 8h à 19h,
et du 1er octobre au 31 mars, de 8h à une heure avant le coucher du soleil
Les visites guidées partent des grilles de Linden Grove
le dernier dimanche du mois à 14h15
Accès : train pour Nunhead à la station Blackfriars (15 minutes)
Bus 343 et P12

Le plus fascinant cimetière londonien

Ouvert en 1840, Nunhead Cemetery (le cimetière de Nunhead) est le deuxième des sept cimetières « utilitaires » qui furent construits à la ceinture périphérique de Londres au milieu du XIXe siècle afin de soulager les cimetières surpeuplés des églises du centre-ville. Si celui de Highgate (où repose Karl Marx, qui mena, contre toute attente, une vie singulièrement bourgeoise du côté de Hampstead) est apparemment le plus célèbre, le cimetière de Nunhead est sans doute le plus fascinant.

Ses allées solennelles de tilleuls ont subsisté, mais elles délimitent aujourd'hui un fouillis de pierres tombales et de plantes en friche. Le cimetière occupe une surface d'environ 26 hectares, à 60 mètres au-dessus du niveau de la mer, offrant ainsi, à travers les arbres, de très belles vues sur la City et la cathédrale St Paul.

Au début des années 1970, la compagnie des cimetières réunis abandonna Nunhead qui ne rapportait plus d'argent, faute d'espace : il n'y avait en effet plus de place pour de nouveaux locataires. À la faveur d'un ample projet de restauration, le cimetière rouvrit ses portes, si l'on ose dire, en 2001. L'endroit est aujourd'hui envahi par la végétation à l'instar d'une réserve naturelle, et l'on peut y observer des oiseaux chanteurs, des chouettes, des piverts et environ seize espèces de papillons.

Typiquement victorien, ce cimetière est l'œuvre d'une ville à l'apogée de sa puissance économique. De riches familles commandèrent des mausolées qui n'ont rien perdu de leur splendeur. Comme tout ce que l'on entreprenait à l'époque, c'était également un modèle d'efficacité : le parcours circulaire permettait aux offices de la chapelle de se succéder à une allure assez vive sans paraître pour autant indécente. La chapelle est elle-même pourvue d'un auvent censé abriter les parents du défunt par temps de pluie, lequel surplombe toujours une crypte, comme un accessoire de décor romanesque « à la *Dracula* ». De volumineuses constructions, déformées par la croissance des racines, surgissent çà et là entre les arbres dans les coins les plus inattendus, et des anges en adoration reposent à leurs pieds parmi les fleurs.

Ne manquez pas l'obélisque des martyrs écossais dans Dissenters Row, qui commémore la déportation en Australie de cinq partisans d'une réforme politique en 1792. La chapelle anglicane conçue par Thomas Little en 1843 a été récemment restaurée après avoir été victime d'un incendie criminel dans les années 1970.

BEN PIMLOTT BUILDING

13

Goldsmiths College
Université de Londres, New Cross, SE14
Accès : ligne ferroviaire de New Cross (de la gare de Charing Cross)

Un gribouillis parmi les toits

L'extension du département des arts plastiques du Goldsmiths College est un immeuble de sept étages revêtu de métal et muni de fenêtres découpées à l'emporte-pièce afin que les artistes puissent profiter de l'air et de la lumière du jour. L'architecte, Will Alsop en a fait l'un des points de repère de New Cross – un quartier particulièrement disgracieux de la ville – en recouvrant le toit d'un gribouillis géant en métal. Constitué de 72 boucles et pesant plus de 25 tonnes si on le déroulait, il mesurerait 534 m de bout en bout, soit deux fois la hauteur de la tour Canary Wharf. L'escalier de secours du côté sud, une cage dentelée et indépendante en acier préfabriqué, n'est pas moins spectaculaire. Sur le devant de l'immeuble, les ateliers sont vitrés du sol au plafond, de telle sorte que les passants peuvent espionner les artistes en herbe à l'œuvre. La nuit, l'immeuble est éclairé par une lumière industrielle qui forme de curieuses flaques d'ombre et de lumière sur la surface métallique.

RUBBISH & NASTY

Goldsmiths College a formé des artistes britanniques de haut vol tels que Damian Hirst, Gillian Wearing et Anthony Gormley (voir notamment Quantum Cloud). Elle se targue d'être particulièrement énergique (une astuce sans doute destinée à racheter son emplacement déplorable). Le quartier environnant regorge de pubs à la mode, ce qui a malheureusement tendance à lui donner une image « louche » plutôt que « cool ». Le Rubbish & Nasty (ordures & saloperies) dont la devanture vert acide et le nom font rêver, est une excellente boutique si vous cherchez de la musique originale ou des « fringues » d'occasion. Il arrive que des groupes « fassent un bœuf » parmi les tas de chiffons, mais méfiez-vous : les heures d'ouverture sont fantaisistes. 308 New Cross Road, SE14

AUTRES IMMEUBLES MODERNES DE WILL ALSOP

On associe trop souvent l'architecture moderne de Londres à Richard Rogers ou Norman Foster. Les constructions ingénieuses de Will Alsop sont pourtant souvent remarquables, comme la Peckham Library (122 Peckham Hill Street), en forme de L à l'envers qui évoque un livre ouvert reposant sur sept colonnes bancales, l'immeuble de bureaux de guingois Palestra, en face de la station de métro Southwark et surtout le Blizard Building, à la Queen Mary University (Turner Street, Whitechapel) : recouvert de verre multicolore, il renferme des capsules modelées sur des molécules géantes.

L'INTÉRIEUR ART DÉCO D'ELTHAM PALACE 14

Court Yard, SE9 • Tél. : 0208 294 2548.
Ouvert les lundi, mardi, mercredi et dimanche de 10h à 17h
Entrée : adultes £7,60, enfants £3,80
Accès : des trains à destination d'Eltham partent des gares de Charing Cross et de London Bridge (20 minutes environ). Une fois à Eltham, le palais est à un quart d'heure à pied ou à quelques arrêts d'autobus (161 ou 126)

« Le délire d'un riche excentrique

Eltham Palace est l'un des édifices les plus insolites de Londres. L'évêque Bek offrit ce palais au roi Édouard II en 1305 et Édouard IV y ajouta la grande salle, seule partie de la structure médiévale encore existante. Vers 1530, Henri VIII l'agrandit davantage en créant une résidence royale et des jardins agrémentés d'un terrain de boules sur gazon et d'un champ de tir à l'arc. C'était alors le seul palais assez grand pour recevoir les 800 personnes de la cour. Les quelques vestiges de la période des Tudors témoignent du prestige que l'édifice devait avoir à son apogée.

Au cours des XVIIIe et XIXe siècles, Eltham Palace tomba en ruine, suscitant d'autant plus l'intérêt d'artistes en proie aux idées romantiques alors en vogue. C'était l'époque où de riches esthètes allaient jusqu'à se faire construire des ruines sur mesure pour y flâner à leur aise : ce genre d'extravagance était le comble de l'élégance pour les nantis.

En 1933, Eltham Palace fut loué par un couple de mondains excentriques, Sir Stephen et Lady Virginia Courtauld. L'arrivée des Courtauld (dont la famille fonda les célèbres Courtauld Galleries) marqua la renaissance de l'édifice. Ils soulevèrent aussitôt une controverse en nommant les architectes Seely et Paget pour qu'ils le transforment en une résidence Arts déco.

À l'extérieur, le palais ne présente pas un grand intérêt, ce qui surprend d'autant plus que l'intérieur tient du délire. L'opulence des années 1930 y suinte de toutes parts : murs aux revêtements exotiques, baignoires encastrées dans le sol et garnies de décorations en onyx, etc. Le couple fit même construire un palais miniature décoré de peintures murales évoquant la jungle pour leur animal domestique : un maki nommé « Mah-jong » qu'ils s'étaient procuré, noblesse oblige, chez Harrods.

Le vestibule est orné de fresques représentant Venise : on y aperçoit, entre autres coquetteries, le yacht des Courtauld. Des curiosités technologiques du dernier cri furent également exposées dans ce palais : du système centralisé de nettoyage par le vide aux pendules synchronisées, en passant par des plafonniers invisibles. Les motifs courbes abondent dans toutes les pièces : plafonds bombés, appliques rondes et hublots. La chambre incurvée de Viriginia Courtauld et son plafond circulaire font penser à un temple classique. Mais la somptueuse carte en cuir d'Eltham qui figure dans son boudoir ne correspond plus guère, hélas, au faubourg d'aujourd'hui, une partie spécialement ingrate de Londres.

INDEX ALPHABÉTIQUE

INDEX ALPHABÉTIQUE

INDEX THÉMATIQUE

ARCHITECTURE

ART/LOISIRS

BIBLIOTHÈQUES

CURIOSITÉS

ENFANTS

HISTOIRE

JARDINS/NATURE

LONDRES SOUTERRAIN

MUSEES

PROMENADES

RELIGION/ÉSOTÉRISME

SCIENCES/ÉDUCATION

SPORTS

Crédits photographiques :
Stéphanie Rivoal : Bevis Mark synagogue, BFI mediatheque, British Optical association museum, Bunhill Fields, abris pour taxis, Christchurch Greyfriars Garden, Dr Johnsons house, Feliks Topolski's Memoir of the Century, Fountain Court, Guildhall Yard, Horseman's Sunday, Leighton House, Little Angel theatre, London Library, London silver vaults, London Stone, Marx memorial library, National Theatre Backstage tours, Notre Dame de France, Queen Alexandra memorial, Ray's Jazz Café, St Dunstan-In-The-East, St. Bartholomew's the Greater, Thames Flood Barrier, The Golden Boy of Pye Corner, The Horse Hospital, The Monument, The Old Operating Theatre, The Petrie Museum, Watt's Memorial.

Jorge Monedero : 2 Willow Road, Alexander Fleming Laboratory Museum, Ben Pimlott Building, British Dental Association Museum, Brixton Windmill, Broadgate Ice Skating Ring, Brunel Museum, Burgh House & Hampstead Museum, Cable Street Mural, Canal Museum/Ice Wells, Canonbury Tower, Crystal Palace Dinosaurs, Chumberleigh Gardens, Circus Space, City Livery Companies & Their Halls, Clerk's Well, Clown's Gallery & Museum, Couper Gallery, CreekSide Centre, Crossbones Graveyard, Dead House at Somerset House, Dead Man's Hole, Duck Tours, Fat Boy's Diner, Fetter Lane - Moravian Burial Ground, First Drinking Fountain, Fan Museum, Granada Cinema - Gala Bingo Hall, Gresham's Grasshopper, Hackney City Farm, HandleBar Moustache Club of Great Britain, Horniman Museum & Gardens, Hunterian Museum, Joe Orton's Library Books, Kelmscott House, Kensal Green Cementery Kew Bridge Museum, London Buddhist Center, London Scottish Regimantal Museum, London's Living Room, Longplayer, Marylebone Cricket Club Museum, Temple maçonnique à l'hôtel Andaz, Materials Library, Mudchute Farm, cellules de New Gate, New River Walk, Nunhead Cementery, Princess Caroline Sunken Bath, John Wesley's House, Ragged School Museum, Rudolph Steiner House, School For Life, ScooterWorks, Slice of Reality & Quantum Cloud, St Peter's Barge, Sutton House, Sydenham Hill Woods, Thames River Police Museum, The Cherry Tree at The Mitre, The Cinema Museum, The Coated Stone caryatids, The Excecution Dock, The Excecutioner's Bell, The Mummy of Jimmy Garlick, The relic of St Ethelreda, The Rookery, The Royal Hospital, The Serpentine Solar Shuttle, The Tent, Traffic Light Tree, Twinings Tea Museum, Tyburn Convent, Wellcome Collection, Werryman's Seat, West Reservoir, Whitechapel Bell Foundry, Windmill Museum in Wimbledon.

Shri Swaminarayan Mandir © Shri Swaminarayan Mandir
Bleigiessen © Bleigiessen
Auto icône de Jeremy Bentham © University College London
Museum of Brands, Packaging and Advertising © Museum of Brands, Packaging and Advertising
Camley Street Nature reserve © Anna Guzzo London Wild trust
Chelsea Physic Garden © Hans Slone
Cuming museum © Keith_Tyson Studio Wall Drawing @cuming museum
Dennis severs house © James Brittain
Eltham palace © English Heritage Photo Library
Foundling museum © Richard Bryant Arcaid
Garden Museum © Gavin Kingcome
Geffrye musem - Regency Room © Chris Ridley
Grant Museum © Fred Langford Edwards & UCL
St Paul Triforium © St Paul
Westminster undercroft Abbey Museum © Dean & Chapter of Westiminster
White cubicle © Superm (Slava Mogutin and Brian Kenny) exhibition at White Cubicle

Remerciements :
Gaby Agis, Carole Baxter, Frédéric Court, Adam Cumiskey, Nigel Dobinson, Benjamin & Maider Faes, Mattie Faint, Patrick Foulis, Ronald Grant, The Greenwich Phantom, Jaco Groot, Charlotte Henwood, John Hilton, Islington Local History Centre, Robert Jeffries, Rose Jenkins, Ludovic Joubert, Zoe Laughlin, Xavier Lefranc, Alex Parsons-Moore, Valérie Passmore, Clare Patey, David Phillips, Ellis Pike, Jeremy Redhouse, Renato Savoia, Amélie Snyers, Angelos Talentzakis, Boz Temple-Morris, Michael & Muffin van Rooyen, Christopher Wade, David Walter, Harriet Warden, Clem Webb, David White.

Cartes : Cyrille Suss - **Conception de la maquette :** Roland Deloi - **Maquette :** Michel Nicolas - **Traduction :** Lucien d'Azay - **Relecture :** Marie-Odile Boitout, Stéphanie Cherdel, Romaine Guérin et Stéphanie Jonglez - **Couverture :** Romaine Guérin

Dépôt légal : avril 2012 – Edition 02
ISBN : 978-2-36195-038-5
Imprimé en France par Gibert-Clarey - 37 170 CHAMBRAY-LES-TOURS